新 伊藤塾 試験対策 問題集

ITO JUKU
SHIKENTAISAKU
MONDAISHU

論文 7

伊藤 真 [監修] 伊藤塾 [著]

刑法

弘文堂

はしがき

1 はじめに

　『伊藤塾試験対策問題集　論文』シリーズの刊行が始まったのが2009年12月であったが、2012年12月までに行政法までの全7巻が揃い、以後10年もの間、大変多くの受験生に活用していただけたのは嬉しいかぎりである。

　債権法の大改正を機に開始したこの新シリーズも、徐々に受験生に活用していただき、民事系以外の科目の刊行が待たれていると耳にしている。そこで、論述形式の答案を、どのように書けばよいのか、どのように文章構成すればよいのか悩んでいる受験生に向けて、最新の試験傾向に沿った内容で前作を全面的に刷新して本書を刊行することにした。

　新版とするにあたり、前版を構成し直し、基本的な部分を重視し、更に答案の書き方がわかるようにした。たとえば、論述形式の答案を書いたことがない受験生であれば、本書の答案例のような答案を書けるようになるまでに時間を要するだろうから、第1段階では最低限どこまでが書ければよいのかわかるように太い色線でくくることとした。

　また、シリーズに『伊藤塾試験対策問題集　予備試験論文』が2018年までに9巻を刊行したことから、これとの差別化を図り、より汎用性の高い問題を登載することとした。これによって、テキストや基本書等で得た知識を、どのように答案に表現すればよいのかが更にわかりやすくなったことだろう。論文式試験において、なかなか点数があがらない受験生に、また、法学部の定期試験対策に効果を発揮するのは間違いない。

　今後も、本シリーズを利用して、めざす試験が突破できることを願っている。

【1】合格答案作成のテキスト

　本シリーズは、論述形式で答案を作成しなければならない試験対策用のテキストである。一見、単なる問題集のようにみえるが、実は合格答案を書くノウ・ハウが詰まった基本テキストである。司法試験・予備試験、法科大学院入学試験、公務員試験、学年末試験など記述対策を必要とするすべての試験に役立つように作成した。いわば、『伊藤真試験対策講座』（弘文堂）の実践篇である。

　法律の学習は、理解──記憶──表現という過程をたどる。理解を伴わなければいくら知識を丸暗記しても使い物にならない。また、いかに理解できていても記憶しておかなければ、問題は解けない。そして、どんなに知識をもっていてもそれをわかりやすく表現できなければ、結局、勉強は自己満足に終わり、試験でも合格後にもまったく役に立たない。理解と記憶と表現はそれぞれ別個の対策と努力が必要だからである。本書は、法律学習の最終仕上げの部分である、どう書くかという表現方法を訓練するためのテキストとなっている。

　答案を書く際には、エッセイと違って、問題文というものがある。思いつきで書いたのでは答案にならない。問いに答えて、何を、どのような順番で、どの程度深く書くかを考えながら書く必要がある。しかも、時間と字数の制限のなかで、最大の効果をあげなければならない。

　そのためには、試験時間を有効に活用する必要がある。与えられた制限時間のなかで、その場でしかできないことに精一杯の時間を掛け、事前に準備できるものは徹底的に準備しておくという発

想が必要なのである。これが、伊藤塾で行っているゴールからの発想という勉強方法の基本である。そして、その事前の準備として論証をあらかじめ十分に考え、書き方まで練って用意しておく。伊藤塾でよぶところの「論証パターン」を用意しておくのである。それが結果的に人と同じような論証になったからといって、気にする必要はない。自分が納得したものであれば、堂々と自分の論証として答案に書いてくればいい。要は、自分で理解し納得して書くことである。意味もわからず丸暗記で書いていたのでは合格できるはずもない。

　本書では、どの部分を事前に準備すればいいのか、どの部分を試験会場で考えて書かなければならないのかを示している。自分の頭でしっかりと考えた答案を作成する技術を学びとってほしい。

【2】答案作成のノウ・ハウ公開

　本書では、答案作成のノウ・ハウを公開している。初版から変わらないが、情報はだし惜しみせずに共有するというのが私の考えである。これは『伊藤真試験対策講座』を上梓したときから変わらない。もちろん、講義に比べて文章であるがために言葉が足りず、うまく伝えきれなかったところもあれば、ノウ・ハウの一部しか盛り込めなかったところもある。

　もっとも、伊藤塾の塾生であれば、初学者の段階から本書を利用することによって講義の効果が倍増するであろう。他校で勉強していたり、独学者であっても、本来は伊藤塾で私たちの講義を聴いてほしいところだが、本書を参考に自分の頭で考える訓練を続けていけば、必ず合格答案を書く力がついてくるはずである。重要なことは、一問一問、実際に手を動かして書いてみること、そして、自分でその結果を検証して考えてみることである。こうした地道な努力の積み重ねによって、合格者のだれもが書く力をつけてきたのである。ぜひ頑張ってほしい。

② 本書の特色

【1】本書の構成

　各問題は、問題文、解答へのヒント、答案例、そして、解説にあたる出題趣旨、論点、答案作成上の注意点、参考文献の7つのパートによって構成している。

　本書に掲載されている問題は、多くの試験で実際に出題されうる応用的な論点について、比較的短めの問題とその答案例を中心に収録している。問題文から論点を抽出し、規範を定立し、事実をあてはめるという答案作成の全般的な練習により、司法試験、公務員試験、大学の定期試験など記述対策を必要とするすべての試験に対応することができる。

　そして、本書の特色のひとつとして、重要部分が読者に一目でわかるように黒文字と色文字の2色刷りを採用した点がある。

　答案例においては、論証部分を色枠で囲い、規範部分を色文字にしてあるので、伊藤塾でいう「論証パターン」にあたる部分が一目でわかるようになっている。そのため、『伊藤真試験対策講座』内の「論証カード」に掲載されている論証パターンの論述と比較して、答案においてはどのように実践的に用いられているかを確認するのも答案学習には効果があるだろう。

　また、2色刷り部分を活用する方法としては、たとえば、試験直前の最終チェックとして、色文字の規範部分や要件事実の部分だけをまとめて読み返したり、記憶用のカードに抜きだして整理したりする方法も有効であろう。これらばかりでなく、各自の工夫によって、学習効果を更に高める

使い方をしてほしい。

【2】問題について

(1) 伊藤塾オリジナル問題、旧司法試験の問題および現在の司法試験の問題の一部を改題したものを使用

伊藤塾では、創設当初から実施している全国公開論文答練から始まり、現在実施中のペースメーカー論文答練、コンプリート論文答練など、これまでに多くの答練を実施してきた。これらで出題した伊藤塾オリジナル問題のうち、学習に適切な問題を厳選して使用している。

次に、旧司法試験の問題は、現在の司法試験とは形式が異なるものの、司法試験を解くうえで必要な論点を学習するのに最適の教材である。そこで、旧司法試験の問題をアレンジし、かつ、伊藤塾オリジナル問題および現在の司法試験問題と合わせて刑法の論点を網羅できるように厳選して使用した。

なお、すべての問題について、2022年12月までに成立した法改正に対応させた内容としている。

(2) 重要度ランクを示した

法律の学習において、メリハリづけはきわめて重要である。各自の学習レベルに応じてマスターしておいたほうがよい問題が異なる。以下のめやすに従ってほしい。

ア　必ずおさえるべき問題　特A（A⁺と表記）ランク

法律の学習開始後、最初に取り組むべき問題であり、初学者、上級者を問わず、必ずしっかりと書けるようにしておかなければならない。

イ　基本的な問題　Aランク

法律の学習を始めて１年目であっても学習効果がある問題である。また、上級者は、基本であることを意識して書けるようにしておかなければならない問題である。公務員試験の記述対策としてはこのレベルで足りるであろう。

ウ　一歩進んだ応用問題　Bランク

司法試験の論文式試験などある程度のレベルの試験対策を念頭に、一歩進んで考えることを目的にしている問題である。このレベルの問題がマスターできれば、最低限合格の力はついてきている。

【3】答案例について

(1) 答案例の内容を全面的に見直し、加筆・訂正することにより、更なる内容の充実を図った

このため、過去に本書掲載の問題を解いたことがある人にとっても有意義な学習が可能となった。

(2) 流れのある答案となるように心掛けた

答案の善し悪しは流れで決まる。そこで、本書では接続詞を多用して、論理的な文章を心掛けている。合格答案のイメージづくりの参考にしてほしい。なお、接続詞の重要性は、野矢茂樹（著）『論理トレーニング』（産業図書）、苅谷剛彦（著）『知的複眼思考法』（講談社）などでも指摘されているところである。

特に初学者は、初期にしっかりした答案のモデルに触れることが短期合格の秘訣（けつ）である。おおいに参考にしてほしい。

また、答案の論理の流れも、できるだけ単純なロジックを心掛けた。単純明快でわかりやすい答案ほどレベルが高いと考えているからである。シンプルで読みやすい答案ほど評価が高い。そこで、論理の流れは(4)以下のように単純化している。これにより、理解が容易になり、さらに、理解した

後の記憶の負担が劇的に減少する。ワンパターンとの批判もありうるであろうが、むしろパターン化したほうが、自分の考えを正確に伝えることができるし、問いに答えた答案を作りやすい。判決文のパターンをまねるべきである。

(3)　**積極的に改行して余白部分を作り、視覚的に読みやすい答案をめざした**

　答案は読んでもらうものである。採点者は1通にそれほど時間をかけられず、しかも、かなりの数の答案を読まなければならない。読み手の負担を軽減する方策をとることは、読み手に対する礼儀である。視覚的に読みやすい印象を与えることはきわめて重要なことだと考えている。

　なお、問題によっては、模範答案として書くべき内容が盛りだくさんのものもある。そのような場合は、紙面との関係で、改行せずに1段落が長くなっている答案例もあるが、ご容赦願いたい。実際の試験において、決められた枚数の答案用紙に、答案例と同様の完成度が高い答案を書くのであれば、文字の大きさに十分配慮する必要がある。訓練して試験にのぞんでほしい。

(4)　**法的三段論法を意識したナンバリングにした**

　法律文書の基本は、法的三段論法であるといわれる。法的三段論法とは、論理学における三段論法を法律学に応用したものである。三段論法とは、大前提に小前提となる事実をあてはめて、結論を導く方法である。よくもちだされる例であるが、

　　　　大前提：人間はいずれ死ぬ

　　　　小前提：ソクラテスは人間である

　　　　結　論：ソクラテスはいずれ死ぬ

というものである。一方、これが法的三段論法では、大前提が法規（条文や条文解釈から導き出される規範）、小前提が具体的な事実、結論が法適用の結果となる。

　　　　たとえば、

　　　　大前提：人を殺した者は、死刑または無期もしくは5年以上の懲役に処する（刑法199条）

　　　　小前提：AはBを殺した

　　　　結　論：Aは、死刑または無期もしくは5年以上の懲役に処せられる

というかたちになる。ここまでが法的三段論法であるが、答案の流れをよくする便宜上、これから何を論ずるかを示してから法的三段論法に入ることが望ましい。この部分を問題提起という。

　まとめると、答案は、問題提起──➤規範定立──➤あてはめ──➤（問題提起に対する）結論といったブロックがいくつも積み重なり、最終的に問いに答えるという構造になっていなければならない。

　そこで、これらを常に意識してもらうために、問題提起の部分、大前提として規範を立てる部分、小前提としてあてはめをする部分および結論部分とを意図的に改行して項目立てを分けている。特に初学者は、このナンバリングを参考に法的三段論法の書き方をマスターしてほしい。

(5)　**右欄のコメント**

　法的三段論法を常に意識してもらうため、問題提起、規範定立、あてはめ、結論の部分を右欄にコメントで記した。

　ア　問題提起

　　　法的三段論法の最初となる問題提起は、本来はどの論述をする際にも書かなければならないものである。しかし、本書では紙面のスペースの関係上、メインの論点でないところでは省略したところもあるため、ご容赦いただきたい。もっとも、本番の試験では時間の余裕があればきちんと記述することが望ましい。

イ　規範

　　法的三段論法の論証において、あてはめの前提となるものである。いわゆる論証パターンのなかで、記憶しておくことが望ましい部分ではある。しかし、この部分を機械的に記憶するのは、本番で忘れたとき、未知の論点に遭遇したときに対応できなくなるためお勧めできない。規範は、本来は条文の文言や趣旨から導き出すべき法解釈の部分にあたるものであるから、どのようにこれらから導き出されるのかをしっかりと理解しておく必要がある。そして、この導出過程を理解しておけば、本番で忘れてしまったり、未知の論点に遭遇した時にも対処が可能となるであろう。

ウ　あてはめ

　　伊藤塾では創立当初から、あてはめの重要性を訴えてきた。具体的な問題を解決するために法律を使いこなすのだから、このあてはめ部分の重要性は明らかである。また、本試験では、問題文を見なければこの部分は書けないのだから、具体的に考えることができるかという本人の実力がそのまま反映される部分でもある。

　　まず、問題文の事実に評価を加えて認定するのが理想である（事実評価認定）。法的三段論法の特長は、このように小前提たる事実認定にも評価が入る点である。事実を自分がどうみるのかを指摘できれば的確な認定をアピールできる。ただ、スペースの関係で評価を加えながら事実を認定した答案例もある。なお、事実を付け加えるのは厳禁である。

　　そして、あてはめを規範に対応させるべきである。規範を定立したのに、それに対応させないのはあまりにもお粗末である。自分の定立した規範に従ってきちんとあてはめをすることが重要である。これは自分の書いた文章に責任をもつということでもある。規範とは道具であって、あてはめがしっかりできることによって道具を使いこなしたことをアピールできるのである。

エ　結論

　　あてはめの後、問題提起に対応させて、三段論法の帰結を書くのが理想である。ただし、本書ではスペースの関係でできなかったものが多い点はご容赦いただきたい。

オ　形式的に問題文の問い掛けに答える

　　問題文の問い掛けに形式的に答えることは答案の基本であるが、意外にできていない人が多い。この点は各自の答案ですぐに検証できる部分なので、早い時期から気を遣い、問いに答えられるようにしたい。

　　問題文：「……は適法か。」

　　書き方：「以上より、……は適法である。」「違法である。」

　　悪い例：「以上より、……は許される。」「……は認められない。」など、問いに答えていないもの

(6)　条文、定義、趣旨など基本事項の重要性を指摘した

　基本が大切だとはだれもがいうが、何についてどの程度気を遣うべきかは意外にはっきりした指針がない。本書では、何が基本かを意識して答案を作成しているので、基本の重要性を認識している人にはおおいに役立つはずである。

ア　条文

　　あたり前のこととして軽視されがちなのであるが、すべての出発点は条文である。条文を正確に示すことも実力のうちということを認識してほしい。条数だけでなく、項や前段・後段・

本文・ただし書まで正確に引用する方法を参考にしてほしい。

たとえば、刑法でいうと、名誉棄損罪（230条）、故意（38条1項）などの引用は不正解である。それぞれ、名誉棄損罪（230条1項）、故意（38条1項本文）と正確に引用する必要がある。不正確な条文引用は減点事由となることを認識しておくべきであろう。

イ　定義

定義が不正確だと、採点者に対して、致命的な印象を与えてしまう。いわば不合格推定がはたらくといってもよいだろう。ただ、むやみに丸暗記するのではなく、定義のなかのどの言葉が本質的で重要なのかを意識して記憶するようにしてほしい。

ウ　趣旨

定義とならんで、あるいはそれ以上に重要である。法律の解釈は趣旨に始まり趣旨に終わるといってもよいほどよく使うので、理解して正確に表現しなければいけない要素である。

論点を論述する際には、趣旨から論証できると説得的になり、高い評価が得られるであろう。

(7)　**判例（あるいは裁判例）は年月日を摘示することで、読者各自が検索しやすいようにした**

実務家登用試験において判例が重要なのはいうまでもない。試験までに時間があるときには、ぜひ判例集にあたってみてほしい。

(8)　**答案例左側に、その問題で最低限書いてほしい部分を太い色線でくくった**

答案例のように、すべての解答が書けるようになるのが理想ではあるが、最初からすべてを解答するのは難しいだろう。そこで、答案例のなかでも最低限書いてほしい部分を明示した。

【4】解答へのヒント・出題趣旨・答案作成上の注意点

(1)　**解答へのヒント**

本書は初学者であっても十分取り組むことのできるものであるが、それでも問題によってはまったく解答の見当もつかないものがあるかもしれない。そこで、問題文の下に解答へのヒントを示した。この部分は、解答にいたるまでの思考過程の端緒ともいえる部分であり、答案を書く際の参考としてほしい。

(2)　**出題趣旨**

本問を出題した趣旨およびその重要性について記述した。これまでの司法試験での出題状況にも触れてあるので、参考にしてほしい。

(3)　**答案作成上の注意点**

答案を書くにいたるまでの思考過程、答案を書くにあたって必要な知識などを記述している。法律の勉強は特に抽象論が多くなりがちであるため、具体例を示す、図表を多く用いるなど、具体的なイメージをつかめるように工夫した。

また、本書の読者の多くが受験する試験が実務家登用試験であることをふまえ、判例、通説からの記述となるように心掛けた。判例はすべてに掲載書籍（『伊藤真の判例シリーズ』〔弘文堂〕、『判例百選』〔有斐閣〕がある場合は事件の番号）を記した。実務家登用試験である以上、判例の原文にあたることは大変有意義であるから、時間のあるときにぜひ一度目をとおしてほしい。

なお、今後の勉強の便宜のために、問題毎の末尾に参考文献として、拙著『伊藤真試験対策講座』、『伊藤真の判例シリーズ』『伊藤真の条文シリーズ』（いずれも弘文堂）の該当箇所を示した。

【5】論点および論点一覧

　　①出題趣旨の下に、論点を付した。

　　②上記論点の一覧を巻頭に示した。

　　③答案例内に①の各論点を示した。

③ 本書の使い方

【1】初学者（まだ答案を書いたことがない、あるいは書き方がわからない人）

　まずは、②に記載した答案のノウ・ハウを熟読し、しっかりと理解・記憶してほしい。

　そのうえで、Aランクの問題、なかでも、特Aランクの問題を先に解いてみてほしい。

　その際、いきなり答案構成をしたり、答案を書いたりすることは、非能率的で、およそ不可能である。まず、問題文と答案例を対照させて、どのように書いたらよいのかを分析してみる。

　また、条文、定義、趣旨などの基本事項がいかに重要であるかを認識してほしい。もちろん重要性を認識したら、カードを作るなどして繰り返し覚える努力を惜しまないこと。

　特AおよびAランクの問題を理解したら、次にBランクも学習していく。

　答案作成の方法がわかったら、実際に答案構成をしてみるか、答案を書いてみるとよい。わかったつもりでいたところが、いざ書いてみようとすると記憶が曖昧で書けないなど、自分の弱点が見えてくるはずである。弱点を突きつけられたとしてもそれに負けずに、一歩一歩確実にしていくことが今後の力となる。

　答案構成の見当もつかないような問題は、解答へのヒントを参考にするとよい。答案を書くうえで最初にどのような点に着目すればよいかを把握することができるはずである。

　そして、一度答案構成をした問題および答案を書いた問題でも、何度か繰り返してやってみてほしい。それによって他の問題にも応用できる知識や答案の書き方が身についてくる。問題文の右上にCHECK欄を作ったのは、何回勉強したかを自分で記録するためのものである。

【2】中級者以上（いちおう、答案を書いたことがあるが、本試験や答練でよい評価を得られない人など）

　まずは、問題を見て、答案を作成してほしい。少なくとも答案構成をしてほしい。その際に解答へのヒントを参照してもかまわない。実際に書いてみることによって、答案例などのコメントが現実的なものとして印象に強く残るからである。

　次に、答案例と見比べて、どこが違っているかを確認する。

　たとえば、事実を引用せずに、いきなり「それでは、……であろうか。」などと問題提起をしていないか（「それでは」は、前の文章を受けないので、論理が飛躍する危険性が高い。「まず、前提として」も同じ）。もちろん、これらを使ってはいけないということではない。本当に「それでは」でつながるのか、本当に「まず、前提」なのかを自分でチェックしてみることである。

　また、抽象的な問題提起をしている、趣旨から論証できたのにできがよくなかった、あてはめと規範が対応していない、問いに答えていないなど、自分の欠点を見つけ、改善すべきところを探る。こうして自分の書いた答案を添削するつもりで比較検討するのである。欠点のない人はいないのだから、それを謙虚に認めることができるかどうかで成長が決まる。

　そして、答案例や答案作成上の注意点から基本事項の大切さを読み取ってほしい。この点の再認

識だけでもおおいに意味があると思う。答案作成にあたって、特別なことを書く必要はないということが具体的に実感できるであろう。ぜひ、基本事項の大切さを知ってほしい。人と違うことを書くと、大成功することもあるが、大失敗する危険もある。そのリスクに配慮して書かない勇気というものもある。また、たとえ加点事由でもあっても、基本事項を抜きにして突然書いてみてもほとんど意味がない。基礎点のないところに加えるべき点数などないことを知るべきである。

　最後に、自分の答案の表現の不適切さなどは、自分自身では気づかない場合が多い。できれば合格者に答案を見てもらう機会がもてるとよい。伊藤塾では、各種答練に対応しているゼミを実施しているため、参加し、講師に直接答案を見てもらうのもよいだろう。なお、受験生同士で答案の読み回しをしても一定の効果があるので、ゼミを組んで議論するのもひとつの手であろう。ほかの人に答案を読んでもらうことによって、独り善がりの部分に気がつくこともしばしばある。ただし、ゼミの目的と終わりの時間をしっかりと決めて参加者で共有しておかないと、中途半端なものとなり、時間の無駄に終わることがあるので注意すること。

【3】論点・論点一覧の使い方

　学習上の観点から、本文とは別に論点一覧を巻頭においた。

　各問題の出題趣旨の下に示されている「論点」の一覧である。勉強が進んだ段階で、自分が知らない論点はないか、理解が不十分な論点はないか、書き方がわからない論点はないかなど、チェックをする材料として利用してほしい。

　また、答案例の右欄にある論は、各問題において論ずる必要がある論点のうち、いずれの論点が答案のどの部分をさしているかを示した。初学者であれば、これもめやすに答案の構成を学んでほしい。

4 おわりに

　本書は、冒頭でも述べたが論述式試験における合格答案を書くためのノウ・ハウが詰まっている基本テキストである。

　試験において合格に要求される能力とは、問題点を把握し、条文を出発点として、趣旨から規範を導き、問題文から必要な具体的事実を抽出し、これを評価してあてはめることによりその解決を図ることである。

　これは、法科大学院入学試験、公務員試験、大学および法科大学院における期末試験、予備試験でもまったく変わらないはずである。

　考える力は各自の学び舎を介し、または独自で身につけてもらうほかはないが、合格答案が書ける力を養成するものとして、本書を利用してほしい。

　そして、その力を備え、各々の目標を達成されることを切に望んでいる。

　最後に、本書の制作にあたっては、多くの方のご助力を得た。特に2021年司法試験の合格後も引き続き制作に取り組んでくれた安藤大貴さん、佐藤良祐さんをはじめ、2022年司法試験に合格された朝岡駿太朗さん、安部紘可さん、亀井直哉さん、外久保海さん、曽根僚人さん、高野聖也さん、速水壮太さん、山内真実さん、若狭雄暉さん、渡辺開さんには、優秀な成績で合格した力をもって、

彼らのノウ・ハウを惜しみなく注いでいただいた。また、伊藤塾の書籍出版において従前から貢献していただいている近藤俊之氏（54期）および永野達也氏（新65期）には、実務家としての視点をもって内容をチェックしていただいた。そして、伊藤塾の誇る優秀なスタッフと弘文堂の皆さんの協力を得て、はじめて刊行することができた。ここに改めて感謝する。

2023年1月

伊藤　真

★参考文献一覧

　本書をまとめるにあたり多くの文献を参照させていただきました。そのすべてを記すことはできませんが主なものを下に掲げておきます。なお，本書はいわゆる学術書ではなく，学習用の教材ですので，その性質上，学習において必要な部分以外は引用した文献名を逐一明記することはしませんでした。ここに記して感謝申し上げる次第です。

【総論】

大塚　仁・刑法概説（総論）［第4版］（有斐閣 ・2008）

大塚裕史＝十河太朗＝塩谷毅＝豊田兼彦・基本刑法Ⅰ－総論［第3版］（日本評論社 ・2019）

大谷　實・刑法講義総論［新版第5版］（成文堂 ・2019）

川端　博・刑法総論講義［第3版］（成文堂 ・2013）

団藤重光・刑法綱要総論［第3版］（創文社 ・1990）

西田典之・刑法総論［第3版］（弘文堂 ・2019）

福田　平・全訂刑法総論［第5版］（有斐閣 ・2011）

前田雅英・刑法総論講義［第7版］（東京大学出版会 ・2019）

山口　厚・刑法総論［第3版］（有斐閣 ・2016）

山中敬一・刑法総論［第3版］（成文堂 ・2015）

裁判所職員総合研修所監修・刑法総論講義案［四訂版］（司法協会 ・2016）

曽根威彦・刑法の重要問題〔総論〕［第2版］（成文堂 ・2005）

【各論】

大塚　仁・刑法概説（各論）［第3版増補版］（有斐閣 ・2005）

大塚裕史＝十河太朗＝塩谷毅＝豊田兼彦・基本刑法Ⅱ－各論［第2版］（日本評論社 ・2018）

大谷　實・刑法講義各論［新版第5版］（成文堂 ・2019）

川端　博・刑法各論講義［第2版］（成文堂 ・2010）

団藤重光・刑法綱要各論［第3版］（創文社 ・1990）

西田典之・刑法各論［第7版］（弘文堂 ・2018）

福田　平・全訂刑法各論［第3版増補］（有斐閣 ・2002）

前田雅英・刑法各論講義［第7版］（東京大学出版会 ・2020）

山口　厚・刑法各論［第2版］（有斐閣 ・2010）

山中敬一・刑法各論［第3版］（成文堂 ・2015）

大塚仁＝河上和雄＝佐藤文哉＝古田佑紀編・大コンメンタール刑法［第2版］（青林書院 ・1999〜2006）

大塚仁＝河上和雄＝中山善房＝古田佑紀編・大コンメンタール刑法［第3版］（青林書院 ・2013〜2021）

曽根威彦・刑法の重要問題〔各論〕［第2版］（成文堂 ・2006）

【その他】

佐伯仁志＝橋爪隆編・刑法判例百選Ⅰ－総論［第8版］・Ⅱ－各論［第8版］（有斐閣 ・2020）

前田雅英＝星周一郎・最新重要判例250〔刑法〕［第12版］（弘文堂 ・2020）

前田雅英編・条解刑法［第4版］（弘文堂 ・2020）

重要判例解説（有斐閣）

判例時報（判例時報社）

判例タイムズ（判例タイムズ社）

最高裁判所判例解説刑事篇（法曹会）

石井一正・刑事事実認定入門［第 3 版］（判例タイムズ社・2015）

植村立郎編・刑事事実認定重要判決50選［第 3 版］（上・下）（立花書房・2020）

西田典之＝山口厚＝佐伯仁志編・刑法の争点（有斐閣・2007）

井田良＝佐伯仁志＝橋爪隆＝安田拓人・刑法事例演習教材［第 3 版］（有斐閣・2020）

目　次

論点一覧

公衆の安全に対する罪

偽造の罪

国家の作用に対する罪

第1問 A　不真正不作為犯

以下の事案を読んで、甲の罪責を検討しなさい。

甲（21歳）は、マッチングアプリでAと出会った。Aには元夫との間に生まれた子のV（2歳）がおり、甲はVを交えAと遊ぶこともあった。数か月後、甲はAに告白したが断られてしまった。しかし、その後も連絡を取り合う仲であった。

8月1日、甲は、Aから頼まれ、Vと2人でドライブに行くことになった。その道中、甲は、パチンコ店が目につき、少しならいいかと思い、ストレス発散を兼ねてパチンコ店に行くことにし、同店の駐車場に車を停めた。もっとも、まだ2歳であるVを店内には連れていけないので、少しなら大丈夫と思い、窓を閉め切った状態でエンジンを切り、Vを車内に放置した。当時の気温は35度であり、駐車場のまわりには警備員もおらず、車内にいるVの存在に気づく者は甲以外に存在しなかった。

甲は、1時間ほど経った後、忘れ物を取りに車に戻ったところ、Vの様子がおかしいと気づいた。しかし、交際を断られたのに都合よくAに使われていることを恨んでいた甲は、携帯電話で救急車を呼ぶことも可能であったにもかかわらず、このままVを放置したら死ぬかもしれないが、Aへの恨みを晴らすことができると思い、Vを車内に放置し、パチンコ店に戻った。この時点でVを病院に搬送していれば、十中八九救命が可能であった。Vはその数時間後、車内に放置されたことを起因とする熱中症により死亡した。

【解答へのヒント】

1　Vの死亡につき、問題となる甲の実行行為はどのような行為でしょうか。

2　1の場合、どのような場合に実行行為（作為義務）を観念できるでしょうか。

3　実行行為が認められるとしても、Vの死亡と甲の不作為の間に因果関係を認めることはできるでしょうか。判例を想起して考えましょう。

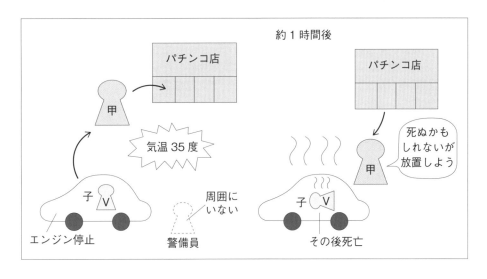

答案例

1　甲は、このままVが死ねばAへの恨みを晴らすことができ
　ると思い、Vを車内に放置し、死亡させている。そこで、こ
　のような甲の行為に殺人罪（刑法199条。以下法名省略）が
　成立しないか。
　(1)　殺人罪の実行行為は、「人を殺」すことであるところ、　　　　5
　　甲がVを放置した行為は不作為である。そこで、このよう
　　な不作為が殺人罪の実行行為にあたるかが問題となる。

➡問題提起
論 不真正不作為犯の実行行為
　性

　　ア　実行行為は、構成要件的結果発生の現実的危険を有す
　　　る行為であり、不作為もこのような危険を惹起できるか
　　　ら、不作為も実行行為たりうる。　　　　　　　　　　　10
　　　　もっとも、自由保障機能の観点から、処罰範囲を限定
　　　する必要がある。
　　　　そこで、作為との構成要件同価値性が認められる場合、
　　　すなわち①法的作為義務の存在とその違反、②作為の可
　　　能性・容易性がある場合に、不作為犯の実行行為性が認　15
　　　められると解する。①の有無は、法益の排他的支配、保
　　　護の引受け、先行行為等を考慮して総合的に判断する。

➡規範

　　イ　これを本問についてみると、駐車場のまわりには警備
　　　員もおらず、車内のVの存在に気づく者は甲以外に存在
　　　しなかった事実が認められる。そうすると、Vの生命の　20
　　　維持は甲に委ねられているため、Vの生命に対する排他
　　　的支配があるといえる。
　　　　また、甲は、Aから頼まれ、Vとドライブに行くこと
　　　になった事実が認められる。そのため、保護の引受けが
　　　あったといえる。　　　　　　　　　　　　　　　　　　25
　　　　さらに、甲は、気温が35度の猛暑日のなか、少しなら
　　　大丈夫と思い、エンジンを切り、車内にVを放置した事
　　　実が認められる。このような猛暑のなか、2歳児を車内
　　　に放置すると熱中症により死亡する可能性があることは
　　　報道等により周知されている。そのため、自己の責めに　30
　　　帰すべき事由によりVの生命に具体的危険を生じさせた
　　　といえる。
　　　　以上のような事実を前提とすると、①甲には、Vを救
　　　助すべき法的作為義務（実行行為）があったといえる。
　　　　また、携帯電話で救急車を呼ぶことも可能であった事　35
　　　実が認められるから、②作為可能性・容易性があったと
　　　いえる。

➡あてはめ

　　ウ　以上より、甲はVを救助すべき作為義務があり、かつ、
　　　そのような作為義務を尽くすことが可能であったにもか
　　　かわらず、作為義務を果たさずVを死亡させたため、甲　40
　　　には作為義務違反が認められる。

➡結論

　(2)　次に、作為義務違反と死亡との間に因果関係が認められ
　　るかを検討する。

➡問題提起
論 不作為の場合の因果関係の
　判断基準

　　ア　結果回避が合理的疑いを超える程度に確実であった場

➡規範

　　　　合に条件関係が認められると解する。

　　イ　これを本問についてみると、Vの様子がおかしいと気
　　　づいた時点で病院に搬送していれば、十中八九救命が可
　　　能であった事実が認められるため、条件関係があるとい
　　　える。

　　　　また、Vは車内に放置されたことによる熱中症により
　　　死亡した事実が認められるため、法的因果関係が認めら
　　　れる。

　⑶　そして、甲は、Vを放置したら死ぬかもしれないが、こ
　　のまま死ねばAへの恨みを晴らすことができると思ってい
　　るから、Vの死を認識・認容しているといえ、殺人罪の故
　　意（38条1項本文）が認められる。

　2　よって、甲の行為には殺人罪（199条）が成立し、甲はそ
　　の罪責を負う。

　　　　　　　　　　　　　　　　　　　　　　　　　　以上

本問は、不真正不作為犯についての理解を問う問題である。不真正不作為犯は2010（平成22）年、2014（平成26）年、2018（平成30）年の司法試験においても出題されており、重要論点のひとつである。この機会にしっかりと理解してほしい。

論点

1　不真正不作為犯の実行行為性
2　不作為の場合の因果関係の判断基準

答案作成上の注意点

1　甲に殺人罪の実行行為性が認められるかについて

1　不真正不作為犯とは

　　199条は「人を殺した者は……に処する」と規定しており、構成要件が不作為の形式ではなく作為の形式で規定されています。本問において甲は、Vを車内に放置したことにより死亡させたため、なんらかの行為によって殺したのではなく、不作為によりVを殺したことになります。このように、構成要件が作為の形式で定められている犯罪を不作為によって実現する犯罪を不真正不作為犯といいます。そのため、甲の罪責を検討するにあたり、不作為による殺人犯の成否を検討しなければなりません。

　　不真正不作為犯の成立要件は、①作為義務の発生、②作為可能性・容易性、③作為義務に反することです。この3要件は不真正不作為犯の検討にあたり記憶しておく必要があります。

　　不真正不作為犯は、作為義務を尽くさなかったこと（期待された行為をしなかったこと）により刑事責任が問われるため、処罰範囲が不明確となります。そのため、刑法の自由保障機能の観点から、成立範囲を限定する必要があり、いかなる場合に作為義務が認められるかが問題となります。論文式試験で不真正不作為犯について問われたときは、まず、作為義務の成立要件について規範を定立しましょう。

2　作為義務の発生根拠

(1)　形式的三分説

　　かつての通説は、作為義務の発生根拠について、①法令、②契約・事務管理、③慣習・条理を根拠にしてきました。

法令	夫婦の扶助義務（民752）、親権者の子に対する（民820）
契約・事務管理	契約によって幼児の養育を引き受けた場合など
慣習・条理	同居者、同行者等は、ほかの同居者等が病気となったり重傷を負ったりした場合、病気、重傷を負った者を救助、保護し、死亡等の結果の発生を防止すべき場合

　　しかし、この見解に対しては、法令、契約・事務管理、慣習・条理といった形式的条件をみたすからといって、作為との構成要件的同価値性が認められるとはかぎらないとの有力な批判があります。また、不作為犯の判例を形式的三分説で説明することは困難です。したがって、形式的三分説は答案で展開しないほうがよいでしょう。

(2)　先行行為説

　　この説は、法益侵害に向かう因果の流れを設定することが作為義務の発生根拠と考えます。

　　しかし、この説に対しては、先行行為があれば常に不作為犯が成立することになるため処罰範囲が拡大し妥当ではない、出産したまま嬰児にミルクを与えない母親には先行行為がないので、

不作為犯の成立が認められないことになり、その結論は妥当ではない、との批判があります。

(3) 現在の通説

現在の通説は、先行行為などの一元的な基準によらず、先行行為、保護の引受け、法益の排他的支配を考慮し作為義務の有無について判断します（二元説）。

(4) 判例

判例では、作為義務の成立要件について明示的に判断したものはありません。ですが、判例を類型化すると、第1に保護の引受けがあったもの、第2に保護の引受けはなかったものの先行行為が介在するものに類型化でき、そのいずれにおいても作為義務が肯定されています。答案を書くにあたっては、ただ闇雲に書くのではなく、判例を意識した答案を書けるようになると、高い評価がつくようになります。したがって、作為義務が問題となる場合には、問題文の具体的事案がどの類型に分類されるのかを考えてみてください。

本問では、保護者であるAからVの世話を頼まれて引き受けている以上、甲はVの保護の引受けを包括的にする事実上の義務が発生し、それにより保護の引受けがあったといえます。また、甲が少しなら大丈夫と思い、気温35度のなか、窓を閉め切った状態でエンジンを切りVを放置したという先行行為が介在しています。したがって、第1類型と考えてよいでしょう。

(5) あてはめ

答案では、二元説を採用し、第1類型の事案として処理しました。まず、本問では、パチンコ店の駐車場に車を停め、Vを車内に放置した事実と、当時の気温は35度であり、駐車場のまわりには警備員もおらず、車内にいるVの存在に気づく者は甲以外に存在しなかった各事実が認められます。これらの事実は、Vの生命という法益の維持がもっぱら甲に依存していることを基礎づける重要な事実です。答案ではこれらの事実を落とさず、具体的に指摘しましょう。

そして、忘れがちですが、作為義務の論証の結論においては必ず、どのような義務が認められるのかを論じましょう。なぜなら、不真正不作為犯が認められるには、作為義務の存在だけではなく、次に説明する作為の可能性・容易性が認められなければならないところ、どのような義務があったのかを確定しなければ、作為可能性・容易性の判断ができないからです。そのため、答案例では、Vの生命に危険を生じさせているため、Vを救助すべき作為義務があったとしました。

3 作為可能性・容易性について

次に、甲にVを救助すべき作為義務があったとしても、そのような作為にでる可能性・容易性がなければなりません。なぜなら、法が人に不可能を強いることは妥当ではないからです。本問では、甲は携帯電話で救急車を呼ぶことも可能であったという事実が認められています。この事実は、作為可能性・容易性を認定するうえで重要な事実であるため、絶対に落とさないようにしましょう。なお、救命可能性と作為可能性・容易性は異なる要件であり、救命可能性は後述の因果関係で論じるべき内容のため、混同しないように気をつけましょう。

4 作為義務違反について

以上の検討により、甲には、Vを救助すべき作為義務があり、かつ、救助の要請を求めることも容易であり可能でした。そうであったのに、甲はVを車内に放置しパチンコ店に戻ったため、作為義務違反が認められます。答案では、単に作為義務を論じるのではなく、作為義務があったこと、その作為義務を尽くすことが容易であり、それが可能であったこと、にもかかわらず、そのような作為義務を尽くさなかったため、作為義務違反があったといえると書ききるようにしましょう。なぜなら、作為義務違反が認められてはじめて不作為犯の実行行為を認めることができるからです。

② 因果関係について

不作為犯も作為犯と同様に実行行為と結果との間に因果関係が認められなければなりません。そのため、不作為犯の成否においても①条件関係（事実的因果関係）を前提とした、②法的因果関係が認められるか検討します。もっとも、本問および不作為犯で特に問題となるのは条件関係です。

そこで、本解説では条件関係を中心に解説していきます。因果関係の詳しい解説については、本書第3問を参照してください。

1　条件関係（事実的因果関係）

　　作為犯の場合における条件関係の判断は、「あれがなかったならば、これもなかったであろう」という関係に基づきます。これを本問の不作為犯の場合について適用すると、甲がVを車内に放置しなければ死亡しなかったであろうということになります。もっとも、不作為犯は、期待された作為を尽くさないことが実行行為であるため、不作為を取り除くだけでは不十分です。そのため、期待される行為を追加して判断します。すなわち、不作為犯の条件関係は、「期待された行為をしていれば結果発生を回避することができた」という公式に従い判断します。この点はやや抽象的でわかりにくいと思いますが、要するに、作為犯と条件関係の公式が異なるということを理解していれば問題ありません。

2　結果回避可能性

　　以上のように、不作為犯の条件関係は、期待された行為をしていれば結果発生を回避することができた場合に肯定されます。もっとも、どの程度結果発生を回避することが要求されるかは、解釈に委ねられます。その点を明らかにしたのが、最決平成元年12月15日刑集43巻13号879頁（百選Ⅰ4事件）です。

　　この判例は、被告人が被害者の女性に覚醒剤を注射したところ、被害者が錯乱状態に陥り、急性心不全のため死亡したという事案において、「被告人が救急医療を要請していれば……十中八九同女の救命が可能であったというのである」から「同女の救命は合理的な疑いを超える程度に確実であったと認められるから、被告人がこのような措置をとることなく漫然同女をホテル客室に放置した行為と……死亡した結果との間には、刑法上の因果関係があると認めるのが相当である」としました。

　　論文式試験において、不作為犯の因果関係が問題となった場合には、必ずこの判例を想起し、具体的事案において、結果発生が合理的疑いを超える程度に確実であるか、すなわち、十中八九結果回避が可能であるかどうか判断しましょう。

3　あてはめ

　　本問では、「この時点でVを病院に搬送していれば、十中八九救命が可能であった」という事実が認められます。そのため、救命可能性が合理的疑いを超える程度に確実であることは明らかです。この事実は、因果関係を認めるうえで重要な事実ですので、必ず指摘しましょう。

　　なお、結果回避可能性は条件関係についての問題です。そのため、法的因果関係が認められるかどうかは別途論点になりえます。本問では、法的因果関係が争点となるような事情はないため、厚く論証することは不要ですが、結果回避可能性（条件関係）と法的因果関係は別物であることを忘れないようにしましょう。

　　また、答案では、殺人罪の故意が認められることも一言書きましょう。刑法の答案においては、論点とならない場合でも、犯罪の成立に必要な要件は書く必要があります。

【参考文献】
試験対策講座・刑法総論6章2節、7章2節②【4】(5)。判例シリーズ1事件。条文シリーズ1編7章3節②。

第2問 A　間接正犯

　甲は、Aを殺害しようと考え、致死量の数倍にあたる毒薬を混入したウイスキーを、その事情を知らない知人Bに渡し、これを一人暮らしのA方へ届けてくれるよう依頼した。ところが、Bはこの依頼を失念し、A方を訪れることはなかったため、ウイスキーはAのもとには届かなかった。
　甲の罪責を論ぜよ。

【解答へのヒント】
1　Bという他人を道具として利用する場合でも、実行行為にあたるといえるでしょうか。
2　結果的にAがウイスキーを受領していないことは、犯罪の成否にどう影響するでしょうか。

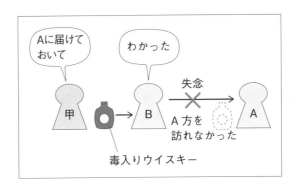

答案例

1　甲がBに対してA方へ毒入りのウイスキーを届けるよう依
　頼した行為（以下「本件行為」という）につき、Aに対する
　殺人未遂罪（刑法203条、199条。以下法名省略）が成立する
　か。

(1)　ウイスキーの配送をBに依頼したにすぎない上記行為が　5　➡問題提起
　殺人罪の実行行為にあたるか。他人を利用する行為に実行　　　論 間接正犯の実行行為性
　行為性が認められるかが問題となる。

> ア　実行行為とは、構成要件的結果発生の現実的危険性を
> 有する行為であるところ、他人を利用する場合でも、利　　　　➡規範
> 用者が①正犯意思を有し、②他人を道具として一方的に　10
> 支配・利用した場合には、このような現実的危険性が認
> められるから、実行行為性が認められると解する。

　　イ　これを本問についてみると、甲はAの殺害という自己　　　➡あてはめ
　　の犯罪の実現の目的で上記行為をしており、正犯意思を
　　有している（①）。また、Bはそのような事情を知らず、15
　　ウイスキーを届ける行為をやめようとする反対動機形成
　　の可能性がない。そうすると、同罪の規範的障害はない
　　から、道具といえ、他人の行為の支配・利用が認められ
　　る（②）。

　　ウ　したがって、上記行為は殺人罪の実行行為にあたる。　20　➡結論

(2)　もっとも、Aはウイスキーを受領していないところ、こ　　　➡問題提起
　の場合にも実行の着手（43条本文）が認められるか。間接　　　論 間接正犯の実行の着手時期
　正犯における実行の着手時期が問題となる。

> ア　実行行為とは、構成要件的結果発生の現実的危険を有
> する行為をいうところ、被利用者の行為は利用者の利用　25
> 行為の因果的経過にすぎないから、利用者の利用行為に
> このような現実的危険性が認められる。
> 　そこで、利用行為の開始時点で、実行の着手が認めら　　　　➡規範
> れると解する。

　　イ　これを本問についてみると、甲がBに対しウイスキー　30　➡あてはめ
　　の配送を依頼するという利用行為の開始が認められるの
　　で、殺人罪の実行の着手が認められる。

(3)　次に、甲はAの殺害を企図しているから、Aに対する殺
　人の故意（38条1項本文）が認められる。

2　よって、上記行為には殺人未遂罪（203条、199条）が成立　35　➡結論
　し、甲はその罪責を負う。

以上

40

間接正犯は頻出テーマであり、司法試験では2013（平成25）年、予備試験では2017（平成29）年に出題されている。本問に含まれる論点はいずれも基本論点であるため、確実に理解してほしい。

論点

1 間接正犯の実行行為性
2 間接正犯の実行の着手時期

答案作成上の注意点

1 間接正犯の意義について

1 定義

間接正犯とは、他人を道具として利用し、実行行為を行う場合をいいます。

2 間接正犯の正犯性の根拠

間接正犯の正犯性の根拠は、規範的にみて、直接正犯と同視しうる実行行為性（法益侵害惹起の現実的危険性）が認められるところにあります。たとえば、医師が事情を知らない看護師に栄養剤だと偽って、被害者に対し毒薬を注射させて殺害する場合には、何も知らない看護師は医師の指示どおりに注射をするため、看護師の行動は因果の流れにすぎず、医師の誘致行為（利用行為）には、みずから毒薬を注射して人を殺す直接正犯と同視しうる実行行為性が認められます。

3 間接正犯の成立要件（実行行為性）

間接正犯の実行行為性の有無は、規範的にみて直接正犯の実行行為と同視しうるかによります。そうだとすれば、①主観的には、特定の犯罪を自己の犯罪として実現する意思（正犯意思）が、②客観的には、利用者自身の実行行為と認められる事実として、利用者が被利用者の行為をあたかも道具のように一方的に支配・利用し、被利用者の行為を通じて構成要件的行為の全部または一部を行ったことが、それぞれ必要です。

本問において、甲がBに対してA方へ毒入りのウイスキーを届けるよう依頼した行為が、殺人罪（199条）の実行行為にあたるかどうかが問題となります。甲はAの殺害という自己の犯罪を実現する目的でこのような行為をしており、正犯意思を有しているといえます（①）。また、Bは甲がAを殺害しようと考えていることを知らず、同罪の規範的障害（ウイスキーを届ける行為をやめようとする反対動機形成の可能性）はないため、道具といえ、被利用者の行為の支配・利用が認められるといえます（②）。したがって、甲の行為は殺人罪の実行行為にあたります。

2 間接正犯の実行の着手時期について

間接正犯においては、どの時点で実行の着手（43条本文）を認めるかという問題があります。実行の着手一般論については、第11問の解説を参照してください。

他人を介して実行行為が行われる場合、正犯たる利用者の行為を基準に実行の着手を判断するか（利用者基準説）、それとも、道具である被利用者の行為を基準に実行の着手を判断するか（被利用者基準説）というかたちで議論がなされています。

しかし、利用者基準説によれば、利用者が、幼児（被利用者）に父親の書斎から時計を黙って持ってくるように命じたところ、途中で母親に呼び止められそのことを失念した場合にまで、窃盗未遂を認めることになりますが、これでは結果発生の現実的危険性がないのに処罰することになってしまいます。

また、被利用者基準説によれば、医師が、情を知らない看護師を利用して、患者に毒薬を注射するように患者のいる病室で命じた場合には、医師の指示ですぐ注射がなされる状況にあり、その時

点で結果発生の現実的危険性があったにもかかわらず、看護師（被利用者）の行為が開始されなければ殺人未遂が成立しないことになりますが、これでは未遂犯成立が遅すぎるとの批判があります。

　そこで、利用者の行為か被利用者の行為かという形式的基準で判断するのではなく、未遂犯の処罰根拠が結果発生の現実的危険性にある以上、現実的危険性の有無という実質的基準によって着手時期を判断すべきとの見解もあります（個別化説）。

　さらに、利用行為という先行行為を根拠に作為義務を認め、被利用者による結果発生を阻止しない不作為という構成で、利用者（正犯者）の行為として実行の着手を認める見解もあります（不作為犯的構成）。不作為犯的構成に対しては、間接正犯者が利用行為後に眠ってしまった場合に、作為可能性を欠き、実行の着手を認めえないのではないかとの批判があります。しかし、利用者がみずから作為の可能性を遮断した場合には、その段階で現実的危険性が認められて実行の着手を肯定できる場合があり、不都合はないとの反論があります。たとえば、妻が毒物混入後、夫の帰宅前に睡眠薬を飲んで眠り、みずから作為可能性を遮断したような場合、その後夫が帰宅して毒入りコーヒーを飲むのが経験則上ほぼ確実だといえれば、その段階で現実的危険性を認めうるといえます。

　答案例においては、利用者基準説を採りました。一般的には利用者基準説が書きやすいでしょう。甲がBに対しウイスキーの配送を依頼するという利用行為の開始が認められる本問では、殺人罪の実行の着手があるといえます。

【参考文献】
試験対策講座・刑法総論6章3節、17章1節③【1】(3)。判例シリーズ27事件、28事件。条文シリーズ1編7章4節。

第3問 A　因果関係

以下の事例を読み、甲の罪責を述べよ。

甲は、以前からV女を恨んでおり、Vを甲宅に誘い傷害を加えることを計画した。

令和4年9月6日、甲は、仕事帰りのVに対し「これから一緒に飲もう」と誘い、甲の自宅であるPマンションの103号室に招き入れ、Vに傷を負わせることを認識しながら、午後8時ころから殴る蹴るの激しい暴行を加えた。Vは甲に「やめて、死んじゃう」と訴えたが、甲は「まだまだヤキが足らねぇ」と発言し、暴行をやめようとはせず、更に木製の椅子を使った暴行を始めた。これらの一連の暴行によってVは顔面打撲傷等の傷害を負った。

Vへの暴行は午後10時ころまで断続的に続けられたところ、物音を不審に思った隣室104号室の住人であるBが甲に苦情を言いに来た。そこで、甲は玄関に出てBの対応をした。Vは、その隙をみて窓から逃げ出した。甲はVが警察に通報することをおそれ、「おまえ待てや」「なに逃げとんのや、ぶっ殺すぞ」と叫びながら後を追いかけた。甲は大型スーパーマーケットのほうへVを探しに行き、次に、もしやVは高速道路に侵入したのではないかと考え、高速道路入口のほうへVを探しに行ったが、甲はVを発見することはできなかった。

Vは甲宅の窓から逃げた20分後、その先が高速道路であることを知っていたが、甲から追跡されていることによって極度の恐怖状態に陥っていたため、金網フェンスを乗り越えて高速道路に侵入したところ、Cの運転する普通自動車にひかれた（以下「本件事故」という）。Vはただちに病院に搬送されたが、本件事故による外傷性ショックにより死亡した。

なお、甲による暴行が行われたPマンションは閑静な住宅街にあり、そこから500メートルほど離れた所には大型スーパーマーケットがある。また、Vが侵入した高速道路は、Pマンションから1キロメートルほど離れたところにあり、一般道と金網フェンスを隔てて並走している。

【解答へのヒント】

1　甲による暴行はいかなる構成要件に該当するでしょうか。
2　Vが高速道路に侵入した事実は刑法上どのような意味があるでしょうか。

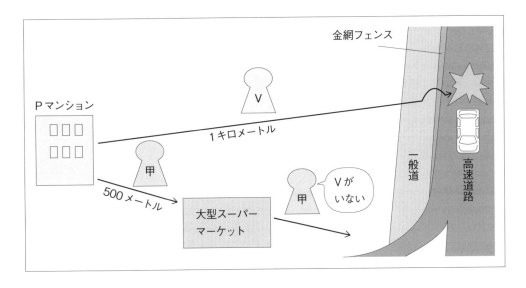

1　甲がVに対して断続的に暴行を加えた行為につき、傷害致
　死罪（刑法205条。以下法名省略）が成立するか。

⑴　まず、甲のVに対する一連の暴行は、人の生理的機能を
　害する行為であるため、「傷害」にあたる。

⑵　次に、Vは死亡しているが、みずから高速道路に侵入し、5
　Cの運転する普通自動車にひかれて死亡している。そこで、
　「よって死亡」したといえるか。甲の暴行とVの死亡に因
　果関係が認められるかどうかが問題となる。

➡問題提起
論因果関係の判断基準

　ア　因果関係は、偶然的な結果を排除し適正な帰責範囲を
　　画定するものである。そこで、因果関係は、条件関係の　10
　　存在を前提として、介在事情の異常性、介在事情の結果
　　への因果的寄与度等を考慮し、行為の危険性が結果へと
　　現実化した場合に認められると解する。

➡規範

➡あてはめ

　イ　これを本問についてみると、甲のVに対する一連の暴
　　行がなければVがマンションの窓から逃げ出すこともな　15
　　く、高速道路に侵入しCの運転する普通自動車にひかれ
　　て死亡することもなかった。したがって、条件関係は認
　　められる。

　　　次に、行為の危険性が結果へと現実化したか否かにつ
　　いて検討すると、たしかに、Vの死因は、Vが暴行現場　20
　　であるPマンションから1キロメートル離れた高速道路
　　に金網を乗り越えて侵入し、Cの運転する自動車にひか
　　れたことによる外傷性ショックであり、Vの行為に引き
　　起こされたものであるため、介在事情の結果への因果的
　　寄与度が高い。また、暴行現場であるPマンションは閑　25
　　静な住宅街にあり、500メートルほど離れた所には大型
　　スーパーマーケットがあるため、Vが助けを求めるにあ
　　たり、スーパーマーケットに避難することも十分に可能
　　であって、介在事情の異常性も高い。

　　　しかし、甲がVに対して、午後8時から午後10時ころ　30
　　までの2時間という長時間にわたり、殴る蹴るの暴行に
　　加え、木製の椅子を使用した激しい暴行を断続的に行っ
　　たことにより、Vは、甲の暴行から逃れるためにマンシ
　　ョンの窓から逃走している。また、甲は、逃走したVが
　　警察に通報することをおそれ、「おまえ待てや」「なに逃　35
　　げとんのや、ぶっ殺すぞ」と叫びながら、後を追いかけ
　　ており、Vはこれを認識し、極度の恐怖状態に陥ってい
　　る。

　　　以上のような状況をかんがみると、Vは極度の恐怖感
　　を抱き、必死に逃走を図る過程で、とっさに高速道路に　40
　　侵入する行動を選択したものと認められ、Vの行為が、
　　甲の暴行から逃げる方法として著しく不自然、不相当と
　　はいえず、Vの高速道路に侵入する行為は甲の一連の暴
　　行に起因するものといえる。

以上より、Vの死亡結果は、甲の暴行の危険が現実化 45
　　したといえる。
　　　したがって、甲の暴行とVの死亡結果に因果関係が認
　　められ、「よって人を死亡させた」といえる。
　⑶　そして、甲は、Vに傷を負わせることを認識しながらV
　　に対し暴行を加えており、傷害罪の故意（38条1項本文）50
　　が認められるため、傷害致死罪の故意もある。
２　よって、甲の行為には傷害致死罪（205条）が成立し、甲　　　→結論
　はその罪責を負う。

　　　　　　　　　　　　　　　　　　　　　　　　　以上

55

60

65

70

75

80

85

本問は、最決平成15年7月16日刑集57巻7号950頁（百選I13事件）を題材に因果関係の理解が問われている。刑法の論文式試験では、因果関係の理解なく高評価を得ることは困難であるため、この機会に因果関係への基本的理解を深めよう。

論点

因果関係の判断基準

答案作成上の注意点

1 事実的因果関係（条件関係）について

1 定義

因果関係の肯否の判断は、行為と結果との間に条件関係が存在することが前提とされます。ここにいう条件関係とは、「あれがなかったならば、これもなかったであろう」という関係をいいます。

2 あてはめ

本問では、VがCの運転する自動車にひかれたのは高速道路に侵入したからであり、高速道路に侵入したのは、甲の一連の暴行から逃れるためです。そのため、甲による一連の暴行とVの死亡との間に条件関係が認められます。

因果関係は条件関係が認められることが前提であるため、必ず条件関係も検討しましょう。

2 法的因果関係について

1 問題の所在

因果関係の判断は事実的因果関係にとどまらず、法的因果関係が認められるかどうかを検討しなければなりません。なぜなら、本問において「Vが高速道路に侵入し、Cの運転する普通自動車にひかれた」という事実を考慮せず、甲に傷害致死罪の構成要件該当性を認めることは、適切な帰責範囲を画定しているとはいえないからです。このように、事実的因果関係を前提とした法的因果関係を判断することにより、偶然的な事情を排斥することができ、適切な帰責範囲を画定するという因果関係の制度趣旨をみたすことができます。

このような趣旨からすると、次に、法的因果関係を認めるための判断基準を解釈により導く必要があります。この点について争いとなっているのが、相当因果関係説と危険の現実化説です。結論からいうと、答案では危険の現実化説を採って問題ありません。ですが、危険の現実化説を理解するうえでは相当因果関係説の理解も必要不可欠なので、ここも説明します。

2 相当因果関係説

相当因果関係説とは、刑法上の因果関係を認めるためには、条件関係が認められることを前提として、社会通念上の経験に照らして、その行為からその結果の生ずることが相当であると認められることが必要とする説です。相当因果関係説は、構成要件は当罰的行為を社会通念に基づいて類型化したものであるから、条件関係が認められる結果のうち、行為者に帰属せしめるのが社会通念上相当と認められる結果だけを選びだし、このような結果についてのみ行為者に責任を問うのが妥当であるということを根拠としています。

次に、相当性を判断するためにはどのような事情を判断基底に取り込むのかということが問題となります。この点に関しては相当因果関係説やそれ以外の説で異なり、次の表のように分類されます。なお、主観説も記載してありますが、現在ほとんど支持されていません。次の表は、短答式試験においても活かせる知識を整理したものです。各説（主に客観説と折衷説）の内容とそ

の帰結をセットで理解しておきましょう。

	内　容	批　判
主観説	行為者が行為時に認識していた事情および認識可能事情を基礎とする	因果関係が認められる範囲が狭すぎる
客観説	行為時に客観的に存在したすべての事情および一般人に予見可能な行為後の事情を基礎とする	①結果的に条件説とほとんど変わらない ②行為時と行為後で判断基底の事情の基準を区別する根拠が明らかでない
折衷説	行為時において一般人が認識可能な事情および行為者が特に認識していた事情を基礎とする	①行為者の認識を考慮することは客観的な因果関係の問題と主観的な責任の問題を混同している ②行為者の認識を考慮することは、共犯の場合、共犯者各人で因果関係の有無が異なる可能性があり、奇妙なことになる

3　相当因果関係説の危機

　ここで重要なのが、相当因果関係説において、客観説や折衷説のいずれによっても、一般人および行為者がおよそ認識・予見不可能な事情は、因果関係の判断基底から排除されることです。そのように解すると、因果関係の判断においては、実行行為の結果への影響力ではなく、介在事情の予見可能性により因果関係が判断されることになります。この問題意識が現実化したのが、大阪南港事件（最決平成２年11月20日刑集44巻８号837頁〔百選Ｉ10事件〕）です。

【事案】

　甲はVに対して１時間にわたり、作業員宿舎で洗面器の底や皮バンドでVの頭部等を多数回殴打するなどの暴行を加え、恐怖心による心理的圧迫等によって、Vの血圧を上昇させ、内因性高血圧性橋脳出血を発生させて意識喪失状態に陥らせた。その後、甲は、作業員宿舎から遠く離れた資材置場までVを自動車で運搬し、放置して立ち去ったところ、Vは翌日未明、内因性高血圧性橋脳出血により死亡した。もっとも、資材置場においてうつぶせの状態で倒れていたVは、その生存中、何者かによって角材でその頭頂部を数回殴打されており、その暴行はすでに発生していた内因性高血圧性橋脳出血を拡大させ、幾分か死期を早める影響を与えるものだった。

　大阪南港事件では、甲のVに対する暴行後、「不明の第三者による暴行」という介在事情が認められます。そのため、甲の暴行とVの死亡との間の因果関係が問題となりました。

　この事例において、折衷的相当因果関係説と客観的相当因果関係説のいずれの立場によっても、「不明の第三者による暴行」という介在事情は因果関係の判断基底から除かれます。なぜなら、予見可能性を肯定する見解もありますが、第三者による故意の暴行の介入は、およそ偶然的であり一般人も行為者も予見不可能だからです。そのように解すると、 甲の暴行 ⇒ 第三者による 暴行 ⇒ Vの死亡 という因果経過が社会通念上相当といえるかどうかを判断することになり、因果関係が否定されるべきであるように思えます。しかし、大阪南港事件の被害者は、すでに死因である内因性高血圧性橋脳出血を甲の暴行により発生していることが明らかとなっており、第三者の暴行は、内因性高血圧性橋脳出血を拡大させ、いくらか死期を早める影響を与えるものでしかありませんでした。そのため、相当因果関係説によると、実行行為の危険性（甲による暴行）を考慮せず、実質的には介在事情の予見可能性（不明の第三者による暴行）により因果関係を否定することになり、適切な帰責範囲を画するという因果関係の制度趣旨に反するおそれがあることが明らかとなりました。これを、相当因果関係説の危機といいます。

　そこで、相当因果関係説は適切な帰責範囲を形成しているのかどうかが問題となり、行為の危険性をもとに因果関係を判断すべきとする危険の現実化説が登場することになりました。危険の現実化説は、わが国の判例が採用する立場と理解されており、現在では通説的地位にあるといわ

れています。

4 危険の現実化の判断枠組み

このように、危険の現実化説は、偶然の事情を排斥し適切な帰責範囲を画するため、行為の危険性が結果へと現実化したかにより因果関係を判断します。

ここで問題となるのは、危険の現実化説を採った場合に、どのようにあてはめを展開するかです。判例を通覧すると、第1に、介在事情の結果への寄与度が小さい場合には危険の現実化を肯定する傾向にあります。第2に、介在事情の結果への寄与度が大きい場合であっても、実行行為により結果が誘発されて発生しているときには、因果関係を肯定する傾向にあります。

以下では、事案類型ごとに、判例の事案を題材に因果関係の肯否を検討します。

(1) 行為時に特殊事情が存在するケース

> 甲は、強盗目的でVを押し倒し、左手でその頸部を締めつけ、右手で大声をあげるVの口を押さえ、Vの顔に夏布団を被せるなどの暴行を加えた。Vは軽微な外因によってもショック死するほどの心臓疾患を有していたため、その暴行の最中に急性心臓死した（最判昭和46年6月17日〔百選I8事件〕）。

このケースの場合、甲による暴行時、Vが心臓疾患を有しているという特殊事情があります。そのため、甲による暴行とVの死亡との間に因果関係が認められるかが問題となります。

まず、甲の暴行がなければVが急性心臓死することはなかったので、条件関係が認められます。次に、Vはみずからの心臓疾患が悪化し、急性心臓死しています。そのため、介在事情の結果への寄与度が大きいといえます。そこで、実行行為により結果が誘発されていないかどうかを検討します。Vは軽微な外因によってもショック死するほどの心臓疾患があったため、これを前提にすると、甲の暴行に誘発され急性心臓死したといえます。

したがって、甲の暴行とVの死亡との間には因果関係が認められます。このように、介在事情の異常性が高いものの、実行行為により結果が誘発されたケースを「間接実現型のケース」といいます。

(2) 行為後に介在事情が認められるケース

このケースに該当するのが、本問の題材となる高速道路侵入事件や前述の大阪南港事件です。ここでは、大阪南港事件を解説します。

まず、甲による暴行がなければ、資材置場に放置されることもなく、更に不明の第三者による暴行を加えられることもなかったので、条件関係が認められます。

次に、たしかに、不明の第三者による暴行は、介在事情の異常性が大きいように思います。しかし、不明の第三者による暴行は、すでに発生していた内因性高血圧性橋脳出血を拡大させ、幾分か死期を早める影響を与えるものにすぎなかったという事実が認められます。また、不明の第三者による暴行があっても、内因性高血圧性橋脳出血を拡大したにすぎず、死因は同一です。したがって、介在事情の異常性は低いと考えられます。

よって、甲の暴行とVの死亡との間に因果関係が認められます。このような、介在事情の異常性が低い事例は、直接結果を発生させたケースを「直接実現型のケース」といいます。

③ まとめ

以上のように、因果関係が問題となる場合には、まず条件関係が認められるかどうかを摘示します。次に、危険の現実化説の規範を展開し、問題となる事例が直接実現型のケースか間接実現型のケースなのかを判断し、あてはめを展開しましょう。

【参考文献】

試験対策講座・刑法総論7章1節、2節②【1】・【2】・③。判例シリーズ2事件、3事件。条文シリーズ1編7章5節。

第4問 A 錯誤論

　各設問の事例を読み、甲の罪責を述べよ。各設問は独立した問いである。特別法については検討しなくてよい。

1　甲は、行きつけの喫茶店の女性店員Vがお気に入りであった。しかし、甲は、Vからストーカー扱いされ、店長V₂からも注意を受けたため、Vに対し強い怒りを覚え、Vを殺害することにした。

　　犯行当日、甲は、従業員出入口でVを待ち伏せていたところ、出入口から出てきたVに向けて背後から拳銃を発砲した。しかし、狙いが逸れて、Vに続いて出てきたV₁に当たり、V₁の身体を貫通して、更にV₂にも当たってしまった。V₁およびV₂は、拳銃で撃たれたことによる出血多量で死亡した。甲は、発砲時、V₁およびV₂の存在を認識していなかった。

2　甲は、夜中に散歩中に、倒れているVを発見した。意識を失っているだけだと思った甲は、救助しようと近づいたところ、Vが高級腕時計をしていることに気づいた。そこで、甲は、転売する目的で、Vの腕から高級腕時計を外し、それを自宅に持ち帰った（以下「本件犯行」という）。

　　Vは、本件犯行から数時間後に発見され、司法解剖の結果、何者かの暴行により、本件犯行前にすでに死亡していたことが判明した。

【解答へのヒント】

1　設問1では、甲は狙っていたVではなくV₁とV₂を殺害しました。この場合、甲の罪責にいかなる影響があるでしょうか。

2　設問2では、Vは第三者の暴行によりすでに死亡しています。このことは、甲の罪責を検討するうえでいかなる意味をもつでしょうか。

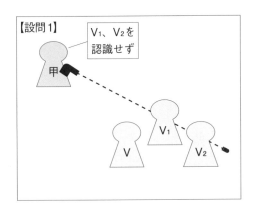

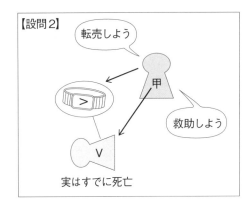

答案例

第1　設問1について
　1　まず、甲がVに対し拳銃を発射したところ、Vには当たらなかったため、甲の行為にVに対する殺人未遂罪（刑法203条、199条。以下法名省略）が成立する。

　2　甲がVを殺すつもりで拳銃を発砲したところ、発射された弾に当たったV₁は死亡しているが、この甲の行為にV₁に対する殺人罪（199条）が成立するか。　5

　(1)　拳銃という殺傷性の高い武器で背後から撃つ行為は、人の生命を侵害する現実的危険性を有する行為であり、殺人罪の実行行為に該当する。また、V₁は、拳銃で撃たれたことによる出血多量により死亡しているため、甲の実行行為と結果との間に因果関係も認められる。　10
　　　したがって、甲の行為は、殺人罪の客観的構成要件に該当する。

　(2)　もっとも、甲はVを殺害するつもりであったが狙いが逸れてV₁に当たっているため、V₁に対する「罪を犯す意思」(38条1項本文)がない。そこで、甲に殺人罪の故意が認められるか。方法の錯誤の場合の処理が問題となる。　15　➡問題提起　🔲方法の錯誤

> ア　故意責任の本質は、反規範的人格態度に対する道義的非難にあるところ、規範は構成要件ごとに与えられているから、行為者はその限度で規範の問題に直面している。　20
> 　　そこで、方法の錯誤があっても、構成要件において符合しているかぎり、故意が認められると解する。

➡規範

　　イ　そうすると、甲はおよそ「人を殺」すことを認識しているから、構成要件において符合している。　25　➡あてはめ

　(3)　したがって、V₁に対する殺人罪が成立する。　➡結論

　3　次に、V₁に当たった弾がV₁を貫通してV₂に当たり、V₂は死亡したが、甲の行為にV₂に対する殺人罪が成立するか。法定的符合説を前提にすると、発生した結果について複数の故意犯を認めるべきかどうかが問題となる。　30　➡問題提起　🔲併発事実の処理

> (1)　構成要件の範囲内で故意を抽象化する以上、故意の個数は観念しえないはずであり、しかも、複数の故意犯が成立しても観念的競合（54条1項前段）となるので、処断上も不都合はない。　35
> 　　そこで、故意の個数は観念せず、発生した結果の数だけ故意が認められると解する。

➡規範

　(2)　そうすると、V₂にも死亡という結果が発生しているから、V₂に対しても殺人罪の故意が認められる。　➡あてはめ

　(3)　したがって、V₂に対する殺人罪が成立する。　40　➡結論

　4　以上より、甲の行為には、Vに対する①殺人未遂罪、②V₁に対する殺人罪、および③V₂に対する殺人罪が成立し、甲はその罪責を負い、①、②および③は社会観念上1個の行為なので観念的競合（54条1項前段）となる。

第2　設問2について　　　　　　　　　　　　　　　　　45

1　甲がVの高級時計を持ち帰った行為について、占有離脱
　物横領罪（254条）が成立しないか。

　⑴　本問において、Vは死亡しており、高級時計に対する
　　占有が認められないから、高級腕時計は「占有を離れた
　　他人の物」である。　　　　　　　　　　　　　　　50

　　　また、転売目的で持ち帰っているので、不法領得の意
　　思に基づいて目的物を自己の支配下においたといえ、
　　「横領した」といえる。

　　　したがって、甲の行為は、占有離脱物横領罪の客観的
　　構成要件に該当する。　　　　　　　　　　　　　　55

　⑵　もっとも、甲は、Vが生きていると誤信しており、主　　➡問題提起
　　観的には窃盗罪（235条）の故意がある。したがって、
　　占有離脱物横領罪の構成要件に対応する故意はなく、原
　　則として故意が認められないが（38条1項本文）、例外　　🔲抽象的事実の錯誤
　　的に故意が認められないか、抽象的事実の錯誤の処理が　60
　　問題となる。

　　　ア　前述のように規範は、構成要件ごとに与えられてい
　　　　る。
　　　　　そこで、認識していた犯罪事実と発生した犯罪事実
　　　　が異なる構成要件にわたり食い違っている場合には、　65
　　　　故意が認められないのが原則である。　　　　　　　　　➡規範
　　　　　もっとも、認識していた犯罪事実と発生した犯罪事
　　　　実の構成要件が実質的に重なり合う場合には、その重
　　　　なり合う限度で規範の問題に直面できるため、例外的
　　　　に故意は阻却されないと解するべきである。　　　　70
　　　　　そして、構成要件は保護法益と行為態様に着目した
　　　　類型であるから、保護法益と行為態様の観点から重な
　　　　り合いが認められる限度で故意が認められると解する。

　　　イ　そこで検討すると、まず、窃盗罪の保護法益は財物　　➡あてはめ
　　　　に対する所有と占有であり、占有離脱物横領罪の保護　75
　　　　法益は所有権であるから、所有権の限度で保護法益は
　　　　共通している。

　　　　　次に、窃盗罪の行為態様は、被害者の意思に反して
　　　　財物の占有を移転することであり、占有離脱物横領罪
　　　　の行為態様は、占有離脱物を領得することであるため、80
　　　　財物を不法に領得する行為の限度で共通している。

　　　　　したがって、窃盗罪と占有離脱物横領罪は、占有離
　　　　脱物横領罪の限度で実質的に重なり合っているといえ
　　　　る。

　　　ウ　よって、占有離脱物横領罪の故意が認められる。　85

2　以上より、甲の行為には占有離脱物横領罪（254条）が　　➡結論
　成立し、甲はその罪責を負う。

　　　　　　　　　　　　　　　　　　　　　　　以上

本問は錯誤論に関する問題です。錯誤論は頻出の論点のため、確実にマスターするようにしましょう。

論点

1 方法の錯誤
2 併発事実の処理
3 抽象的事実の錯誤

答案作成上の注意点

1 事実の錯誤について

1 意義

　事実の錯誤とは、行為者が行為当時認識・認容していた犯罪事実と現実に発生した犯罪とが一致しない場合をいい、法律の錯誤とは、犯罪事実の認識・認容に欠けるところはないが、自己の行為を違法でないと誤信した場合をいいます。

2 分類

　事実の錯誤には、構成要件的事実の錯誤と違法性阻却事由に関する事実の錯誤（正当化事情の錯誤）があり、構成要件的事実の錯誤は、具体的事実の錯誤と抽象的事実の錯誤に分類されます。

　具体的事実の錯誤とは、認識していた犯罪事実と発生した犯罪事実とが同一構成要件内で食い違うことをいい、客体の錯誤（行為者が認識した客体と現実の客体との同一性に食い違いがある場合）と方法の錯誤（攻撃手段に食い違いが生じて別の客体に結果が発生する場合）に分類されます。

　抽象的事実の錯誤とは、認識した内容と発生した事実とが異なる構成要件に属する場合をいいます。

　設問1では、甲はVを殺害する意思で、従業員出入口でVを待ち伏せ、Vに向けて背後から発砲したところ、狙いが外れて、続いて出てきたV_1とV_2に当たり、死亡させてしまいます。そのため、設問1は具体的事実の錯誤のなかの方法の錯誤に関する事案であり、甲にV_1およびV_2に対する故意責任を問うことができるかが問題となります。

　これに対して、設問2では、甲は窃盗罪の故意を有しながら、実際には占有離脱物横領罪の客観的構成要件を実現しているので、認識事実と発生事実が窃盗罪と占有離脱横領罪という異なる構成要件に属する抽象的事実の錯誤が問題となります。

2 錯誤の論述方法

　錯誤の論点が出題された場合、刑法に苦手意識があったり、学習が進んでいなかったりしたときは、答案をどのように書いたらいいかわからないという悩みをもつかもしれません。錯誤は、前述のとおり、客観的に発生した犯罪事実と認識していた事実にズレが生じた場合に問われる論点です。したがって、刑法の論文式試験において錯誤が問題となっている場合には、まず、客観的に成立する犯罪が何かということを論証しましょう。

　設問1では、V_1およびV_2が死亡しています。そのため、客観的には殺人罪の構成要件に該当することが明らかです。まずは、この点を簡潔に指摘しましょう。

　客観的に成立する犯罪を指摘したら、次に、客観的に成立する犯罪に対する罪を犯す意思がないことを指摘します。

　設問1では、甲にはV_1を殺す意思がありません。そのため、方法の錯誤が問題となることを指

摘しましょう。

③ 学説の対立

錯誤の問題においては、具体的符合説と法定的符合説が対立しています。

1 具体的符合説

具体的符合説とは、行為者の認識した内容と発生した事実とが具体的に符合しないかぎり故意を阻却する立場です。この立場は、故意とは、一定の客体に対して自己を実現していく意思であること、行為者が具体的な対象を個別具体的な法益主体である客体として認識特定したときに、はじめてその客体の法益を侵害するなという規範の問題に直面しうることをその理由としてあげています。

2 法定的符合説（最判昭和53年7月28日刑集32巻5号1068頁〔百選Ⅰ42事件〕）

これに対して、法定的付合説とは、認識した内容と発生した事実とが法定の構成要件の範囲内で符合しているかぎり、故意を阻却しない立場をいいます。この立場は、行為者が法定の構成要件のうえで同一の評価を受ける事実を認識すれば、当該行為を実行に移してよいかという規範の問題に直面しうることを根拠としています。

答案では、法定的符合説に立って論述して問題ありません。かりに、具体的符合説に立って論述するのであれば、法定的符合説の批判を展開した後に、具体的符合説に立って論証しましょう。

3 方法の錯誤の場合の帰結

これらの学説を設問1に即して整理すると以下の表のようになります。

Vに対する殺人未遂罪が成立することを指摘し忘れることが多いので、そこもきちんと指摘しましょう。この場合には、Vに対し殺人未遂罪が成立することは明らかなので、簡潔に論じます。長々と論じることはかえって出題趣旨を理解していないと判断されるおそれがあるので注意してください。

	法定的符合説	具体的符合説
方法の錯誤	V ⇒殺人未遂罪 V₁⇒殺人既遂罪	V ⇒殺人未遂罪 V₁⇒過失致死罪
客体の錯誤 Vに対し発砲し、死体を確認したらVではなくV₁だった。	V₁⇒殺人既遂罪	V₁⇒殺人既遂罪

4 客体の錯誤の処理

本問とは関係ありませんが、客体の錯誤の処理についても触れておきます。

(1) 法定的符合説

行為の客体である人が、AであるかBであるかは構成要件上重要ではないので、設問1の場合には故意が阻却されません。

(2) 具体的符合説

具体的符合説を厳密に貫けば、設問1の場合には故意が阻却されるでしょうが、一般的には、その人を狙った結果としてその人を殺したのであるから動機において錯誤があるにすぎないとして故意を阻却しないとされています。

④ 併発事実の処理について

次に、設問1では、Vを狙ったがV₁に当たり、更にV₂にも当たっています。このような併発事実が認められた場合には、意図しなかった客体に対し、殺人罪の故意を認めることができるかどうかが問題となります。

1 数故意犯説（前掲最判昭和53年）

数故意犯説は、発生した犯罪事実の個数分の故意犯の成立を認めます。構成要件の範囲で抽象化される故意について、個数を観念する余地はなく、発生した結果の数だけ犯罪が成立しても、

観念的競合（54条1項前段）となるため不合理ではないといった理由があげられます。

2　一故意犯説

これに対して、一故意犯説は、発生した犯罪事実のうちもっとも重い結果に対し、1個の故意犯の成立を認めれば足り、それ以外の結果に対しては、原則として過失犯の成立を認めます。その理由としては、1個の故意については1個の故意犯を認めるのでなければ、責任主義に反することになることをあげています。

判例（前掲最判昭和53年）は、数故意犯説を採用しています。したがって、答案でも数故意犯説に立って問題ありません。錯誤論は短答式試験でも頻出の問題であり、その場合には、両説の帰結を問われることが多いです。したがって、この機会に両説をきちんと理解しておいたほうがよいでしょう。なお、次の表は、法定的符合説を前提として整理しました。

	数故意犯説	一故意犯説
甲がVを狙って拳銃を撃ったがV₁に当たり、その弾がV₁を貫通し、V₂にも当たった。	V₁⇒殺人既遂罪 V₂⇒殺人既遂罪	V₁⇒殺人既遂罪 V₂⇒過失致死罪

5　抽象的事実の錯誤

設問2において、甲の行為は、客観的には占有離脱物横領罪（254条）の構成要件に該当します。なぜなら、Vは本件犯行前にすでに死亡していたことが判明しているからです。この事実を見落とし、甲の行為に窃盗罪（235条）が成立すると論じることは、致命的ミスになりかねないので、十分注意しましょう。なお、死者の占有と窃盗罪については、第30問を参照してください。

もっとも、甲は、Vが生きていると思っているので、主観的には窃盗罪の故意（38条1項本文）が認められます。そのため、客観的に成立している占有離脱物横領罪に対する故意がありません。このように、行為者が認識していた犯罪事実と現実に発生した犯罪事実が異なる構成要件に属する場合を、抽象的事実の錯誤といいます。

1　判例・学説

抽象的事実の錯誤の処理について、具体的符合説と法定的符合説からは、故意が阻却されるのが原則です。なぜなら、構成要件を異にする誤信では、規範の問題に直面しないからです。もっとも、判例（最決昭和61年6月9日刑集40巻4号269頁〔百選I43事件〕）・通説は法定的符号説に立ちつつ、同質的で重なり合う構成要件間で故意を認めています。

2　重なり合いの判断基準

法定的符合説に立った場合には、構成要件が重なり合う限度で構成要件的故意を認めることになりますが、いかなる場合に重なり合いを認めるか、その基準については争いがあります。この点について、保護法益および構成要件的行為の実質的な重なり合いを基準に判断する、実質的符合説が通説です。

では、なぜ保護法益および構成要件的行為の共通性をもとに判断するのでしょうか。この点を考えるにあたっては、構成要件該当性の意味から考えることが有益であると思います。まず、構成要件は、違法性を有する行為を類型化したものであり、また、社会通念上結果発生の現実的危険性を有する行為を内容とします。そのため、保護法益の共通性および行為態様の共通性を基礎とすべきとされます。

3　あてはめ

したがって、答案においても、実質的符合説に立ち、保護法益および構成要件的行為の実質的な重なり合いが認められるかどうかを具体的に検討しましょう。

【参考文献】
試験対策講座・刑法総論8章2節①、②【1】・【2】、③【1】・【2】・【3】、④【1】・【2】。判例シリーズ14事件、15事件。条文シリーズ38条②1(6)。

第5問 B　過失犯

　甲は、A市B区内において、普通乗用自動車を運転し、交通整理の行われていない交差点（以下「本件交差点」という）を直進しようとしていた。本件交差点は左右の見通しの利かない状況にあり、加えて甲の運転する車（以下「本件車両」という）の対面信号機は、ほかの交通に注意して進行することができることを意味する黄色灯火の点滅を表示していた。なお、本件交差点において交差する2つの道路は、いずれも優先道路の指定はなく、それぞれの道路の指定最高速度は時速30キロメートルであり、本件車両の進行方向から見て、左右の交差道路の見通しは困難であった。このような状況において、対面信号機でない他の信号機は赤色灯火が点滅していたことから、甲は他の車両が一時停止およびこれに伴う事故回避のための適切な行動をするものとして信頼し、左右の状況を十分に確認せず、漫然と時速30から40キロメートルの速度で本件交差点に進入した。すると本件車両は、左の道路から進行してきたC運転の普通乗用自動車（以下「C車」という）の前部に自車左前側部が衝突し（以下「本件事故」という）、その結果Cに加療約60日間を要する頭蓋骨骨折、脳挫傷等の傷害を負わせた。

　もっとも、本件事故の際、Cの対面信号は赤色灯火の点滅をしており、加えてCは時速約70キロメートルで、前方を注視せずに走行していた。なお、本件車両が時速15キロメートルで走行していた場合には、4.40メートル手前の地点において、衝突地点から26.24メートルの地点にいるはずのC車を直接視認することが可能であったことなどが明らかとなっている。

　甲が本件車両をC車に衝突させた行為について、自動車の運転により人を死傷させる行為等の処罰に関する法律第5条の過失運転致傷罪が成立するか。「必要な注意を怠」ったといえるかという点に絞って検討しなさい。

【参照条文】
○自動車の運転により人を死傷させる行為等の処罰に関する法律（平成25年法律第86号）
第5条　自動車の運転上必要な注意を怠り、よって人を死傷させた者は、7年以下の拘禁刑又は100万円以下の罰金に処する。　（略）

【解答へのヒント】
　解答にあたっては、いかなる事実をいかなる段階で考慮するのかという点に注意しましょう。

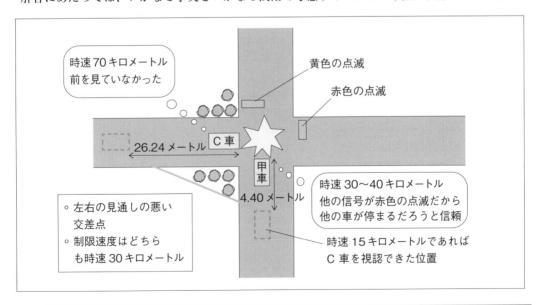

1　甲の、Ｃ車の前部に自車左前側部を衝突させた行為について、過失運転致傷罪（自動車の運転により人を死傷させる行為等の処罰に関する法律５条。以下法名省略）が成立しないか。「必要な注意を怠」ったといえるかを検討する。

(1)　それでは、「必要な注意を怠」ったといえるか。過失の　5　➡問題提起
　判断基準が問題となる。　　　　　　　　　　　　　　　　　　　　論過失の判断基準

　ア　この点について、社会的に有用な行為につき過失犯が
　　成立することを防ぐため、過失は、一般人を基準とした、　　➡規範
　　構成要件的結果、因果経過の基本部分の予見可能性を基
　　礎とする、結果回避義務違反の行為をさすものと解する。 10

　　(ア)　まず、予見可能性の有無について検討するに、本件　　➡あてはめ
　　　交差点は左右の見通しが利かず、対面信号機は、他の
　　　交通に注意して進行することができることを意味する
　　　黄色灯火の点滅を表示していた。そのため、交差する
　　　車線から他の車が飛び出してくることは、十分に予見 15
　　　できる。

　　　　加えて、甲は本件交差点付近の指定最高速度が時速
　　　30キロメートルであるにもかかわらず、その上限また
　　　はそれを上回るほどのスピードである時速約30から40
　　　キロメートルの速度で同交差点に進入しているのであ 20
　　　るから、単に車が飛び出してくるだけでなく、他車と
　　　衝突しその運転手等に傷害を負わせることの予見可能
　　　性まで認められる。

　　　　そのため、一般人を基準とした構成要件該当結果、
　　　因果経過の基本部分の予見可能性はあったといえ、予 25
　　　見可能性が認められる。

　　(イ)　また、甲が法に従い徐行し、時速15キロメートルで
　　　走行していたならば、4.40メートル手前の地点におい
　　　て、衝突地点から26.24メートルの地点にいるはずのＣ
　　　車を直接視認することが可能であったため、本件事故 30
　　　およびＣ車の傷害結果を回避することも可能であった
　　　といえる。

　　(ウ)　そうであれば、甲には本件交差点に差し掛かるあた
　　　りで徐行をし、左右の確認をするなど他車に注意して
　　　走行すべき義務があり、これに違反したといえるよう 35
　　　にも思われる。

　イ　そうだとしても、甲は、交差道路から交差点に接近し
　　てくる車両があっても、その運転者においても信号に従
　　い一時停止およびこれに伴う事故回避のための適切な行
　　動をするものとして信頼して運転している。　　　　　　40

　　　そこで、行為者がある行為をするにあたって、被害者　　➡問題提起
　　あるいは第三者が適切な行動をとることを信頼するのが
　　相当な場合には、たとえその被害者あるいは第三者の不
　　適切な行動によって結果が発生したとしても、それに対

しては責任を負わないとする信頼の原則が適用され、結　45
果回避義務が否定されないか。甲の信頼が社会通念上相
当といえるかについて検討する。

➡規範

　㋐　本問では、甲の対面信号機は黄色の燈火の点滅を表
　　　示しており、C車に対面する信号機は赤色灯火の点滅　50
　　　を表示している。そして、前述したように、甲は、交
　　　差道路から交差点に接近してくる車両があっても、そ
　　　の運転者において右信号に従い一時停止およびこれに
　　　伴う事故回避のための適切な行動をするものとして信
　　　頼して運転していた。　　　　　　　　　　　　　　　55
　　　　赤色灯火の点滅の際にこのような行動をとるべきこ
　　　とは、信号機に関するルールとして運転者ならだれで
　　　も知っているものであり、甲のような信頼をすること
　　　は社会通念上相当といえる。
　㋑　そうすると、本問では、信頼の原則の適用が認めら
　　　れ、甲の結果回避義務は認められない。　　　　　　　60
　(2)　以上より、結果回避義務違反は認められず過失が否定さ
　　れるため、「必要な注意を怠」ったとはいえない。
2　よって、甲の上記行為に過失運転致傷罪（5条）は成立せ
　ず、甲はその罪責を負わない。
　　　　　　　　　　　　　　　　　　　　　　　　以上　65

➡あてはめ

➡結論

本問は、最判平成15年1月24日判時1806号157頁（百選Ⅰ7事件）を題材にした、過失運転致傷罪に関する問題である。過失犯は、出題頻度こそ高くないものの、司法試験2010（平成22）年において出題されており、今後も出題される可能性は否定できない。過失は処理方法が独特であることから、あらかじめ準備しておかなければ対応は難しい。本問を通じて処理方法をおさえておこう。

なお、本問は、刑法ではなく「自動車の運転により人を死傷させる行為等の処罰に関する法律」からの出題であるが、同法の知識を問うものではなく、あくまで過失の成否に絞って検討するものである。過失に関しては、同法の過失運転致死傷罪の成否が問題となるケースが多いことや、司法試験の出題範囲において「刑法及び刑事訴訟法に関する分野の科目」として、刑法・刑事訴訟法に限定されていないことに照らせば、本問のような出題形式は十分にありうる。そして、試験で出題される際には、本問のように刑法総論の過失犯の検討に絞って出題される可能性が高いだろう。そのため、根拠法については気にせずに、刑法総論の過失犯の問題として取り組んでもらいたい。

■ 論点 ■

1 過失の判断基準
2 信頼の原則

■ 答案作成上の注意点 ■

① 過失犯の構造、注意義務の内容について

1 旧過失論

過失とは注意義務違反をいうところ、その注意義務の内容をいかに解するかについては議論があります。伝統的な学説としては、過失を故意と並ぶ責任要素と解する旧過失論があります。これは、法益侵害の惹起に、過失犯の違法の実質を見出す見解です。そして、この見解からは、注意義務の内容は、予見可能性を前提とした結果予見義務と解されています。具体的な過失犯の処理方法としては、構成要件段階、違法性段階において故意犯と差はなく、責任段階で予見可能性を前提とした結果予見義務違反の有無を判断します。

2 新過失論

次に紹介する新過失論に従って判断するのが判例の一般的な傾向です。新過失論とは、過失犯は構成要件段階と違法性段階のいずれの段階においても故意犯とは異なると解する見解であり、行為準則違反を過失犯の違法性の実質と捉えています。この見解は、注意義務について、予見可能性を前提とした結果回避義務違反と解しています。具体的な処理方法としては、構成要件段階の過失の判断において結果回避義務違反の有無を検討することになります。

② 予見可能性の判断基準について

新過失論、旧過失論いずれの立場からしても、予見可能性の判断は必要となります。もっとも、その予見可能性の内容・程度については争いがあります。

1 危惧感説

まず、一般人に対してなんらかの結果回避措置を命ずるのが合理的であるといえる程度の「危惧感」があれば過失を肯定できるという危惧感説（新新過失論）があります。しかし、この説は判例により明示的に否定されています（札幌高判昭和51年3月18日高刑集29巻1号78頁〔百選Ⅰ51事件〕）。

2 具体的予見可能性説

そこで、判例・通説となっているのが、具体的予見可能性説です。この説は、構成要件的結果、

因果経過の基本部分の予見可能性を必要とするものです。

そして、予見可能性の程度は、一般人の観点から経験則により当該結果が発生することを予見できればよく、薬害事件などの場合には、科学的な根拠をもって因果経過を予測できることまでは必要としないこととされています。

また、構成要件的結果の予見可能性の内容は、特定の構成要件に該当する事実をいいます。

ほかにも、予見可能性に関する論点としては、個別客体に対する予見可能性の要否という問題があります。本問では問題となりませんが、最決平成元年3月14日刑集43巻3号262頁（百選Ⅰ52事件）では、死傷を伴う事故を生じさせうる認識はあった以上、衝突した車の後部座席に同乗していた2名の存在の認識がなくとも、その両名について業務上過失致死罪（当時）の成立を肯定しており、個別客体に対する結果発生の予見までは不要と解しています。

3　あてはめ

本問では、本件交差点は左右の見通しが利かず、対面信号機は、ほかの交通に注意して進行することができることを意味する黄色灯火の点滅を表示していたのですから、交差する車線から別の車が飛びだしてくることは十分予見できます。加えて、本件交差点付近の指定最高速度が時速30キロメートルであるにもかかわらず、その上限またはそれを上回るほどのスピードである時速約30キロメートルから40キロメートルの速度で同交差点に進入していることから、単に車が飛び出してくるだけでなく、他車と衝突したら傷害を負わせることまで、一般人の観点からして予見可能であったといえるでしょう。

③　信頼の原則について

1　信頼の原則とは

信頼の原則とは、行為者がある行為をなすにあたって、被害者あるいは第三者が適切な行動をとることを信頼するのが相当な場合には、たとえその被害者あるいは第三者の不適切な行動によって結果が発生したとしても、それに対しては責任を負わないとする原則をいいます。この原則が適用された場合には、新過失論からは、予見可能性、または回避可能性が限定され、他人の不適切な行動による結果発生を回避するために必要な措置を講じる義務が否定される結果、結果回避義務の存在が否定されることとなります。つまり、信頼の原則とは、予見可能性、回避可能性を信頼に応じて限定する法理であり、違法性阻却事由などとは異なり単に過失犯の成立要件が認められるかの判断過程にすぎないのです。このような体系的地位もおさえておきましょう。

なお、信頼の原則は、あくまでも原則であり、論点ではありません。便宜上、解説には論点として載せていますが、答案例のように認定のかたちで論じても問題はないでしょう。

2　判例を参考としたあてはめの例

それでは、信頼するのが相当な場合とはいかなる場合なのか、判例をみていくこととします。

(1)　最判昭和48年5月22日刑集27巻5号1077頁

本問の題材判例と事案の近いこの判例は、自動車を運転中左右の見通しの利かない黄色点滅信号の交差点に徐行せず侵入したところ、交差道路から赤色点滅信号を無視して侵入してきたAの運転する自動車と衝突し、Aらを死傷させた事件です。この事案において、最高裁は、「自車と対面する信号機が黄色の燈火の点滅を表示しており、交差道路上の交通に対面する信号機が赤色灯火の点滅を表示している交差点に進入しようとする自動車運転者としては……交差道路から交差点に接近してくる車両があっても、その運転者において右信号に従い一時停止およびこれに伴なう事故回避のための適切な行動をするものとして信頼して運転すれば足り……あえて法規に違反して一時停止をすることなく高速度で交差点を突破しようとする車両のありうることまで予想した周到な安全確認をすべき……注意義務を負うものでなく、当時被告人が道路交通法42条所定の徐行義務を懈怠していたとしても、それはこのことに影響を及ぼさないと解するのが相当である。」としています。

(2)　題材判例（前掲最判平成15年）

その後の裁判所は、信頼の原則の適用には慎重になっています。題材判例では、「被告人車

が時速15キロメートルで走行していた場合については、同じく4.40メートル手前の地点において、衝突地点から26.24メートルの地点にいるはずのA車を直接視認することが可能であったこと等が示されている。しかし……当時は夜間であったから、たとえ相手方車両を視認したとしても、その速度を一瞬のうちに把握するのは困難であったと考えられる。こうした……点にかんがみると、被告人車がA車を視認可能な地点に達したとしても、被告人において、現実にA車の存在を確認した上、衝突の危険を察知するまでには、若干の時間を要すると考えられるのであって、急制動の措置を講ずるのが遅れる可能性があることは、否定し難い。そうすると、上記……場合のように、被告人が時速……15キロメートルに減速して交差点内に進入していたとしても、上記の急制動の措置を講ずるまでの時間を考えると、被告人車が衝突地点の手前で停止することができ、衝突を回避することができたものと断定することは、困難であるといわざるを得ない。」として、信頼の原則には触れず結果回避可能性がないと判断して、被告人を無罪としています。

(3) 両判例の差

　両判例について、平成15年判例では、かりに被告人が徐行していたとしても事故は回避しえなかったとして結果回避可能性を否定したのに対し、昭和48年判例は、交差点に進入する自動車運転者は他者が事故回避のための適切な行動にでると信頼して運転すれば足り、あえて法規に違反して一時停止をすることなく高速度で交差点を突破しようとする車両の存在まで予想した周到な安全確認をすべき注意義務を負うものではないとしています。これは、信頼の原則を適用し予見可能性の範囲を限定したうえで、事案に応じた厳格な結果回避義務を否定したものといえるでしょう。

　いずれの処理を行っても問題はありませんが、本問では信頼の原則の処理を身につけてもらうため、答案例では昭和48年判例に倣った処理を行っています。

【参考文献】
試験対策講座・刑法総論9章1節②・③、2節②・③。判例シリーズ17事件、18事件。条文シリーズ38条②2(2)・(3)・(5)・(6)。

第6問 A　被害者の承諾

　　甲とAは、共謀して過失による交通事故を装って保険金を詐取することを企てた。深夜、甲とAは、バイクに乗って人のほとんど通らない山奥へ行き、そこで、甲はAにわざとバイクで衝突した。しかし、坂道であったためスピードをだしすぎてしまい、甲はAに強く衝突し、Aに重傷を負わせてしまった。甲は急いでAをB病院へ運び、医師乙に診療を求めたが、たまたまB病院には同時に軽傷の町長Cが急患として運ばれてきていた。深夜であったためB病院には医者が乙しかいなかったので、AとCの2人の患者に同時に診療を申し込まれた乙は、Aは死んでもやむをえないと思い、Aを放置し、軽傷であるCを診療した。その結果、Cの診療中に重傷のAは出血多量により死亡してしまった。なお、AがB病院へ運ばれた後すぐに適切な治療を受けられたならば、Aを救命することは確実であった。

　　甲および乙の罪責を論ぜよ。

【参考条文】
○医師法（昭和23年法律第201号）（抜粋）
第19条　診療に従事する医師は、診療治療の求があった場合には、……これを拒んではならない。
2　（略）

【解答へのヒント】
1　Aは甲と共謀して過失による交通事故を装っているので、Aは傷害について承諾しているといえます。それでも甲の行為は違法といえるでしょうか。
2　乙はAに危害を加えてはいませんが、放置したことについて犯罪は成立するでしょうか。
3　乙がAを放置したのは、同時に運ばれてきたCを診療したからですが、それでも乙の行為に犯罪は成立するのでしょうか。

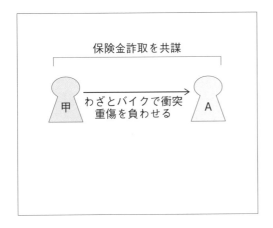

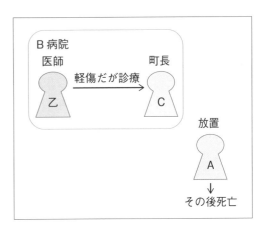

第1　甲の罪責について

1　甲が、Aにわざとバイクで衝突し、重傷を負わせ、出血
多量により死亡させた行為につき、傷害致死罪（刑法205
条。以下法名省略）の成否を検討する。

(1)　まず、甲の上記行為は、人の生理的機能に障害を与え
ることであるから、「傷害」にあたる。

また、甲は、バイクで衝突する行為によってAに重傷
を負わせ、それによって出血多量により死亡させたのだ
から、「よって人を死亡させた」といえる。

したがって、甲の行為は傷害致死罪の構成要件に該当
する。

(2)　もっとも、甲とAは共謀して過失による交通事故を装
っているから、Aは傷害について承諾しているので、違
法性を阻却されないかが問題となる。

ア　違法性の実質は、社会倫理規範に違反する法益侵害
行為と解する（違法二元論）。そうだとすれば、法益
侵害行為が社会的相当性を有する場合にかぎり、違法
性が阻却されるといえる。

そこで、承諾を得た動機、目的、身体傷害の手段、
方法、損傷の部位、程度等の諸般の事情を考慮し、社
会的に相当といえる場合にのみ、違法性が阻却される
と解する。

イ　これを本問についてみると、Aの承諾を得た動機、
目的は、保険金を詐取するという違法なものである。
また、身体傷害の手段、方法も、わざとバイクで衝突
するという危険なものである。さらに、Aの損傷の部
位は不明であるものの、その程度は重傷という重大な
結果を生じさせている。

このような事情に照らすと、甲の行為は社会的に相
当といえないので、違法性は阻却されない。

2　よって、甲の行為には傷害致死罪（205条）が成立し、
甲はその罪責を負う。

第2　乙の罪責について

1　乙が、Aは死んでもやむをえないと思い、Aを放置し、
出血多量により死亡させた行為につき、殺人罪（199条）
の成否を検討する。

(1)　まず、放置行為は、「殺」すという本来作為犯を予定
している構成要件を不作為によって実現するものである。

そこで、不真正不作為犯の実行行為性が問題となる。

ア　実行行為は、構成要件的結果発生の現実の危険を有
する行為であり、不作為もこのような危険を惹起でき
るから、不作為も実行行為たりうる。

もっとも、自由保障機能の観点から、処罰範囲を限
定する必要がある。

欄外注記：
➡問題提起
論 被害者の承諾による違法性阻却の要件

➡規範

➡あてはめ

➡結論

➡問題提起
論 不真正不作為犯の実行行為性

　　　　そこで、作為との構成要件同価値性が認められる場　45　➡規範
　　合、すなわち①法的作為義務の存在とその違反、②作
　　為の可能性・容易性がある場合に、不作為犯の実行行
　　為性が認められると解する。①の有無は、法益の排他
　　的支配、保護の引受け、先行行為等を総合的に考慮し
　　て判断する。　　　　　　　　　　　　　　　　　　50

　イ　これを本問についてみると、乙はAから診療を申し　　➡あてはめ
　　込まれており、医師法19条1項に基づく診療義務があ
　　るといえる。また、B病院には乙しか存在していない
　　ことから、乙はAの法益を排他的に支配しているとい
　　えるので、①乙にはAを優先的に診察する法的作為義　55
　　務が存在しているといえる。
　　　また、Aからの申出当時、B病院には軽傷者の町長
　　CしかおらずA以外を優先的に治療しなければなら
　　ない事情はないことから、②作為可能性および容易性
　　は認められる。　　　　　　　　　　　　　　　　　60　➡結論
　　　したがって、乙の放置行為には、「殺」す行為との
　　構成要件的同価値性があるので、殺人罪の実行行為性
　　が認められる。

(2)　そして、乙がAを放置せず適切な治療をただちに行っ
　　ていればAは死亡しなかったのだから、乙の放置行為と　65
　　Aの死には条件関係がある。また、重傷であるAを放置
　　することは危険な行為であり、その行為の危険性がAの
　　死という結果へと現実化したといえるから、因果関係も
　　肯定できる。
　　　したがって、上記行為は殺人罪の構成要件に該当する。70

(3)　もっとも、乙は、Aと同時にCから診療を申し込まれ　　➡問題提起
　　たから、Aを放置している。そこで、このような行為は、　　論義務の衝突
　　いわゆる義務の衝突として違法性を阻却しないかが問題
　　となる。

　ア　違法性が阻却される根拠は、前述のように、法益侵　75
　　害行為が社会的相当性を有する点にある。そして、義
　　務の衝突とは、互いに相容れない複数の法律上の義務
　　が存在し、そのなかのあるものを履行するためには、
　　他のものを怠らざるをえない場合をいう。
　　　そこで、義務の軽重を比較して、履行した義務が放　80　➡規範
　　置した義務と同等のものであるときは、社会的に相当
　　な行為として違法性が阻却されると解する。

　イ　本問では、軽傷にすぎないCを診療する義務は、重　　➡あてはめ
　　傷のAを診療する義務よりも低いといえる。
　　　したがって、乙の行為は、社会的に相当な行為とは　85　➡結論
　　いえず、違法性が阻却されない。

2　よって、乙の行為には殺人罪（199条）が成立し、乙は
　その罪責を負う。　　　　　　　　　　　　　　　　以上

被害者の承諾は、正当行為における基本事項である。また、旧司法試験1982（昭和57）年度第1問、新司法試験2009（平成21）年刑事系第1問、更に予備試験2012（平成24）年に出題されており、今後も出題が予想される。そこで、保険金の詐取目的の同意という典型問題を通じて被害者の承諾の理解を確認できるよう、本問を出題した。

■■■ 論点 ■■■

1　被害者の承諾による違法性阻却の要件
2　不真正不作為犯の実行行為性
3　義務の衝突

■■■ 答案作成上の注意点 ■■■

1　被害者の承諾について

1　被害者の承諾とは

　被害者の承諾は、正当行為（35条）のなかで特に重要な論点ですから、しっかり学習しておきましょう。被害者の承諾とは、法益の帰属者である被害者が、自己の法益を放棄し、その侵害に承諾または同意を与えることをいいます。被害者の承諾は、その法的効果の相違を基準にして、(i)被害者の承諾のないことが明示・黙示の構成要件要素になっている場合、(ii)被害者の承諾のあることが構成要件要素になっている場合、(iii)被害者の承諾があっても何ら犯罪の成否に影響しない場合、(iv)被害者の承諾が違法性を阻却する場合、に分類されます。傷害罪については、被害者の承諾が構成要件を阻却するとする有力説もありますが、通説に従って違法性阻却と考えておけば足ります。

2　被害者の承諾の要件

　被害者の承諾が違法性を阻却するための要件は、①被害者にとって承諾可能な個人的法益であること、②承諾自体が有効であること（承諾能力と任意性）、③行為時に承諾が存在したこと、④承諾が黙示的であれ外部に表明されていること、⑤被害者の承諾があることを認識して行われたこと、⑥承諾による行為が社会倫理規範に照らし是認されること、であるとされています。これらの6つの要件はしっかりと記憶しておき、どの要件が問題となっているのかを常に意識しましょう。

3　違法性の実質

　被害者の承諾を違法性阻却事由のひとつとして理解するために、違法性の実質をどう解するかについて確認します。違法性の実質をどう解するかについては、まず、刑法の裁判規範性、法益保護機能を重視し、客観的違法性論を徹底し、違法とは評価規範違反であり、その評価の対象は外部的・客観的要素であることを理由として、違法性の実質は、刑法が保護している法益の侵害およびその危険に尽きるとする法益侵害説があります（A説）。一方で、刑法の行為規範性、社会秩序維持機能を重視し、違法性とは、実質的に、全体としての法秩序に反することであり、これは、法秩序の基底となっている社会倫理規範に反することにほかならないことを理由として、違法性の実質は、社会倫理規範に違反することをいうとする規範違反説があります（B説）。

　もっとも、行為無価値論の考え方を採用しながらも、結果無価値をまったく無視するのではなく、考慮するという点で、二元説（C説）の考え方が妥当でしょう。二元説では、社会秩序維持にとって、法益を保護することは必要条件であり、違法性の内容として法益侵害性を無視することはできないと考えます。また、刑罰法規は社会生活上も一定の行為規範（社会倫理規範）としての機能を果たしている以上、社会倫理的側面を無視して違法性の実質を把握することは不可能

であると考えます。そうだとすれば、社会倫理規範と法益侵害とを融合したかたちで違法性の実質を把握する必要があるので、違法性の実質は、社会倫理規範に違反する法益侵害およびその危険、または社会的相当性を逸脱する法益侵害およびその危険をいうと解することになります。

4　同意傷害において違法性が阻却されるか

　　本問のような同意傷害につき傷害罪が成立するかについては、まず、法益性の欠如により違法性または構成要件該当性が阻却されること、自己決定権を重視すべきこと、傷害罪には同意殺人（202条後段）に相当する規定がないことから、成立を否定する見解（A説）があります。一方で、同意殺人のような減軽規定がない以上、通常の傷害罪で処罰すべきとして成立を肯定する見解（B説）もあります。

　　判例は、本問と同様に自動車事故を装い保険金をだましとる目的で傷害を負わせた事案につき、「被害者が身体傷害を承諾したばあいに傷害罪が成立するか否かは、単に承諾が存在するという事実だけでなく、右承諾を得た動機、目的、身体傷害の手段、方法、損傷の部位、程度など諸般の事情を照らし合せて決すべきものであるが、本件のように、過失による自動車衝突事故であるかのように装い保険金を騙取する目的をもって、被害者の承諾を得てその者に故意に自己の運転する自動車を衝突させて傷害を負わせたばあいには、右承諾は、保険金を騙取するという違法な目的に利用するために得られた違法なものであって、これによって当該傷害行為の違法性を阻却するものではないと解するのが相当である」としています（最決昭和55年11月13日刑集34巻6号396頁〔百選Ⅰ22事件〕）。これは、上記A説とB説の中間説にあたるものであり、社会的相当性説とよばれます（C−1説）。社会的相当性説によれば、被害者の承諾は行為の社会的相当性判断の一要素にすぎず、他の事情と総合考量のうえで、社会的相当性（違法性）の有無を判断すべきとされます。

　　中間説には、生命に関わるような重大な傷害以外は違法性が阻却され、傷害罪は成立しないとする重大な傷害説・生命危険説もあります（C−2説）。この説は、法益衡量説を前提としています。法益衡量説の立場からは、法益性欠如の原則より、原則として同意傷害の違法性は阻却されるが、パターナリズム（後見的干渉）の見地から生命放棄の処分を制限する202条後段との均衡上、生命に関わるような重大な傷害について、承諾は無効と解すべきとされます。また、自己決定権と生命を比較衡量すると、自己決定権の前提をなす生命のほうが優越する（優越的利益の原則）ことと同様に、生命に関わるような重大な傷害の場合には、自己決定権よりも身体の安全のほうが優越すると解され、違法性は阻却されないと考えます。

5　あてはめ

　　答案を作成する際には、判例と同様の立場であるC−1説の立場から書くのが無難です。問題文の事実から、「承諾を得た動機、目的、身体傷害の手段、方法、損傷の部位、程度」などを丁寧に評価して論じるようにしましょう。本問においては、甲がAの承諾を得た動機、目的は保険金を詐取するという違法なものです。また、甲はAにわざとバイクで衝突するという身体に傷害を加える手段、方法をとっていますが、人にバイクでわざと衝突するという行為は生命や重大な怪我を生じさせる危険性が非常に高い行為です。そして、Aの損傷の部位は問題文からは明らかではありませんが、重傷という重大な結果が生じていますから、損傷の程度は大きいといえます。これらの事情を考慮すれば、本問における甲の行為は、社会的に相当とはいえません。

②　不真正不作為犯の実行行為性について

　　乙の罪責については、乙がAのことを「死んでもやむをえない」と思っている以上、殺人罪（199条）の成否が問題となります。ただ、乙は放置しているにすぎないので、不真正不作為犯について論じる必要があります。不真正不作為犯については、第1問の「答案作成上の注意点」を参照してください。

　　本問においても、①作為義務、②作為の可能性・容易性の2つから実行行為性を認定すればよいでしょう。①の作為義務については、わざわざ問題文に参考条文が掲載されているのですから、"法令"に基づく作為義務を認定する際に効果的に引用できると、答案に説得力が増します。乙はA

から診療を申し込まれているので、医師法19条1項に基づき、法的作為義務の存在がありますが、Aを放置しているのでその義務に違反しています。また、Aを治療できない事情は特に問題文からはうかがえず、CよりもAを優先して診療することは容易にできたといえますから、②作為可能性・容易性もあります。したがって、乙の放置行為は、殺人罪の実行行為に該当するといえるでしょう。

　なお、因果関係については、判例（最決平成元年12月15日刑集43巻13号879頁〔百選Ⅰ4事件〕）を含めて、第1問の解説を参照してください。

３　義務の衝突について

1　義務の衝突とは

　因果関係についても忘れずに認定し、構成要件該当性が充足されたならば、次に義務の衝突として違法性が阻却されないかを論じることになります。義務の衝突とは、互いに相容れない複数の法律上の義務が存在し、そのなかのあるものを履行するためにほかのものを怠らざるをえない場合をいいます。たとえば、医師が重体の患者の元に駆けつけるために、軽症の患者の即時の治療の申出を拒絶した場合、義務の衝突として違法性が阻却されることになります。

　義務の衝突の位置づけについては、緊急避難の一種であると解する見解があります。しかし、緊急避難は危難を受忍するかぎり避難行為を行わないことも可能であるのに対し、義務の衝突は、そのような可能性はありません。また、緊急避難は通常作為で行われますが、義務の衝突は不作為が問題となる点で、緊急避難と義務の衝突は性質を異にしています。そこで、義務の衝突は、独自の違法性阻却事由と解するのが通説です。

2　義務の衝突の要件

　義務の衝突として違法性が阻却される場面については、①程度の高いより重要な義務を尽くすために程度の低い義務に違反する場合においては、違法性が阻却される、②程度の同等な義務の一方を尽くすために他方を怠った場合においては、違法性が阻却される、③程度の低い義務を守って高度の義務を放棄した場合においては、違法性は阻却されない。ただし、具体的状況によっては期待可能性を欠き責任が阻却される余地があると考えられます。

　義務の衝突は、典型論点とまではいえない論点ではありますが、考え方と要件を確認しておきましょう。

3　あてはめ

　本問においては、軽傷にすぎないCを診療するために重傷のAを放置したのですから、程度の低い義務を守って高度の義務を放棄した場合にあたり、違法性が阻却されるとはいえず、乙に殺人罪が成立することになります。

【参考文献】

試験対策講座・刑法総論6章2節②、10章1節②【2】、2節③【2】(1)・(2)・(3)、【7】。判例シリーズ6事件。条文シリーズ1編7章6節②2、35条③3(2)。

第7問 A　正当防衛(1)

以下の事実関係を前提に、甲と乙の罪責を論じなさい（特別法違反については除く）。

甲（男性、25歳、170センチメートル、65キログラム）は、同じ職場で働く乙（男性、28歳、175センチメートル、70キログラム）と不仲であったことから、しばしば乙と口論になることがあった。

事件当日、甲と乙は些細なことから口論になったところ、上司がとりなしたことで、その場は落ち着いた。しかし、乙はイライラが収まらないことから、甲に対して殴る蹴るなどの暴行を加えようと考え、退勤後甲の家に赴いた。乙は、アパートの2階のベランダに甲がいることを確認したうえで、甲に対して、「最近、お前調子に乗ってるからボコボコにしてやるよ」、「負けるのが怖いのか、臆病者」などと言い、近所の公園に来るように言った。甲は、これを受けて、公園に赴けば乙から殴る蹴るの暴行を受けるだろうことは予測できたが、甲自身逃げることはできないと思ったこと、乙から攻撃を受けた際には乙を痛めつけようと思ったことから、「おう、行ってやるよ。」と怒鳴った。

甲は、公園に向かうにあたり、乙から暴力を振るわれることを予測できたことから、自宅にあった刺身包丁（刃体の長さ12センチメートル、以下「本件包丁」という）をズボンのベルトに差して準備したうえで、公園に向かった。

乙は、公園に向かっている最中、機嫌が悪かったため、肩がぶつかった通行人A（男性、40歳、170センチメートル、70キログラム）の肩に1発殴打をしたところ、怒ったAは乙に対して殴り掛かった。乙はこれから身を守るため、Aの顔面に対して再度殴打をしたところ、Aは後頭部から地面に倒れた。Aが倒れた後、乙はその場から立ち去り、通りかかった通行人によりAは救急搬送されたが、後頭部をぶつけた際に生じた急性硬膜下血腫により死亡した。

乙は、公園に到着し、甲の姿を見るなり、「殺してやる」と叫んだうえ、公園に行く際に拾った鉄パイプを、甲の頭部に振り下ろそうとした。そのため、甲は、乙が死んでもかまわないと思いつつ、みずからの身を守るため、持っていた本件包丁を乙の腹部に突き刺した。乙は、刺傷による大量出血によって死亡した。

【解答へのヒント】

1　甲は乙からの侵害を予測して公園に向かっていますが、このことが正当防衛の成立にどのような影響を及ぼすでしょうか。

2　Aからの攻撃は、乙がAを殴ったことが原因です。この場合においても、正当防衛は成立するのかを検討しましょう。

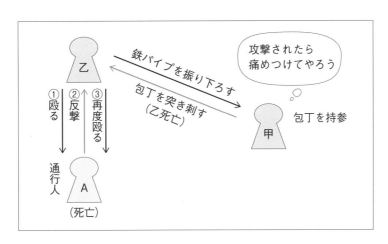

答案例

第1　甲の罪責について
1　乙に対して本件包丁を突き刺した行為に、殺人罪（刑法
　　199条。以下法名省略）が成立するか。
⑴　まず、上記行為によって乙は死亡していることから、
　　殺人罪の客観的構成要件に該当する。　　　　　　　　　5
　　　また、甲は乙が死んでもかまわないと思いつつ行為に
　　及んでいるから、故意（38条1項本文）も認められる。
⑵　もっとも、甲の行為は、乙が甲に対して鉄パイプを振
　　り下ろそうとしたことから身を守ろうとしてした行為で
　　あり、正当防衛（36条1項）が成立するとして、違法性　10
　　が阻却されないか。
　ア　急迫性とは、法益の侵害が現に存在しているかまた
　　　は間近に迫っていることをいう。そして、乙の行為に
　　　よって、甲の身体という法益の侵害が迫っているとい
　　　えるから、急迫性が認められるとも思える。　　　　　15
　　　　しかし、甲は、乙からの侵害を予測して公園に出向
　　　いているところ、急迫性が認められないのではないか。

　　　　⒜　正当防衛により違法性が阻却される根拠は、急迫
　　　　不正の侵害という緊急状況のもとで公的機関による
　　　　法的保護を求めることが期待できないときに、侵害　20
　　　　を排除するための私人による対抗行為を例外的に許
　　　　容することにある。
　　　　　そこで、行為者が侵害を予期したうえで対抗行為
　　　　に及んだ場合、侵害の急迫性の要件については、侵
　　　　害を予期していたことから、ただちにこれが失われ　25
　　　　ると解すべきではなく、対抗行為に先行する事情を
　　　　含めた行為全般の状況に照らし、36条の趣旨に照ら
　　　　して許容されるものとはいえないときには、侵害の
　　　　急迫性の要件をみたさないと解する。

　　　⒝　これを本問についてみると、甲が公園に赴いたの　30
　　　　は、乙からの挑発に対して逃げることはできないと
　　　　考えたからであり、甲が公園に向かわなければなら
　　　　ない必要性はないうえ、甲と乙は従前より不仲であ
　　　　り、甲は、公園に赴けば乙から殴る蹴るの暴行を受
　　　　けるということを十分予期していた。また、警察の　35
　　　　援助を受けること等侵害の回避は容易であった。に
　　　　もかかわらず、刃体の長さ12センチメートルという
　　　　非常に殺傷能力が高い包丁を携行し、公園に出向い
　　　　ている。
　　　　　そして、甲は現場において乙に対して包丁を向け　40
　　　　るなど威嚇行為が可能であったのに、甲を見るなり
　　　　鉄パイプを手にして襲い掛かってきた乙に対して、
　　　　威嚇することなく、死んでもかまわないと思いなが
　　　　ら、乙の腹部に本件包丁を突き刺した。このような

➡問題提起
🔲急迫性の有無

➡規範

➡あてはめ

状況に照らすと、甲の行為は36条の趣旨に照らして 45
例外的に許容されるものとは認められない。

イ　以上より、急迫性が認められず、正当防衛は成立し ➡結論
ない。

2　よって、甲の行為には殺人罪（199条）が成立し、甲は
その罪責を負う。 50

第2　乙の罪責について

1　まず、乙がAの肩に1発殴打した行為は、人に対する不
法な有形力の行使であり、「暴行」にあたるため、暴行罪
（208条）が成立する。

2　次に、乙がAの顔面を殴打した行為について、傷害致死 55
罪（205条）が成立しないか。

(1)　乙は、Aの顔面を殴打したことにより、後頭部を地面
にぶつけた際に生じた急性硬膜下血腫によってAを死亡
させているので、生理的機能の障害である「傷害」を負
わせ、「よって人を死亡させた」といえる。 60

(2)　もっとも、乙の行為は、Aの暴行から身を守るために ➡問題提起
行われているところ、正当防衛が成立しないか。Aの侵 論自招侵害
害行為が乙の暴行行為から生じているため、自招侵害の
場合に正当防衛が成立するか問題となる。

ア　違法性の実質が社会的相当性を逸脱した法益侵害ま 65 ➡規範
たはその危険であることから、①挑発者の先行行為が、
不正の行為であり、②相手方の侵害行為が、挑発者の
先行行為に触発された直後における近接した場所での
一連の事態と評価できる場合には、挑発者が不正の行
為によりみずから侵害を招いたものといえることから、 70
③侵害行為が挑発者による先行行為の程度を大きく超
えるなど特段の事情のないかぎり、挑発者の行為につ
き、正当防衛は成立しない。

イ　これを本問についてみると、乙の先行行為は、前述 ➡あてはめ
のとおり不正の行為であり、Aの侵害行為は、乙の行 75
為に対して直後にその場で行われていることから、一
連一体の行為といえる。そして、Aの侵害行為は、乙
に対して拳で殴ろうとしていることから、侵害行為の
程度が先行行為を大きく超えるものではなく、特段の
事情もない。 80

ウ　したがって、正当防衛は成立しない。 ➡結論

(3)　以上より、乙の行為には傷害致死罪が成立する。

3　乙の2つの罪責は、同一機会の、Aの生命身体という同
一法益に向けられたものであり、包括一罪の関係となる。
よって、乙は、傷害致死罪（205条）の罪責を負う。 85

以上

本問は、最決平成29年４月26日刑集71巻４号275頁（百選Ⅰ23事件）を題材にした問題である。正当防衛と急迫性については2022（令和４）年司法試験にも出題されるなど、重要度が高い分野といえる。また、自招侵害についても2011（平成23）年司法試験や2014（平成26）年予備試験に出題されるなど、論文式試験における重要度は高い。この機会に正当防衛についての理解を深めてもらいたい。

論点

1　急迫性の有無
2　自招侵害

答案作成上の注意点

① 正当防衛について

　正当防衛とは、急迫不正の侵害という緊急状態にあるため、国家機関による法的保護を受けられない場合に許される私人の利益侵害行為である、緊急行為のひとつです。正当防衛が成立する場合には、当該行為が構成要件に該当するときであっても、違法性が阻却されることで、犯罪の成立は否定されます。

　正当防衛が認められるためには、①「急迫不正の侵害」が存在し、②「自己又は他人の権利を」、③「防衛するため」、④「やむを得ずにした行為」の要件をみたす必要があります。

1　急迫不正の侵害

　急迫性とは、法益の侵害が現に存在しているかまたは間近に迫っていることをいいます。この要件は、過去および将来の侵害に対する防衛行為を、正当防衛の領域から排除する点に積極的意義があります。

⑴　「急迫」性

　「急迫」不正の侵害の有無があるか問題となるのは、①行為者が侵害を確実なものとして予期している場合、および、②その機会を利用して積極的に相手方に加害行為をする意思を有している場合については、侵害の急迫性が認められるかというものになります。判例通説では、①の場合においては、侵害を予期していたとしても、侵害の急迫性の要件が本来客観的な要件であることから、ただちに急迫性は失われないとされています。

　②については、いわゆる積極的加害意思といわれるものですが、最決昭和52年７月21日刑集31巻４号747頁において、「単に予期された侵害を避けなかったというにとどまらず、その機会を利用し積極的に相手に対して加害行為をする意思で侵害に臨んだときは、もはや侵害の急迫性の要件を充たさないものと解するのが相当である」としており、急迫性は認められないとされています。

　その後、「急迫」性の判断にあたっては、本問の題材ともなった最決平成29年では、「刑法36条は、急迫不正の侵害という緊急状況の下で公的機関による法的保護を求めることが期待できないときに、侵害を排除するための私人による対抗行為を例外的に許容したものである。したがって、行為者が侵害を予期した上で対抗行為に及んだ場合、侵害の急迫性の要件については、侵害を予期していたことから、直ちにこれが失われると解すべきではなく……、対抗行為に先行する事情を含めた行為全般の状況に照らして検討すべきである。具体的には、事案に応じ、行為者と相手方との従前の関係、予期された侵害の内容、侵害の予期の程度、侵害回避の容易性、侵害場所に出向く必要性、侵害場所にとどまる相当性、対抗行為の準備の状況（特に、凶器の準備の有無や準備した凶器の性状等）、実際の侵害行為の内容と予期された侵害との異同、

行為者が侵害に臨んだ状況及びその際の意思内容等を考慮し、行為者がその機会を利用し積極的に相手方に対して加害行為をする意思で侵害に臨んだとき……など、前記のような刑法36条の趣旨に照らし許容されるものとはいえない場合には、侵害の急迫性の要件を充たさないものというべきである。」と判示しました。

このように、急迫性の判断においては、積極的加害意思のような行為者の主観的事情のみを判断資料とするのではなく、行為全般の状況も含めて判断します。

本決定では、侵害を予期していたことは、行為全般の状況の一要素として判断されることになっていますが、そのように侵害を予期しつつ現場に向かう必要性がないような場合には、急迫性が否定される事情になりえます。

(2)　「不正」

「不正」とは、違法であることをいいます。この違法という意味については、動物の侵害等に対しても正当防衛が成立するかについて争いがあります。これについては、いわゆる対物防衛を認めるかどうかという問題であり、従来の通説は対物防衛を認めず、緊急避難説を採っていました。もっとも、「不正」とは、その不正の侵害をした者に犯罪が成立するかを問題にしているのではなく、その相手方、つまり反撃した防衛者に正当防衛を認めていいか、正当防衛を認めていいほどの不正な侵害であったかの問題にすぎないという見解も主張されています。

(3)　「侵害」

「侵害」行為は、故意行為によると過失行為によるとを問わず、また、不作為による場合でも認められます。もっとも、不作為の侵害については、絶えず法益に対する積極的な侵害または脅威を及ぼすものとはいえない場合も多いため、問題ごとに適切に判断をしていく必要があります。

2　「自己又は他人の権利」

「自己又は他人の権利」について、権利とは広く法益を意味すると解されています。もっとも、本問では、甲や乙の身体を守るためにそれぞれ行為を行っていることから、ここは問題とはなりません。

3　「防衛するため」

防衛行為はその性質上侵害者に向けられた反撃でなければならず、偶然防衛を排除するため、防衛の意思があることが必要と解されています。そして、防衛の意思の内容として、判例は、防衛の認識とほぼ同様に解し、防衛の意思と攻撃の意思が併存する場合には防衛の意思が欠けることにはならないとする一方で、積極的加害意思を有している場合にはもはや防衛の意思を欠くとされています（最判昭和50年11月28日刑集29巻10号983頁〔百選Ｉ24事件〕）。

もっとも、防衛の意思の場合の積極的加害意思と、急迫性における積極的加害意思は同一のものではないため注意が必要です。

侵害が現実化する前において、攻撃を予測したうえで積極的加害意思をもっている場合には、急迫性の問題となる一方、侵害が現実化した後にその機会を利用し、反撃をする場合には、防衛の意思の問題になります。そのため、本問では、甲が乙の侵害前に積極的加害意思を有していることから、急迫性の問題となります。

4　「やむを得ずにした行為」

「やむを得ずにした行為」については、第8問で詳しく解説をするため、ここでの説明は割愛します。

② 自招防衛について

自招防衛とは、被侵害者がみずから招いた侵害（自招侵害）に対して正当防衛をすることができるかという問題をいいます。自招侵害の場合に正当防衛が認められるかについて、学説上は、おおむね正当防衛を否定しています。その理論的構成として、防衛行為が社会的相当性を欠く場合には正当防衛は成立しないという社会的相当性説や、正当防衛の濫用とならないかぎり正当防衛が成立するという権利濫用説、防衛行為が正当防衛の要件をみたす以上違法性は阻却されるが、原因とな

った自招行為は違法行為として罪責を問いうるという、原因において違法な行為の理論などが主張されていますが、どれも通説的見解とまではいえません。

　判例は、「被告人は、Aから攻撃されるに先立ち、Aに対して暴行を加えているのであって、Aの攻撃は、被告人の暴行に触発された、その直後における近接した場所での一連、一体の事態ということができ、被告人は不正の行為により自ら侵害を招いたものといえるから、Aの攻撃が被告人の前記暴行の程度を大きく超えるものでないなどの本件の事実関係の下においては、被告人の本件傷害行為は、被告人において何らかの反撃行為に出ることが正当とされる状況における行為とはいえないというべきである。」（最決平成20年5月20日刑集62巻6号1786頁〔百選Ⅰ26事件〕）としています。

　もっとも、判例の事案は、挑発者による自招行為により相互闘争行為が行われているという事案であるため、たとえば挑発を行えば相手方から侵害行為が行われると予想したうえで挑発を行った場合には、正当防衛の趣旨に照らして許容されないものとして、侵害の急迫性の要件をみたさないとされると考えられます。

　答案においては、「違法性の実質が社会的相当性を逸脱した法益侵害またはその危険であることから、①挑発者の先行行為が、不正の行為であり、②相手方の侵害行為が、挑発者の先行行為に触発された直後における近接した場所での一連の事態と評価できる場合には、挑発者が不正の行為によりみずから侵害を招いたものといえることから、③侵害行為が挑発者による先行行為の程度を大きく超えるなど特段の事情のないかぎり、挑発者の行為につき、正当防衛は成立しない。」という規範を用いて問題を検討しています。

③　あてはめ

1　甲の罪責について

　甲の行為について、殺人罪の構成要件に該当することは明らかであることから端的にそのことを示したうえで、正当防衛が認められるのか、主に乙の侵害行為に急迫性が認められるかどうかを検討することになります。その際には、前掲最決平成29年を意識しながら、甲が、乙の侵害行為を予期していたこと、公園に向かう必要性、甲が用意した本件包丁の性質形状、甲の侵害にのぞんだ心境などから、総合的に36条の趣旨に合うかどうかを判断しましょう。

2　乙の罪責について

　乙がAに対して行った暴行行為について、Aからの暴行から身を守るために行った行為は一見すると正当防衛に該当する行為とも思えます。しかし、Aの暴行は乙の暴行から触発されていることから、この点をどう評価するかが問題となります。前述した規範を意識しながら、乙の暴行とAの暴行の性質を比較検討しましょう。

【参考文献】
試験対策講座・刑法総論11章1節、2節①【2】(2)・(3)。判例シリーズ7事件。条文シリーズ36条②2、3(1)。

以下の事実関係を前提に、甲の罪責を論じなさい。

甲（45歳、165センチメートル、58キログラム）が、屋外の喫煙所で喫煙し、屋内に戻ろうとしていた。それを見たV（35歳、180センチメートル、75キログラム）は、「ちょっと待て。話がある。」と甲に呼び掛けたうえ、いきなり殴り掛かった。

甲は、これをかわしたものの、腰付近を持たれて付近のフェンスまで押し込まれた。Vは、更に甲を自己の体とフェンスとの間に挟むようにして両手でフェンスをつかみ、甲をフェンスに押しつけながら、膝や足で数回蹴ったため、甲もVの体を抱えながら足を絡めたり、蹴り返したりした。また、甲はフェンスに押さえつけていたVを離すようにしながら、その顔面を1回殴打した。

すると、Vは、その場にあったアルミ製灰皿（直径19センチメートル、高さ60センチメートルの円柱形をしたもの）を持ち上げ、甲に向けて投げつけた。甲は、このままでは大けがを負ってしまうと考え、それを避けるため、投げつけられた同灰皿を避けながら、同灰皿を投げつけた反動で体勢を崩したVの顔面を右手で殴打すると、Vは、頭部から落ちるように転倒して、後頭部をタイルの敷き詰められた地面に打ちつけ、仰向けに倒れたまま意識を失ったように動かなくなった（以下、ここまでの甲のVに対する暴行を「第1暴行」という）。なお、甲にはかかる攻撃によってVが死ぬことはないだろうと考えていた。

甲は、憤激の余り、意識を失ったように動かなくなって仰向けに倒れているVに対し、その状況を十分に認識しながら、「おれを甘く見ているな。おれに勝てるつもりでいるのか。」などと言い、その腹部等を足蹴にしたり、足で踏みつけたりし、さらに、腹部に膝をぶつける（右膝を曲げて、膝頭を落とすという態様であった）などの暴行を加えた（以下、この段階の甲のVに対する暴行を「第2暴行」という）が、Vは、第2暴行により、肋骨骨折等の傷害を負った。

Vは、付近の病院へ救急車で搬送されたものの、約6時間後に、頭部打撲による頭蓋骨骨折に伴うクモ膜下出血によって死亡したが、この死因となる傷害は第1暴行によって生じたものであった。

【解答へのヒント】

甲がVに対して行った、第1暴行および第2暴行は、Vが甲に対して行った攻撃との関係でどのように評価されるか検討してみましょう。

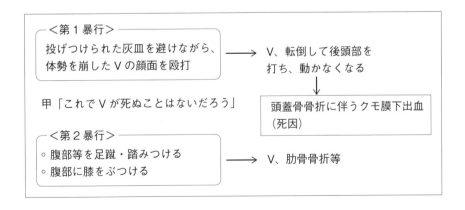

第1　第1暴行について

1　第1暴行について、傷害致死罪（刑法205条。以下法名省略）が成立するか。

　(1)　第1暴行は、頭部打撲という生理的機能の障害を生じさせるものであり、「傷害」したといえる。　　　　5

　(2)　では、「よって人を死亡させた」といえるか。傷害致死罪のような結果的加重犯において、重い結果の発生につき過失を要するかが問題となる。

➡問題提起
論結果的加重犯と過失の要否

　　ア　結果的加重犯は、基本犯たる故意犯のなかに重い結果発生の高度の危険が内包しているから、重い結果についての過失は不要であり、基本行為と重い結果との間に因果関係があれば結果的加重犯の構成要件に該当すると考える。　　　　10

➡規範

　　イ　前述のとおり、Vの死亡は、第1暴行の危険性が現実化したものである以上、因果関係は認められる。　　　　15

➡あてはめ

　(3)　そして、傷害罪の故意も認められるから、傷害致死罪の構成要件に該当する。

➡結論

2　そうだとしても、第1暴行は、Vからの侵害行為から身を守るために行われているから、正当防衛（36条1項）が成立し、違法性が阻却されないか。　　　　20

　(1)　Vは甲に対して、アルミ製灰皿を投げつけるなどの暴行を加えているため、甲の生命身体に対する侵害が現に存在しており、「急迫不正の侵害」が認められる。

　　　そして、甲は、Vからの侵害から身を守るために上記行為に及んでいるから、防衛の意思も認められる。　　　　25

　(2)　第1暴行は「やむを得ずにした行為」といえるか。

➡問題提起
論「やむを得ずにした行為」の意義

　　ア　「やむを得ずにした行為」とは、防衛行為が必要性・相当性を有する行為をいう。

➡規範
➡あてはめ

　　イ　これを本問についてみると、甲と乙は年齢にして、10歳離れており、体格なども含めて優に乙が優れていた。また、乙は、直径19センチメートル、高さ60センチメートルという比較的大きなアルミ製灰皿を甲に対して投げつけており、乙からの侵害は甲にとってきわめて大きいものであった。また、甲からの侵害を確実に止めるためには頭部に対する攻撃をするほかないともいえる。　　　　30／35

　　　そうだとすれば、甲が、体格が優れている乙からの侵害を防ぐため、人体の枢要部である顔面を殴打したとしても、必要性および相当性があるといえるため、「やむを得ずにした行為」といえる。　　　　40

　(3)　以上より、第1暴行には正当防衛が成立する。

➡結論

3　よって、第1暴行については傷害致死罪（205条）が成立せず、甲はその罪責を負わない。

第2　第2暴行について

1　第2暴行について、傷害罪（204条）が成立するか。
　(1)　第2暴行は、肋骨骨折等という生理的機能の障害を生
　　じさせるものであり、「傷害」したといえる。
　　　そのため、第2暴行は、傷害罪の構成要件に該当する。
　(2)　そして、第2暴行時点でVによる「侵害」は終了して
　　いるから、第1暴行とは異なり正当防衛は成立せず、違
　　法性は阻却されないと思える。

➡問題提起
論防衛行為の一体性

　　　しかし、第2暴行は、Vからの侵害から身を守るため
　　に行われた第1暴行の延長線であるところ、第1暴行と
　　第2暴行をVの攻撃から身体を守るために行われた一体
　　的行為とみることで、全体として防衛行為と評価できな
　　いか。
　　ア　防衛行為としての一体性が認められるためには、行
　　　為者の防衛意思の有無、相手方からの侵害の継続性お
　　　よび防衛行為と追撃行為の時間的場所的接着性、行為
　　　者の暴行の態様の変化等から総合的に考慮すると考え
　　　る。

➡規範

　　イ　これを本問についてみると、甲は前述のとおり、V
　　　からの侵害を退けるために第1暴行を行っている一方
　　　で、第2暴行はVに対する憤激から行為に及んでいる。
　　　そして、第1暴行と第2暴行は、時間的場所的に接着
　　　しているが、甲は第1暴行の後、意識を失い動かなく
　　　なったVを認識しており、そのような状態からすると、
　　　さらにVが甲に暴行を加える可能性がないことは外観
　　　上も明らかであり、侵害は終了している。そして、そ
　　　のことを甲は、十分に認識していた。そうだとすると、
　　　第2暴行はもっぱらVからの侵害を避けるために行わ
　　　れたものとはいえず、防衛の意思が継続していたとは
　　　いえない。

➡あてはめ

　　　また、Vは第1暴行により意識を失っておりこれ以
　　上の加害を行うことは不可能であるから、侵害の継続
　　性も認められない。
　　　さらに、第2暴行は、意識を失ったVに対して、腹
　　部等を足蹴にしたり、足で踏みつけたりし、さらに、
　　腹部に膝をぶつけるといったものであり、Vの顔面を
　　右手で殴打といった第1暴行とは暴行の態様も大きく
　　変わっている。
　　ウ　そのため、第1暴行と第2暴行は、Vの侵害行為に
　　　向けられた一連の防衛行為と評価することはできず、
　　　違法性は阻却されない。

➡結論

2　よって、第2暴行については傷害罪（204条）が成立し、
　甲はその罪責を負う。
　　　　　　　　　　　　　　　　　　　　　　　　以上

　本問は、最決平成20年6月25日刑集62巻6号1859頁（百選Ⅰ27事件）をもとにした問題である。侵害に対する防衛行為が複数ある場合において、そのすべてに正当防衛が成立するのか、それとも分断的に捉えなければならないかということの理解を問うている。この点については、判例は事案に応じて判断を分けているため、この機会に理解を深めてもらいたい。

論点

1　結果的加重犯と過失の要否
2　「やむを得ずにした行為」の意義
3　防衛行為の一体性

答案作成上の注意点

① 正当防衛の成否について

　正当防衛の成立要件（第7問参照）のうち、「やむを得ずにした行為」について説明します。
　「やむを得ずにした行為」とは、防衛行為が必要性・相当性を有した行為であることを意味しています。この要件は、正当防衛が違法性阻却事由の一種であることから、正当防衛も社会倫理規範に照らし相当な範囲内で是認されるものだからとされています（社会的相当説）。
1　必要性
　　必要性とは、侵害を防ぐために必要な行為を意味し、緊急避難における補充性ほど強度なものではないとされています。
2　相当性
　　相当性とは、反撃行為が権利を防衛する手段として必要最小限度のものであることを意味し、生じた結果がたまたま侵害されようとした法益より大きかったとしても相当性は否定されません。理由は、相当性で検討するものは、防衛結果の相当性ではなく、防衛行為の相当性だからです。
　　たとえば、ねじあげられた左手を振りほどくため、右手で相手方の胸を1回突いたところ、転倒した被害者が近くの自動車に頭部を打ちつけて重傷を負っても、相当性は否定されません。
　　もっとも、生命とわずかな財産のように、法益の均衡を著しく欠く場合などには、相当性は否定されるとしています。
　　また、判例は、相当性の判断において、武器対等の原則を軸に判断しているという評価もあります（最判平成元年11月13日刑集43巻10号823頁〔百選Ⅰ25事件〕）。この場合には、侵害者と行為者の態様が、「素手」対「素手」や「武器」対「武器」になっていれば、相当性が認められやすくなります。しかし、この原則も絶対のものではなく、侵害者が素手であったとしても、行為者が老齢の者であったり、体格差が大きいものだったりした場合には、相当性が認められる場合もあります。
　　この判例は、甲が、年齢も若く体格もはるかに優れたVに、身体に対し危害を加えようとする言動をもって迫られたため、刃体の長さ17.7センチメートルの包丁をVに差し向けて脅迫したという事案において、「年齢も若く体力にも優れたVから……の接近を防ぎ、同人からの危害を免れるため、やむなく本件菜切包丁を手に取ったうえ腰のあたりに構え、『切られたいんか。』などと言ったというものであって、Vからの危害を避けるための防御的な行動に終始していたものであるから、その行為をもって防衛手段としての相当性の範囲を超えたものということはできない。」としており、武器対等であったとはいえませんが、相当性が肯定されています。
3　必要性と相当性の程度を超えてしまった場合、「やむを得ずにした行為」とはいえなくなるため、正当防衛は成立せず、違法性は阻却されません。もっとも、「防衛の程度を超えた行為」（過

剰防衛〔刑法36条2項〕）として刑の減免の余地がでてきます。

② 過剰防衛について

1 過剰防衛の意義

　過剰防衛とは、「防衛の程度を超えた」行為（36条2項）のことをいいます。そのため、正当防衛の成立を検討し、「やむを得ずにした」行為といえない場合には過剰防衛が成立するかどうかの検討が必要になります。なお、過剰防衛が成立するためには、「やむを得ずにした」行為以外の正当防衛の要件をみたさないといけないことに注意が必要です。

　36条2項は、過剰防衛が成立する場合には、刑は任意的に減免されるとしています。そして、その根拠についてはいくつかの説の対立があります。この問題は、誤想過剰防衛における36条2項の準用の可否や共同正犯と過剰防衛の効果が連帯するかどうかなど、過剰防衛から派生する問題に影響を与えるため、基本的な論点として重要になります。

　刑の任意的減免の根拠については主に、①責任減少説、②違法減少説、③違法・責任減少説とよばれる3つの説があります。

　①は、急迫不正の侵害に直面した緊急事態において、恐怖・狼狽から多少の行きすぎる行為をすることはやむをえないという説です。②は、防衛行為が過剰であったとしても法益侵害に対する防衛行為である以上違法性が減少しているという説です。③は、過剰防衛であっても、急迫不正からの侵害状況を前提としている以上違法性の減少が認められることを前提に、急迫不正の侵害に対する反撃者の心理的動揺も考慮されるべきであるから責任の減少も認められるというものであり、①と②の説をあわせたものになっています。

　問題を解く場面においては、従来の通説である①説または近時の有力説である③説を前提に考えることが無難です。

2 過剰防衛の種類

　過剰防衛は大きく、質的過剰と量的過剰に分類されます。前者は、防衛行為自体の強度を誤った場合をいい、この場合に過剰防衛が成立することには争いはありません。後者は、正当防衛の時間的限界を超えるとき、すなわち急迫不正の侵害が去ったにもかかわらず防衛者が追撃行為にでた場合をいい、この場合に過剰防衛が認められるかについては、争いがあります。本問では、Vの攻撃行為に対して甲が第1暴行および第2暴行を行っていることから、量的過剰防衛の成否も問題となります。

③ 防衛行為の一体性について

1 意義

　防衛行為の一体性とは、量的過剰防衛の成否の検討にあたり、行為者が行った複数の独立した行為を1つの防衛行為として評価できるかということです。

　これについて、判例（後掲最決平成21年）および通説は、当初の急迫不正の侵害に向けられた反撃行為と追撃行為が一連一体の行為と評価できる場合について、36条2項の適用の余地があるとしています。

　一方、反撃行為と追撃攻撃が明らかに性質を異にしており、両者との間に断絶があると認められる場合には、当初の暴行に正当防衛が成立するものの、追撃行為には正当防衛・過剰防衛を論ずる余地はないとされています。

　防衛行為の一体性があるかどうかは、被害者による侵害の継続性、防衛行為と追撃行為の時間的場所的接着性、行為者の暴行の態様の変化、行為者の防衛の意思の有無といった点などを総合的に考慮して判断します。

2 主要判例

(1) 前掲最決平成20年

　出題趣旨にあるとおり、本問の題材となった判例です。事案は、被害者から殴り掛かられた被告人が、被害者の顔面を殴打したところ、被害者がアルミ製灰皿を被告人に向けて投げつけ

たため、被告人が被害者の顔面を殴打すると、被害者は転倒して動かなくなり（第1暴行）、更に腹部等を足蹴にするなどの暴行を加えて（第2暴行）傷害を負わせ、クモ膜下出血により被害者を死にいたらしめたが、死因となる傷害は第1暴行より生じていたというものでした。判例は、「第1暴行により転倒したVが、被告人に対し更なる侵害行為に出る可能性はなかったのであり、被告人は、そのことを認識した上で、専ら攻撃の意思に基づいて第2暴行に及んでいるのであるから、第2暴行が正当防衛の要件を満たさないことは明らかである。」として、両者の行為は分断されていると評価しました。

(2)　最決平成21年2月24日刑集63巻2号1頁

　　この事件は、拘置所の居室で、同室の男性Vが折り畳み机を押し倒してきたため、被告人がその反撃として同机を押し返して（第1暴行）傷害を負わせ、さらに、反抗や抵抗が困難な状態になった被害者に対し、その顔面を手拳で数回殴打した（第2暴行）もので、第1暴行には防衛手段としての相当性が認められる一方、第2暴行については相当性が認められない事案でした。判例は、「被告人が被害者に対して加えた暴行は、急迫不正の侵害に対する一連一体のものであり、同一の防衛の意思に基づく1個の行為と認めることができるから、全体的に考察して1個の過剰防衛としての傷害罪の成立を認めるのが相当」と述べ、第1暴行と第2暴行についてはVからの侵害に対する一連一体の防衛行為という判断を行いました。

　　この事件は(1)の最決平成20年の事案とは異なり、第1暴行と第2暴行は、防衛の意思が継続していることから一連一体の防衛行為と評価しました。

　　これらの2つの判例は、行為者の主観的な防衛意思を基準としつつ、侵害の継続性や行為者の暴行の態様などから判断をしており、答案においても、同様の観点から検討するべきです。

3　答案での注意点

　　答案の作成上、防衛行為の一体性を論じる場合には、答案を書く前に第1暴行と第2暴行が全体として一体であるかについて検討する必要があります。かりに全体が1つの防衛行為であるとするならば、全体の行為を包括して論じたうえで、過剰防衛の検討の際に「なお書き」などを用いて分断的評価をされないことを書くとよいでしょう。また、分断されたものとして評価する場合には、各暴行について独立の検討をした後、第1暴行と第2暴行を一体的に評価できないということを論じることが無難です。

4　本問での考え方について

1　第1暴行と第2暴行について

　　甲の第1暴行と第2暴行が防衛行為として一連一体の行為といえる場合、甲の防衛行為は、Vからの侵害行為に対するものとしてはやむをえずにした行為とはいえなくなるため、甲には第1暴行と第2暴行には一体として傷害致死罪が成立し、過剰防衛（36条2項）により刑が任意的に減免されます。

　　その一方で、第1暴行と第2暴行が防衛行為として断絶されているといえる場合、甲の第1暴行については、Vからの侵害を免れるための防衛行為として正当防衛が成立する以上、第1暴行の傷害致死罪は無罪となり、第2暴行による傷害については、正当防衛は問題とならないため、傷害罪が成立することになります。

2　過剰防衛の成否について

　　本問では、甲の第1暴行と第2暴行については一連一体の行為ではなく、両者は断絶した行為であるとしました。かりに防衛行為としての一連一体性を認定した場合には、このような一体の行為の必要性および相当性を検討することになります。

　　その場合、甲がVに対して行った第2暴行が、急迫不正の侵害に対して必要性はあったのか、相当性はあったのかについて判断をすることになります。

【参考文献】

試験対策講座・刑法総論11章1節②【2】(4)、2節②。条文シリーズ36条②2(2)(c)、4。

第9問 A　正当防衛(3)

　　以下の事実関係を前提に、小問ごとに甲の罪責を論じなさい（特別法違反については除く）。なお、各小問はそれぞれ独立したものとする。

　　甲女は、A男の愛人として、同人から生活費の援助を受けるなどしていた。事件当日夜、甲とAは、レストランで酒を飲みながら食事をし、居酒屋2軒で飲酒して、甲方に戻った。甲とAは、甲方の台所兼食堂でしばらくは普通に話をしていたが、そのうちに口論となり、Aが投げやりな調子で別れ話をしたのに対して、甲が「じゃあ、これで終わりにしようね、今までありがとう。」などと返答するや否や、Aがその態度に憤激し、甲の胸倉を掴んだうえ、「殺してやる」と言った。Aは、普段より自分の思いどおりにならないときには暴力を振るう性格であり、甲はこれを知っていたことから、甲はAによって本当に殺されてしまうのではないかと思った。

1　甲は近くに置いてあった包丁（刃体の長さ約10センチメートル）を手に取り、Aを殺してもやむをえないと思いつつ、Aの腹部に対して突き刺し、Aを殺害した。もっとも、Aは、別れを言いだした甲を驚かそうと思っただけであり、実際には甲を殺す意図は有していなかった。

2　甲とAの口論は大きな声であったため、甲方の隣人Bは、口論の声がうるさいことを注意をしようと考え、甲方に向かった。甲方に着いたBは、ドアを叩いて甲を呼んだところ、反応が返ってこなかった。そこで、直接注意をするしかないと考え、甲方に入った。甲方に入ったBは、甲がAを刺そうとしていることを見て、Aを助けるために、Aを突き飛ばした。甲はすでにAに対して刺突を行おうとしていたため、Aの位置に代わるように入ったBに対してその行動を制止することができず、包丁はBの腹部に突き刺さり、Bはこの刺傷が原因で死亡した。なお、Aは甲を殺害することもやむをえないと考えていた。

【解答へのヒント】

1　小問1では、甲はAからの攻撃から身を守るために、行為に及んでいますが、Aは実際には甲を殺害するつもりはありませんでした。そのような場合に、甲の罪責にどのような影響を与えるかを検討してみましょう。

2　小問2では、甲はAの攻撃から身を守るために行為に及んだところ、第三者であるBに対して結果が生じています。この場合、どのように処理を行えばよいかを検討してみましょう。

【小問1】

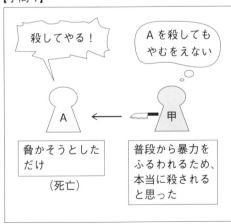

【小問2】

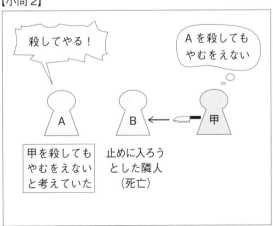

第1　小問1について

1　甲がAを包丁で刺した行為に、殺人罪（刑法199条、以下法名省略）が成立するか。

(1)　甲は、刃体の長さが約10センチメートルという殺傷能力が高い包丁で人体の枢要部である腹部を刺突するという、死亡結果を発生させる現実的危険性を有する行為である殺人罪の実行行為によって、Aを死亡させている。 5

　また、甲は、Aを殺してもやむをえないと思っているから、殺害につき未必の故意（38条1項本文）がある。

　したがって、甲の行為は殺人罪の構成要件に該当する。 10

(2)　しかし、甲の上記行為は、Aの攻撃から身を守る意思で行われているから、正当防衛（36条1項）が成立し違法性が阻却されないか。「急迫不正の侵害」が認められるかが問題となる。

■問題提起
■急迫不正の侵害

ア　急迫不正の侵害とは、法益の違法な侵害が現に存在しているか、または間近に押し迫っていることをいう。 15

■規範

イ　これを本問についてみると、Aは、甲の胸倉を掴んで「殺してやる」と言っているものの、これは、別れを言いだした甲を驚かそうとしただけであり、実際に甲の生命身体を違法に侵害するつもりはなかった。 20

■あてはめ

ウ　したがって、急迫不正の侵害が、甲の行為当時存在していないため、正当防衛は成立しない。

■結論

(3)　そうだとしても、甲は急迫不正の侵害があると誤信して行為に及んでいるので、違法性阻却事由の不存在について錯誤があるとして、責任故意が阻却されないか。 25

■問題提起
■誤想防衛の処理

ア　故意責任の本質は、反規範的人格態度に対する道義的非難にある。そして、違法性阻却事由を基礎づける事実を誤信している場合には、行為者は規範に直面しているといえないから、事実の錯誤として責任故意が阻却されると解する。 30

■規範

イ　これを本問についてみると、Aは普段より自分の思いどおりにならないときには暴力を振るう性格であったことから、Aの「殺してやる」という発言は、甲の主観を基準にすると、実際にAが自分を殺してしまうと誤信するものであったといえ、「急迫不正の侵害」が存在するといえる。 35

■あてはめ

　そして、甲は、自分の身を守るために行為に及んでいることから、防衛の意思も認められる。

　また、Aは甲を殺そうとしていると認識をしているから、甲は、Aの行動を止める必要があるため、防衛行為にでる必要性がある。そして、甲の近くにAに対抗できる手段は包丁のみであり、女性である甲が素手でAに対抗することは現実的ではない。そうすると、甲の行為は、侵害を守るにおいて必要最低限の行 40

為であったため「やむを得ずにした行為」といえる。 45

　ウ　したがって、甲は違法性阻却事由を誤信していると
いえ、誤想防衛が成立し、責任故意が阻却される。

▶結論

2　よって、殺人罪（199条）は成立しない。ただし、過失
致死罪（210条）が成立しえ、その罪責を負いうる。

第2　小問2について 50

1　甲がBを包丁で刺した行為について、殺人罪（199条）
が成立するか。

⑴　甲は、刃体の長さが約10センチメートルという殺傷能
力が高い包丁で人体の枢要部である腹部を刺突するとい 55
う、死亡結果を発生させる現実的危険性を有する行為で
ある殺人罪の実行行為によって、Bを死亡させている。

　　もっとも、甲はAを殺害するつもりで、Bを殺害して
いるので、故意（38条1項本文）が認められないのでは
ないか。

▶問題提起
論方法の錯誤

　ア　故意責任の本質は、反規範的人格態度に対する道義 60
的非難にある。そして、規範は構成要件ごとに与えら
れているから、行為者はその限度で規範の問題に直面
している。そこで、方法の錯誤があっても、主観と客
観が構成要件において符合しているかぎり、故意を阻
却しないと解する。 65

▶規範

　イ　そうすると、甲はおよそ「人を殺」（199条）すこと
を認識しているから、構成要件において符合している。

▶あてはめ

　ウ　したがって、殺人罪の故意も認められる。

▶結論

⑵　もっとも、甲は、Aからの攻撃に対する反撃行為とし
て刺突を行うという防衛行為をしようとしたが、その結 70
果、Aを助けようとした正の第三者Bの胸部に突き刺さ
るという結果を生じさせているから、急迫「不正の侵
害」に対する行為といえず、正当防衛は成立しない。

⑶　そうだとしても、甲の主観では、Aからの侵害を避け
るために行為に及んでおり、正当防衛の認識をもってい 75
る。そのため、違法性阻却事由の不存在について錯誤が
あるとして責任故意が阻却されないか。

▶問題提起
論防衛行為の結果が第三者に
　生じた場合の誤想防衛

　ア　行為者の主観においては、正当防衛として行動して
いる場合、故意非難を向けうる主観的事情は存在しな
いというべきであるから、いわゆる誤想防衛の一種と 80
して、責任故意が阻却されると解する。

▶規範

　イ　Aは甲を殺そうとしているため急迫不正の侵害があ
る。そして、小問1と同様に、防衛の意思および「や
むを得ずにした」行為であることが認められる。した
がって、甲は正当防衛としての行動をしている。 85

▶あてはめ

　ウ　以上より、責任故意が阻却される。

▶結論

2　よって、殺人罪（199条）は成立しない。ただし、過失
致死罪（210条）が成立しえ、その罪責を負いうる。　以上

出題趣旨

　本問は、誤想防衛と、防衛行為の結果が第三者に生じた場合における処理について問う問題である。とりわけ、防衛行為の結果が第三者に生じた場合には、正当防衛だけでなく、緊急避難や誤想防衛といった処理をすることが必要になってくる。この機会に理解を深めよう。

論点

1　急迫不正の侵害
2　誤想防衛の処理
3　方法の錯誤
4　防衛行為の結果が第三者に生じた場合の誤想防衛

答案作成上の注意点

① 誤想防衛について

　小問1は、行為者が急迫不正の侵害について誤信をしたという基本的な誤想防衛（狭義の誤想防衛）について問うものになっています。そのため、誤想防衛について、どのように答案を展開していくかについて理解を深めていきましょう。
1　誤想防衛とは
　　誤想防衛とは、客観的には正当防衛の要件を具備していないにもかかわらず、主観的には正当防衛と誤信して行った場合をいいます。
　　誤想防衛には、主に2つの種類があります。急迫不正の侵害がないにもかかわらず、存在すると誤信して相当な行為をした場合（狭義の誤想防衛）と、急迫不正の侵害は存在したが防衛の程度を超えたにもかかわらず、相当な行為と誤信した場合（過失の過剰防衛）の2つです。
　　誤想防衛は、正当防衛と絡めて解説されることが多いですが、刑法の体系上は違法性阻却事由ではなく、責任要素に分類されます。そのため、答案においては違法性阻却事由の問題として論じないように気をつけましょう。
2　誤想防衛の処理
　　誤想防衛の処理については、違法性を基礎づける事実の錯誤として責任故意を阻却し、過失があれば過失犯が成立すると解する事実の錯誤説（通説）と、法律の錯誤と解して故意犯が原則として成立すると解する法律の錯誤説の2つの見解の対立があります。
　　これについては、構成要件該当事実も正当化事情も違法性を基礎づける事実であることに変わりはなく、その事実を誤信すれば、規範の問題に直面しえないため、狭義の誤想防衛について故意犯の成立を認めることは妥当ではありません。したがって、答案においても、通説と同様に、事実の錯誤説に立脚して論じるようにしましょう。
　　また、過失の過剰防衛であったとしても、相当性（過剰性）の錯誤は正当化事情の錯誤であるため、同様に事実の錯誤と解して、故意犯の成立が否定されます。
　　もっとも、過失の過剰防衛の場合には、過剰性について認識・予見しなかったことについて過失があるときは、過失犯が成立する場合もあります。また、後述（②）のとおり、誤想過剰防衛として、36条2項の準用の余地があることに注意が必要です。
3　本問でのあてはめ
　　小問1では、甲はAから実際に殺されてしまうと思い行為に及んでいるところ、実際、Aは甲を殺すつもりはなかったという事案です。そのため、急迫不正の侵害が客観的には存在しません。正当防衛は成立しないことを簡単に認定した後に、誤想防衛の検討することが望ましいでしょう。
　　誤想防衛では、前述のとおり、事実の錯誤説に基づいて論述をしていくため、甲の主観を基準

として急迫不正の侵害が存在するかどうか、また、その他の正当防衛の要件を充足するかどうかの検討を行っていく必要があります。というのも、事実の錯誤が認められるためには、主観面においては違法性阻却事由が存在していることを認識してなければなりません。そのため、答案においては、主観面において急迫不正の侵害が存在するかどうかの検討、その他の正当防衛の要件を充足するかの検討をすることが必要になります。

② 誤想過剰防衛について

1　誤想過剰防衛とは

誤想過剰防衛とは、急迫不正の侵害がないにもかかわらず、存在すると誤信して過剰な行為を行った場合をいいます。また、ここでいう過剰性の判断においては、客観的に急迫不正の侵害が存在しない以上、行為者が誤信をした急迫不正の侵害を基準にして判断を行います。

そのため、誤想過剰防衛といっても、過剰性について認識がある場合（狭義の誤想過剰防衛）と、過剰性について認識がない場合（二重の誤想防衛）の２つのパターンが考えられます。そして、これらの各パターンは答案での処理が異なるため注意が必要になります。

2　答案での処理

まず、狭義の誤想過剰防衛の場合には、違法な過剰事実について認識があるため、行為者は主観面において規範に直面しており、故意非難をなしうる以上、責任故意を阻却せず、故意犯が成立するように処理します。

もっとも、責任故意が阻却されないとしても、36条2項の準用ができるかについて検討をする必要があります。学説上肯定説と否定説に分かれていますが、第8問での解説のとおり、36条2項の法的性質について違法・責任減少説を採用することが無難であることから、それとの整合性もあわせて準用を肯定するのがよいでしょう。

一方、二重の誤想防衛の場合には、主観面について狭義の誤想防衛の場合と異ならず、規範の問題に直面しえない以上、事実の錯誤として責任故意を阻却するとして、過失犯が成立するかの検討を行っていくことに注意が必要です。

誤想過剰防衛の処理

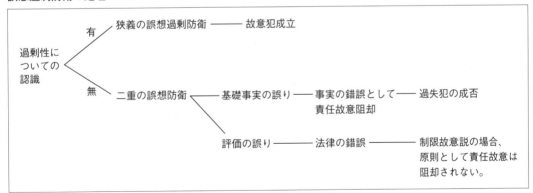

③ 防衛行為の結果が第三者に生じた場合について

1　答案での処理

小問2では、甲は、Aの攻撃から身を守るために防衛行為にでたところ、その結果が第三者であるBに生じてしまったというものです。このように防衛行為の結果が第三者に生じた場合においても、正当防衛は成立すると考えてよいのでしょうか。

まず、このような問題においても、刑法の答案は、構成要件──→違法性──→責任の段階で論じるものであるため、構成要件該当性をまず認める必要があります。

本問でも、甲はAを刺そうと思い、Bを刺しているところ、具体的事実の錯誤が問題となりま

す。もっとも、具体的事実の錯誤については、第4問の解説を参照してください。答案において
は、法定的符合説に立って、故意を認めました。

次に、違法性の検討すなわち、正当防衛の成否について検討します。

たしかに、防衛者の立場を重視すると、たまたま第三者に結果が生じたのみであり、それ以外
正当防衛としての要件を充足しているのならば正当防衛を成立させてもよいと思えます。

しかし、正当防衛は不正な侵害に対する反撃であることが正当化根拠であることからすると、
第三者は、「不正」ではないことから、正当防衛は成立しないと考えるべきです。また、正当防
衛が成立しないとしても学説によって、緊急避難が成立するまたは誤想防衛として責任故意が阻
却されるという考えがあります。

答案例では、第三者の法益を侵害することが防衛者の法益を保全する関係でない以上、避難に
向けられた行為ではないこと、行為者は主観的には正当防衛の認識を有するから、誤想防衛に準
じて考えるべきであるとして、誤想防衛の一種として処理しています。

もっとも、緊急避難の問題として処理する方法も間違いであるとはいえません。誤想防衛とし
て考えるか、緊急避難として考えるかは、正当防衛を防衛者のほうからみるか、防衛行為の相手
方からみるかの違いであるためです。

2 参考裁判例

誤想防衛の一種として処理している裁判例として、大阪高判平成14年9月4日判タ1114号29頁
（百選Ⅰ28事件）があります。

この事案では、けんか闘争中の被告人が、相手方グループから危害を加えられている実兄を助
けて逃げ出すため、暴行の故意をもって、相手方グループ員らのいる方向へ自動車を後退させた
ところ、実兄を轢死させてしまった事案において、相手方グループ員に対する正当防衛を認める
とともに、実兄についても誤想防衛の一種として、故意責任を否定し、被告人に無罪を言い渡し
ました。

④ 緊急避難について

前述のとおり、防衛行為の結果が第三者に生じた場合には、緊急避難の問題として処理すること
もできるため、以下では緊急避難についての概要を解説します。

1 現在の危難

まず、緊急避難が成立するためには、現在の危難が存在することが必要になります。「現在」
とは、法益の侵害が現実に存在すること、またはその侵害される危険が目前に切迫していること
をいいます。

また、保全法益は法文に列挙された法益だけでなく、名誉や貞操に対するものでもよいです。

2 危難を避けるため（避難の意思）

主観的正当化要素として、避難の意思が必要とされています。

3 「やむを得ずにした行為」（補充性）

「やむを得ずにした」とは、その危難を避けるための唯一の方法であって、ほかにとるべき選
択肢がなかったこと、すなわち補充性をいいます。

4 法益の均衡

避難行為では、正当防衛とは異なり、「生じた害が避けようとした害の程度を超えなかった」
こと、すなわち法益の均衡が必要であるとされています。

なお、補充性と法益の均衡を、避難行為の相当性とよぶこともできます。

【参考文献】
試験対策講座・刑法総論11章2節①【2】⑴・③、12章1節。判例シリーズ11事件。条文シリーズ36
条②5。

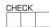

第10問 A　原因において自由な行為

　　暴力団の組長甲は、対立する組の組長Aを殺害するよう組員乙に命じ、乙はこれを了承した。乙は、これによりA殺害を決意したが、人を殺すことに抵抗があった。乙は、以前から酒を大量に飲むと理性が効かなくなり、普段抵抗がある行為でも躊躇（ちゅうちょ）なく行う傾向があった。そこで、乙は、殺害への抵抗をなくすため、大量に酒を飲んだのちにAの組事務所へ向かい、組事務所内に居たAに日本刀で切りつけ、Aを死亡させた。乙は、行為当時、飲酒による酩酊（めいてい）状態にあったものの、心神耗弱状態にとどまっていた。

　　甲および乙の罪責を論ぜよ。

【解答へのヒント】
1　乙に完全な責任を認めてもよいでしょうか。
2　甲は乙にAの殺害を命じましたが実行行為を行っていません。甲にいかなる罪責を負わせることができるのでしょうか。

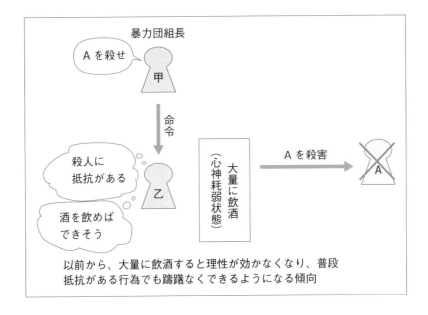

第1　乙の罪責について
　1　乙がAを日本刀で切りつけ、死亡させた行為につき、殺
　　人罪（刑法199条。以下法名省略）が成立しないか。
　　⑴　まず、乙はAを日本刀で切りつけ、これによって、A
　　　を死亡させたので、「人を殺した」といえる。　　　　　　　5
　　　　また、乙はAを殺害するつもりだったので、故意（38
　　　条1項本文）も認められる。
　　　　したがって、乙の行為には殺人罪が成立する。
　　⑵　そうだとしても、乙は行為時に心神耗弱状態だったの
　　　で、39条2項により刑が減刑されるのが原則である。　　10
　　　　しかし、乙はAを殺害する意思で、殺害への抵抗をな
　　　くすために酒を飲んでおり、みずから心神耗弱状態を招
　　　いている。それにもかかわらず、減刑するのは国民の法
　　　感情に反する。
　　　　そこで、いわゆる原因において自由な行為の理論を適　　15　　➡問題提起
　　　用して、同項の適用を排除し、完全な責任を問うことが　　　　　　📖原因において自由な行為
　　　できないか。
　　　ア　行為時に責任能力を求めたのは、責任能力ある状態
　　　　での自由な意思決定に基づいて、犯罪結果を実現した
　　　　場合に非難可能であるからである。　　　　　　　　　　20
　　　　　そうだとすれば、自由な意思決定に基づく原因行為
　　　　があり、それに基づいて結果行為が行われた以上は、
　　　　結果行為は責任能力状態での意思決定の実現過程にほ
　　　　かならず、結果行為時に完全な責任能力がなくても、
　　　　完全な責任を問うことができる。そして、これは限定　　25
　　　　責任能力に陥った場合にも同様である。
　　　　　そこで、①原因行為と結果行為および結果との間に　　　　　　➡規範
　　　　因果関係があり、②原因行為から結果行為にかけて故
　　　　意が連続していれば、完全な責任を問える。
　　　イ　これを本問についてみると、乙は、大量に酒を飲め　　30　　➡あてはめ
　　　　ば普段抵抗のある行為も躊躇なく行ってしまうため、
　　　　殺害を決意して大量に酒を飲めば殺害の実行にいたる
　　　　ことは異常ではない。したがって、原因行為の危険性
　　　　が結果行為を介して結果へと現実化したといえる
　　　　（①）。　　　　　　　　　　　　　　　　　　　　　　35
　　　　　次に、乙はAを殺害する意思で、酒を飲んで、実際
　　　　にAを切りつけるつもりでAを切りつけたので原因行
　　　　為から結果行為にかけて故意が連続している（②）。
　　　　　したがって、乙に完全な責任を問える。
　　2　よって、乙の上記行為に殺人罪（199条）が成立し、刑　　40　　➡結論
　　は減刑されず、乙はその罪責を負い、後述のように甲と共
　　同正犯（60条）となる。
第2　甲の罪責について
　1　甲が、乙に対してAを殺害するように命じ、乙がAを殺

害した行為につき、殺人罪の共同正犯（60条、199条）の
成否を検討する。

　甲は実行行為をしていないので、教唆犯（61条1項）の
成立にとどまり、殺人罪の共同正犯の成立が認められない
のではないか。共謀共同正犯の成否が問題となる。

■⃝問題提起
論 共謀共同正犯の成否

(1)　共同正犯において一部実行全部責任の原則が認められ
る根拠は、他の共犯者によって引き起こされた法益侵害
とみずからの関与が因果性を有する点にある。

　そこで、①正犯意思に基づく共謀、②共謀に基づく他
の共犯者の実行行為があれば、因果性が認められ、実行
行為の分担がなくとも共同正犯が成立すると解する。

■⃝規範

(2)　これを本問についてみると、Aは対立する組の組長な
ので、乙にはAを殺害する動機がある。また、乙は組長
である甲の命令には従わざるをえないし、甲の命令によ
って乙はA殺害を決意したので、甲が犯罪に与えた影響
力は大きい。そうすると、甲には正犯意思が認められる。

　そして、甲が乙にA殺害を命じ、乙はこれを了承した
ので、①正犯意思に基づく共謀が認められる。そして、
これによって乙はAを殺害したので、②共謀に基づく他
の共犯者の実行行為があるといえる。

■⃝あてはめ

(3)　したがって、甲は殺人罪の共同正犯の要件をみたす。

2　よって、甲の行為には、乙ともに殺人罪の共同正犯（60
条、199条）が成立し、甲はその罪責を負う。

■⃝結論

以上

　本問は、原因において自由な行為をテーマとした問題である。新司法試験や予備試験ではいまだに出題されていないが、旧司法試験2001（平成13）年度第1問で出題されており、今後の出題可能性があるので、この機会に理解してほしい。

論点

1　原因において自由な行為
2　共謀共同正犯の成否

答案作成上の注意点

1　原因において自由な行為について

　まず、乙はAを日本刀で切りつけ、これによって、Aを死亡させたので、「人を殺した」といえますし、乙はAを殺害するつもりだったので、故意も認められます。したがって、上記行為は殺人罪の構成要件に該当します。本問では、責任能力が大きな論点となりますが、構成要件に該当してはじめて責任能力の問題となるため、簡単でもよいので構成要件該当性を認定しましょう。

　次に、責任能力は行為時に存在することが必要です（行為・責任同時存在の原則）。ところが、乙はAを切りつけたとき、心神耗弱状態でした。そして、行為時に心神耗弱状態であれば、原則として39条2項により、刑が減刑されます。しかし、飲酒等によりみずから精神の障害を招き（原因行為）、心神喪失または心神耗弱状態で構成要件的結果を惹起した場合（結果行為）に完全な責任を問えないとすることは、国民の法感情に反します。そこで、このような場合に、行為者に完全な責任を問う理論が主張されています。これを原因において自由な行為の法理といいます。この法理は、妥当といえますが、その理論構成をいかにするかが問題になります。

1　原因行為説・間接正犯類似説

　　1つ目の理論構成として、原因行為説・間接正犯類似説があげられます。これは、実行行為を原因行為に求め、原因において自由な行為を、心神喪失状態の行為を道具として利用する間接正犯に類似したものと理解するものです。その理由は、同時存在の原則を実行行為と責任能力の同時存在と解し、飲酒等の責任能力ある状態での原因行為を実行行為とすることでこの原則を貫くためです。また、責任主義を重視する視点から、同時存在の原則を維持すべく責任能力のある原因行為自体が実行行為と評価できる場合にかぎって、完全な責任を問えると解すべきという主張もなされています。この立場からだと、責任の問題ではなく、間接正犯として実行行為性の問題として論じることになります。間接正犯に関しては、第2問で詳しく解説しています。

　　この説に対しては、犯罪の意思をもって飲酒した時点で実行行為が認められるので、行為者が飲酒し眠り込んでしまうなど、結果行為にでなくても理論上は殺人未遂罪が成立することになり、未遂犯の処罰時期（実行の着手時期）が早すぎるとの批判があります。また、限定責任能力（心神耗弱）の場合、道具とはいえず、完全な責任を問えないのは不都合であるとの批判もあります。

2　結果行為説・同時存在の原則修正説

　　もう1つの理論構成として、結果行為説・同時存在の原則修正説があります。これは、実行行為を責任能力のない結果行為に求めます。しかし、同時存在の原則の趣旨は、犯罪結果が責任能力のある状態での自由な意思決定に基づいて実現されているときにはじめて非難可能であることにあります。そうだとすれば、自由な意思決定に基づく原因行為があり、それに基づいて結果行為が行われた以上は、結果行為は責任能力ある状態での意思決定の実現過程にほかならず、結果行為時に責任無能力または限定責任能力であっても完全な責任を問うことができるとするものです。これは、同時存在の原則を、①実行行為またはそれと一定の関係にある原因行為と責任能力

の同時存在、あるいは②１つの意思決定に貫かれた１つの行為と責任能力との同時存在と修正します。そして、この説からすれば、限定責任能力の場合も原因行為時の意思決定が結果行為に実現されているかぎりは完全な責任を問えます。

この説に対しては、責任能力の内容が行動制御能力であることを看過しているという批判があります。

3　規範

答案例では、結果行為説・同時存在の原則修正説を採用しました。この学説からすれば、①原因行為と結果行為および結果との間に因果関係があり、②原因行為から結果行為にかけて故意が連続していれば、完全な責任を問えるでしょう。

乙は、大量に酒を飲めば普段抵抗のある行為も躊躇なく行ってしまうため、殺害を決意して大量に酒を飲めば殺害の実行にいたることは異常ではないといえます。したがって、原因行為の危険性が結果行為を介して結果へと現実化したといえます（①）。次に、乙はAを殺害する意思で、景気づけのために酒を飲んで、実際にAを切りつけています。したがって、原因行為から結果行為にかけて故意が連続しているといえます（②）。よって、乙に完全な責任能力を問うことができます。以上により、乙に殺人罪が成立し、その刑を減刑しません。

② 甲の罪責について

次に、甲の罪責についてです。甲はAを殺害するよう乙に命じ、乙はAを殺害したので、甲に殺人罪の共同正犯（60条、199条）が成立するのか否かが問題となります。甲は実行行為を行っていないので、単なる教唆犯（61条１項）にとどまるのか、共謀共同正犯の成否が問題となります。共謀共同正犯について、詳しくは第15問を参照してください。

共謀共同正犯の成立には、①正犯意思に基づく共謀、②共謀に基づく他の共犯者の実行行為が認められることが必要です。そして、教唆犯にとどまるか否かは、正犯意思の有無によるでしょう。正犯意思の判断要素は、共謀者と実行行為者の人的関係、犯行動機、共謀者と実行行為者との意思疎通行為、共謀者の行った具体的加担行為または役割、犯行前後の徴表行為（犯跡隠蔽行為、分け前等）が考えられます。

あてはめについては、答案例を参照してください。

③ 原因において自由な行為の諸問題

1　限定責任能力の場合

限定責任能力の場合に原因において自由な行為の法理が適用されるかは争いがあります。先述したように、結果行為説・同時存在の原則修正説だと、限定責任能力の場合も原因行為時の意思決定が結果行為に実現されているかぎり完全な責任を問えます。一方、原因行為説・間接正犯類似説からは、限定責任能力の場合は自己を道具と認めることは困難なので適用がないとする見解や、故意ある道具の場合とパラレルに考え完全な責任を問うことができるという見解があります。

この点、判例は、「酒酔い運転の行為当時に飲酒酩酊により心神耗弱の状態にあったとしても、飲酒の際酒酔い運転の意思が認められる場合には、刑法39条２項を適用して刑の減軽をすべきではないと解するのが相当である」と述べており、心神耗弱の状態での飲酒運転について完全な責任を問うことを認めています（最決昭和43年２月27日刑集22巻２号67頁〔百選Ⅰ39事件〕）。

2　錯誤論（参考）

(1)　原因行為時の故意と結果行為時の故意との不一致（Aを殺そうと思って飲酒したところ、結果行為時にBに殺意を抱き、Bを殺した場合）

原因行為説・間接正犯類似説によれば、故意犯における間接正犯の場合と同様に錯誤論として処理すれば足ります。この場合、法定的符合説では、「人」を殺そうと思って「人」を殺しているので故意は阻却されません。一方、結果行為説・同時存在の原則修正説によれば、原因行為と結果行為の意思の連続性を論じることになります。法定的符合説の考え方を応用して、「人」を殺すという点で意思の連続性が認められれば完全な責任を問うことができるとする見

解もあります。

(2) 結果行為時の故意と生じた結果の不一致（Aを殺そうと思って飲酒したところ、結果行為時にBをAと誤認して殺害してしまった場合）

この場合は、原因行為時も結果行為時もAを殺そうとしているので、意思の連続が認められます。したがって、どちらの説を採るにせよ通常の錯誤論の問題となります。そして、法定的符合説を採れば、およそ「人」を殺すという点で一致しているので故意を阻却しません。

3 過失犯（参考）

原因において自由な行為の法理により過失犯が成立するには、①原因行為時に自己が心神喪失状態で犯罪的結果を惹起する可能性があることを予見できたのに予見しなかったという不注意があり、②原因行為と結果行為との間に相当な因果関係があること、すなわち、過失の連続性が認められる必要があります。もっとも、原因行為自体に客観的注意義務違反、つまり過失犯の実行行為性が認められれば、端的に原因行為について過失犯が成立し、原因において自由な行為の法理を適用する必要はないとする見解もあります。

判例は、「多量に飲酒するときは病的酩酊に陥り、因って心神喪失の状態において他人に犯罪の害悪を及ぼす危険ある素質を有する者は居常右心神喪失の原因となる飲酒を抑止又は制限する等前示危険の発生を未然に防止するよう注意する義務あるものといわねばならない。……本件殺人の所為は被告人の心神喪失時の所為であったとしても（イ）被告人にして既に前示のような己れの素質を自覚していたものであり且つ（ロ）本件事前の飲酒につき前示注意義務を怠ったがためであるとするならば、被告人は過失致死の罪責を免れ得ないものといわねばならない」と述べています（最大判昭和26年1月17日刑集5巻1号20頁〔百選Ⅰ37事件〕）。つまり、多量に飲酒するときは病的酩酊に陥り他人に危害を加えるおそれのある者が、不注意に飲酒して心神喪失状態に陥り人を殺害したような場合には、原因において自由な法理を適用することで、過失致死罪の成立が認められると判示しています。

4 実行行為の途中で心神喪失・心神耗弱になった場合（参考）

殺意をもって被害者に対しナイフを突き刺し、それを連続して行っている間に心神喪失・心神耗弱に陥り、その状態で致命傷となった傷害を与え被害者を死亡させた場合、心神喪失・心神耗弱状態で犯罪結果が惹起されている以上、原因において自由な行為の法理と類似した構造をもつとして、この法理の適用を認める説があります。他方で、責任能力がある状態で実行行為を開始した以上、因果関係の錯誤の問題として捉え、上記法理を適用しない説もあります。

裁判例は、口論の際に焼酎を飲み続けたので次第に酩酊の度合いを深めながら妻に暴行を加えて死亡させた事案において、「本件は、同一の機会に同一の意思の発動にでたもので、実行行為は継続的あるいは断続的に行われたものであるところ、被告人は、心神耗弱下において犯行を開始したのではなく、犯行開始時において責任能力に問題はなかったが、犯行を開始した後に更に自ら飲酒を継続したために、その実行行為の途中において複雑酩酊となり心神耗弱の状態に陥ったにすぎないものであるから、このような場合に、右事情を量刑上斟酌すべきことは格別、被告人に対し非難可能性の減弱を認め、その刑を必要的に減軽すべき実質的根拠があるとは言いがたい。そうすると、刑法39条2項を適用すべきではないと解するのが相当である」と述べています（長崎地判平成4年1月14日判時1415号142頁〔百選Ⅰ36事件〕）。つまり、実行行為の途中から心神耗弱状態に陥った場合、完全な責任を認めることができると判示しました。

【参考文献】
試験対策講座・刑法総論8章2節③【2】、14章2節、19章2節⑤。判例シリーズ13事件。条文シリーズ39条③。

第11問 A　実行の着手論

以下の事例を読み、甲の罪責を述べよ。検討にあたり、甲宅につき現住性は喪失していないことを前提とせよ。

甲は、V女と婚姻し、Vとともに木造平屋建（以下、「甲宅」という）に暮らしていた。甲宅の構造は、特に不燃性の材料は用いられていなかった。

当初は、夫婦円満に暮らしていたが、次第に関係が悪化し、甲は、Vとの関係について深く悩んでいた。そこで、Vが外出している間に、まず、ガソリンを撒布し、その後ライターで火をつけ、自宅を放火し焼身自殺を図ることを決意した。

当日、甲は、自宅室内に多量のガソリン約7リットルを六畳および四畳半の各和室、廊下、台所、便所など本件家屋の床面の大部分に満遍なく散布した。この時点において、甲宅は雨戸や窓が全部閉められ密閉された状態であったため、室内にはガソリンの臭気が充満し、甲は鼻が痛く、目も開けていられないほどの状態にいたっていた。そして、散布後に計画どおり、ガソリンにライターで点火しようと思ったが、最期にタバコを吸いたくなったため、タバコに火をつけた。その結果、タバコの火がガソリンの蒸気に引火して爆発し、自宅が全焼した。

【解答へのヒント】
1　ガソリンを散布した行為は、刑法上の意味をもつでしょうか。
2　ガソリン散布する第1行為の時点で自宅を全焼させる認識はありません。そこで、甲に現住建造物放火罪の故意を認めることはできるでしょうか。

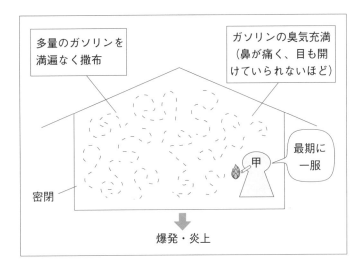

1　甲は、ガソリンを撒いたのち（以下、「第1行為」とい
　う）ライターで火をつけようとしたところ（以下、「第2行
　為」という）、タバコに火をつけたことが原因となり、自宅
　が全焼している。
　　そこで、このような行為に、現住建造物等放火罪（刑法　　5
　108条前段。以下法名省略）が成立しないか。
⑴　まず、第1行為の時点で、現住建造物等放火罪の「実行
　　に着手」（43条本文）したといえるかが問題となる。　　　　　　　■→問題提起
　　　　　　　　　　　　　　　　　　　　　　　　　　　　　　　論実行の着手時期
　　ア　43条本文は、「犯罪の実行に着手し」と規定しており、
　　　密接な行為をしていなければ、「犯罪の実行に着手し」　　10
　　　たとはいえない。また、刑法の目的は法益の保護である
　　　ため、未遂犯の処罰根拠は法益侵害の具体的危険性が求　　　　　■→規範
　　　められる。したがって、実行の着手は、構成要件に該当
　　　する密接な行為を開始し、かつ、既遂にいたる客観的な
　　　危険性が認められることを要すると解する。　　　　　　　15
　　　　そして、犯人の主観を考慮しなければ、危険性の判断
　　　を適切にすることができない。そこで、危険性の判断に
　　　あたっては、犯人の犯行計画をも考慮するべきである。
　　イ　これを本問についてみると、まず、ガソリンには強い　　　　　■→あてはめ
　　　引火性が認められる。　　　　　　　　　　　　　　　　　20
　　　　そして、甲宅の構造については、木造平家建であるこ
　　　と、内部も特に不燃性の材料が用いられているとは見受
　　　けられていない事実が認められる。
　　　　さらに、本件第1行為当時、甲宅は雨戸や窓が全部閉
　　　められ密閉された状態にあったこと、甲によって散布さ　　25
　　　れたガソリンの量は、約7リットルに達していたこと、
　　　しかも、六畳および四畳半の各和室、廊下、台所、便所
　　　など本件家屋の床面の大部分に満遍なくガソリンが散布
　　　されたこと、その散布の結果、ガソリンの臭気が室内に
　　　充満し、被告人は鼻が痛くなり、目も開けていられない　　30
　　　ほどであった各事実が認められる。
　　　　このような事実を考慮すると、なんらかの火気が発す
　　　れば本件家屋に散布されたガソリンに引火し、火災が起
　　　こることが必然的な状況であったといえる。
　　　　以上によると、第1行為により、構成要件に該当する　　35
　　　密接な行為を開始したといえる。
　　ウ　したがって、現住建造物等放火罪の「実行に着手」し　　　　　■→結論
　　　たといえる。
⑵　次に、本件家屋は全焼しており、これと第1行為との間
　　に因果関係が認められることは明らかである。　　　　　　　40
⑶　もっとも、甲は、第2行為により本件家屋を全焼させる
　　つもりであったが、第1行為の段階で結果が発生している。
　　そこで、このような場合に、現住建造物等放火罪の故意　　　　　　■→問題提起
　　（38条1項本文）が認められるか。因果関係の錯誤が問題　　　　　論因果関係の錯誤

となる。

ア　因果関係も客観的構成要件要素である以上、故意の対象となると解する。また、故意責任の本質は、規範に直面して反対動機の形成が可能であったにもかかわらず、あえて行為に及んだことに対する道義的非難である。そして、規範は構成要件のかたちで一般国民に与えられている。

　　そうだとすれば、認識していた犯罪事実と発生した犯罪事実とが構成要件的評価として一致する場合には故意が認められると解する。具体的には、認識していた因果関係と実際に生じた因果関係につき、ともに刑法上の因果関係が認められる場合には、故意が認められると解する。

➡規範

イ　これを本問についてみると、甲が予見した因果経過と現実の因果経過はいずれも現住建造物等放火罪という同一の構成要件内で符合している。そのため、甲の因果経過の認識が食い違っていることをもって故意が否定されることはない。

➡あてはめ

ウ　したがって、現住建造物等放火罪の故意が認められる。

➡結論

2　以上より、甲の行為には現住建造物等放火罪（108条）が成立し、甲はその罪責を負う。

以上

45

50

55

60

65

70

75

80

85

本問では、横浜地判昭和58年7月20日判時1108号138頁を題材に、実行の着手、早すぎた構成要件の実現が問題となっている。両論点は司法試験でも何度も問われている重要論点であるため、本問を通じて、理解してほしい。

■ 論点 ■

1 実行の着手時期
2 因果関係の錯誤

■ 答案作成上の注意点 ■

1 早すぎた構成要件の実現

本問のように、行為者は第2行為によって結果を惹起するつもりで、第1行為を行ったところ、第1行為で結果が発生してしまった場合のことを早すぎた構成要件の実現といいます。早すぎた構成要件の実現の論点が問われた場合、まず、第1行為が当該構成要件の実行行為と認められるかを検討しなければなりません。なぜなら、本来、第2行為で結果を発生させるはずなので、第1行為は、第2行為のための予備行為にすぎず、現住建造物等放火罪の実行行為とはいえないからです。本問は、第1行為が予備行為であるとすると、この行為から結果が生じても、現住建造物等放火予備罪（113条、108条）が成立するにとどまります。したがって、早すぎた構成要件の実現が問題となる場合には、まず、第1行為が当該構成要件の実行行為として認められるかを検討する必要があります。

2 未遂犯の意義

実行の着手の有無は、予備罪か未遂罪を区別する機能があります。したがって、実行の着手の判断は重要です。しかし、43条本文は、「犯罪の実行に着手してこれを遂げなかった者は、その刑を減軽することができる」と規定しているのみで、「実行に着手」の判断枠組みを規定しておりません。そのため、「実行に着手」の意義が問題となります。

なお、実行の着手を否定した場合、現行法では、内乱予備罪（78条）、外患誘致・援助予備罪（88条）、私戦予備罪（93条本文）、放火予備罪（113条）、殺人予備罪（201条）、身の代金目的略取等予備罪（228条の3）、強盗予備罪（237条）があります。以上の犯罪が問題となった場合において、実行の着手を否定したときには、予備罪の検討を忘れないようにしましょう。

1 未遂犯の処罰根拠

未遂犯の処罰根拠については、かつては行為者の危険な性格・意思に求める主観説も主張されていましたが、単なる悪い意思を根拠に処罰することは妥当ではありません。そこで、構成要件的結果を惹起する客観的危険性に根拠を求める客観説が通説となっています。客観説は、行為者の危険性ではなく行為の危険性に処罰根拠を求める点で主観説と異なり、判断基準が明確になるという利点があります。答案において未遂犯の処罰根拠として主観説を採ることは試験戦略上好ましくないので、ここでは客観説をきちんと理解しましょう。

2 実行の着手時期

実行の着手時期については、処罰根拠における主観説からは、犯意の成立が、その遂行的行動によって確定的に認められる時点、すなわち犯意の飛躍的表動があった時点で、実行の着手を認めるべきとの主張がなされています。しかし、主観説を徹底すると、強盗の目的で拳銃を持って家に侵入すれば強盗未遂、人を殺そうとして刀を抜いて家に侵入すれば殺人未遂になってしまいます。また、主観の判定は曖昧であり、恣意的な処罰の危険があります。

そこで、処罰根拠における客観説からは、構成要件に該当する行為の一部が行われた時点で実行の着手を求める見解が主張されています（形式的客観説）。これによれば、殺す行為や盗む行為を開始してはじめて殺人未遂・窃盗未遂罪が成立します。

　しかし、形式的客観説を徹底すると、財物に手を触れようとしなければ窃盗未遂罪が成立しないことになり、未遂犯の処罰時期が遅すぎるため、妥当性を欠きます。

　そこで、未遂犯の処罰根拠を構成要件的結果発生の現実的危険性に求める以上、構成要件の実現にいたる現実的危険性を含む行為を開始した時点に実行の着手を認める見解（実質的客観説）を採用するとよいでしょう。判例も、この立場と親和的であるといわれています（最決昭和45年7月28日刑集24巻7号585頁〔百選Ⅰ62事件〕）。

3　判例

　上記のとおり、判例は実質的客観説と親和的であるといわれています。そのため、論文式試験では実質的客観説に立って規範を定立しても問題はありません。

　ただ、実質的客観説は、構成要件に該当しない行為であっても、構成要件の実現にいたる現実的危険性を含む行為を開始した時点で実行の着手を認めるため、「犯罪の実行に着手してこれを遂げなかった」という文言と乖離するおそれがあることが指摘されています。これに関して、一般的にクロロホルム事件として知られている判例は、殺人罪の実行の着手時期について、「第1行為は第2行為に密接な行為（①）であり、実行犯3名が第1行為を開始した時点で既に殺人に至る客観的な危険性（②）が明らかに認められるから、その時点において殺人罪の実行の着手があったものと解するのが相当である」（①、②は作問者挿入）と判示しました（最決平成16年3月22日刑集58巻3号187頁〔百選Ⅰ64事件〕）。ここで重要となるのは、クロロホルム事件では、実行の着手の判断を密接性と危険性により判断したということです。そのため、実行の着手の規範として、構成要件に該当する密接な行為でありかつ結果発生の現実的危険性を有する行為と解するとすることも可能だと考えられます。

4　判断資料

　実行の着手の危険性を判断するにあたって、主観面を考慮すべきかどうかについては、争いがあります。

　まず、危険性の判断にあたり主観を考慮すべきとする説は、未遂犯の故意は法益侵害の危険を高めることを根拠としています。すなわち、拳銃を人に向けるという同一の行為であっても、それが殺害目的なのか、脅迫目的なのかによって行為の危険性の判断が異なるということです。さらに、主観を考慮する場合であっても犯人の犯行計画を考慮するかについて見解が分かれます。犯行計画を考慮しない立場は、主観面を大幅に考慮することは、未遂犯の処罰時期を早めすぎる危険があることを根拠としています。

　このように、危険性の判断資料につき争いがあるなか、クロロホルム事件は、以下のように判断しました。

【決定要旨】

　「実行犯3名の殺害計画は、クロロホルムを吸引させてVを失神させた上、その失神状態を利用して、Vを港まで運び自動車ごと海中に転落させてでき死させるというものであって、①第1行為は第2行為を確実かつ容易に行うために必要不可欠なものであったといえること、②第1行為に成功した場合、それ以降の殺害計画を遂行する上で障害となるような特段の事情が存しなかったと認められることや、③第1行為と第2行為との間の時間的場所的近接性などに照らすと、第1行為は第2行為に密接な行為であり、実行犯3名が第1行為を開始した時点で既に殺人に至る客観的な危険性が明らかに認められるから、その時点において殺人罪の実行の着手があったものと解するのが相当である」（①、②、③は作問者挿入）。

　このように、クロロホルム事件は、「実行犯3名の殺害計画は、クロロホルムを吸引させてVを失神させた上、その失神状態を利用して、Vを港まで運び自動車ごと海中に転落させてでき死

させるというものであって」としているため、犯行計画を考慮し、上記①から③までの判断をしていることがわかります。そのため、クロロホルム事件は実行の着手の判断にあたり、行為者の犯行計画を考慮することを明らかにした点で重要な意義があります。したがって、論文式試験においては、実行の着手の判断にあたり行為者の計画性に関する事実は重要な事実となることは覚えておいてください。

5 あてはめ

	クロロホルム事件	本問
①第1行為は第2行為を確実かつ容易に行うために必要不可欠なものであったといえること	クロロホルムを吸わせて失神させる	ガソリン散布
②第1行為に成功した場合、それ以降の殺害計画を遂行するうえで障害となるような特段の事情が存しなかったと認められること	ア　実行犯3名により イ　失神している被害者を約2キロメートル離れた場所に移動して第2行為を実行 ウ　夜間の犯行	ア　木造平屋建かつ不燃性の材料の不存在 イ　ガソリンを各部屋に散布 ウ　その量は目が痛くなるほど
③第1行為と第2行為との間の時間的場所的近接性	ア　第1行為と第2行為の距離は約2キロメートル イ　移動時間2時間	第1行為と第2行為は同一現場である

　クロロホルム事件と本問を比較すると、上記の表のようになります。

　なお、ガソリンの臭気が充満し、甲は鼻が痛く、目も開けていられないほどの状態という事情は、ガソリンの揮発性の高さ、およびこのような状態になるほど大量のガソリンが散布されたことを示すものです。すなわち、ガソリンの引火性の高さを示す事情となります。そうであれば、着火行為により焼身自殺が可能な程度に放火するという第2行為を確実かつ容易に行うためには、第1行為が必要不可欠であったといえます。このような推認過程を想定して当該事情は加えられています。

　論文式試験では、規範定立と同じかそれ以上に（規範に対応した）あてはめも重要です。普段から、判例を意識したあてはめができるように心掛けてください。

③ 早すぎた構成要件の実現における構成要件的故意

　第1行為が現住建造物放火罪の実行行為と認められる場合、次に、第1行為時に、故意が認められるかを検討しなければなりません。なぜなら、早すぎた構成要件の実現の問題では、第1行為の時点で構成要件的故意を欠くため、故意犯が成立しえないのではないかということが問題となるからです。

　この点について、クロロホルム事件は、「実行犯3名は、クロロホルムを吸引させてVを失神させた上自動車ごと海中に転落させるという一連の殺人行為に着手して、その目的を遂げたのであるから、たとえ、実行犯3名の認識と異なり、第2行為の前の時点でVが第1行為により死亡していたとしても、殺人の故意に欠けるところはなく、実行犯3名については殺人既遂の共同正犯が成立するものと認められる」として故意が認められるとしました。

　この判旨は、第1行為と第2行為が密接な関係にある以上、第1行為の時点で第2行為による結果発生の危険が客観的にあったといえ、行為者はこの客観を認識しながら行為に及んでいるから、故意を欠くところはないという理解することができます。

　因果関係の錯誤については、第14問を参照してください。

【参考文献】
試験対策講座・刑法総論8章2節③【4】(4)、17章1節①【1】・②・③【1】(1)・(2)。判例シリーズ21事件。

第12問 B+ 不能犯

　　甲の自宅周辺は、近隣の小学生の通学路となっているため、平日の早朝と日中は児童の登下校により必ず騒がしくなり、時折いたずらをされることもあった。甲は、そのような状況に我慢がきかなくなり、下校途中のVを薬物を用いて殺害することを決意した。そこで、甲は、大学時代に薬学部に在籍しており薬物の知識が多少あったことから、薬物Xを作った。

　　薬物Xを作った翌日、甲は通学路を1人で下校中のVに声を掛け、リンゴジュースであると欺いてこれを飲ませた。薬物Xは外観上人を死にいたらしめる程度の毒物か否かを判断できるものではなかった。その後、Vは薬物Xの影響により下痢をおこした。

　　なお、後の調査により薬物Xは、甲が作成方法を間違えていたことから、人を死にいたらせる危険性はないものであることが判明した。

　　甲の罪責を論ぜよ。

【解答へのヒント】

　　不能犯であることを基礎づける事実と否定する事実を明確にしましょう。

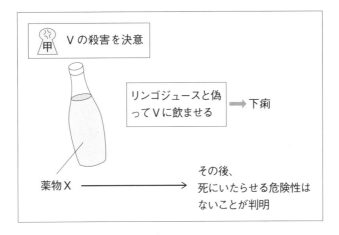

1　甲が薬物XをVに飲ませた行為について、殺人未遂罪（刑法203条、199条。以下法名省略）が成立しないか。

　　本問で、甲は殺人罪の実行行為に着手したつもりでいるが、薬物Xは人を死亡にいたらせる危険を有しない。そのため、上記行為は実行行為性が否定されるのではないか。未遂犯と不能犯の区別基準、すなわち実行行為性の判断基準が問題となる。 5 → 問題提起
論 不能犯と未遂犯の区別の基準

　(1)　この点につき、実行行為性とは、社会通念を基礎とした違法有責行為類型たる構成要件該当性の問題である。

　　　そこで、実行行為性は、行為者が認識していた事情および一般人が認識しえた事情を基礎として、行為の時点に立って一般人の観点から構成要件的結果発生の現実的危険があったといえるかにより判断すべきと解する。 10 → 規範

　(2)　これを本問についてみると、まず、甲は薬物Xについて人を殺す危険性のあるものだと認識している。一方で、一般人からしても、知らない人から手渡される液体にはなんらかの危険性があると認識し、警戒するのが通常である。そうすると、これらの事情を基礎として、一般人の観点から死という結果の生じる危険性は認められるようにも思われる。 15 → あてはめ

　　　しかし、Xは外観上人を死にいたらしめる程度の毒物だと判断することはできないものであり、そのため、一般人が死の危険を認識するには足りない。加えて、知らない人から渡された液体といえども、一般人の視点としては、腹を壊したり、病気になる危険を感じたりするにすぎず、死にいたる危険性があるとまでは認識しないのが通常である。 25

　　　そうすると、これらの事情を基礎として、上記行為には一般人の観点から人が死ぬという結果発生の現実的危険は認められないといえる。

　(3)　以上より、上記行為は不能犯にあたり、実行行為性が認められない。 30 → 結論

2　したがって、上記行為には殺人未遂罪は成立しない。

3　そうだとしても、甲の上記行為によりVは下痢をおこしており、生理的機能に障害を負っているから、「傷害」が認められる。そこで、このような行為に、傷害罪（204条）が成立しないかを検討する。 35

　(1)　甲は殺人罪の故意（38条1項本文）しか有しておらず、傷害罪についての故意は有していない。この場合であっても、傷害罪の故意を認められるか。いわゆる、抽象的事実の錯誤の処理が問題となる。 40 → 問題提起
論 抽象的事実の錯誤

　　ア　故意責任の本質は、反規範的人格態度に対する道義的非難にあるところ、規範は構成要件のかたちで与えられている。そこで、認識していた犯罪事実と発生した犯罪事実が異なる構成要件にわたり食い違っている場合には、

故意が認められないのが原則である。

　もっとも、認識していた犯罪事実を発生した犯罪事実の構成要件が実質的に重なり合う場合には、その重なり合う限度で規範の問題に直面できるため、例外的に故意は阻却されないと解すべきである。

➡規範

　イ　これを本問についてみると、殺人罪と傷害罪は包摂関係にあるから、傷害罪の限度で主観と客観の符合が認められる。

➡あてはめ

⑵　したがって、傷害罪の故意が認められる。

➡結論

4　よって、甲の上記行為には傷害罪（204条）が成立し、甲はその罪責を負う。

以上

本問は、不能犯についての問題であるが、問題文には、不能犯の成否について、肯定否定のいずれとも評価もできる事実が記載されている。事実の評価はあてはめで特に重要なので、しっかり考えて取り組んでほしい。

ただ、ある犯罪で不能犯と認定された場合であっても、そこで検討する事項は終わらず、別の犯罪の成否を検討しなければならないこともある。本問では、不能犯の成否という大きな論点を処理したからといって油断せず、更なる問題点を探すという心構えを身につける点でもよい問題といえるため、最後まで気を抜かずに取り組んでほしい。

■ 論点 ■

1 不能犯と未遂犯の区別の基準
2 抽象的事実の錯誤

■ 答案作成上の注意点 ■

1 不能犯について

不能犯とは、行為者が、本来、犯罪を完成させる危険性を含んでいない行為によって、犯罪を実現しようとする場合をいいます。この論点を検討する前提としては、危険性を有しない犯罪について故意が認められることを要します。しかし、実行行為性の検討の前に故意の認定をすることは検討の順序が逆転してしまうので、不能犯の論点の問題提起段階でうまくこの点を指摘できるよう、書き方を答案例から学んでください。

そして、犯罪を完成させる危険性を含んでいない行為によって、犯罪を実現しようとする場合、当該行為に結果発生の現実的危険性がないため実行行為性を欠き、未遂犯として処罰できません。そこで、不能犯の成否が問題となります。不能犯を否定した場合、当該行為によって「実行に着手」（43条本文）したといえるかどうかを検討しなければならない問題もありますので、検討を忘れないように気をつけましょう。

本問では、薬物Xは人を死亡にいたらせる危険性はないものであることが判明しているため、客観的にみて、死という結果が生じることはありえません。そこで、不能犯が問題となります。

1 不能犯と未遂犯の区別の一般的基準

不能犯の成否は、行為の危険性の判断にあたって、いかなる事情を基礎に、だれの立場に立って判断するのかについて争いがあり、具体的危険説と客観的危険説が対立しています。

客観的危険説は、結果無価値論を前提とし、客観的な結果発生の危険性の有無により判断すべきであるから、行為当時に存在した客観的全事情を基礎として、危険性の有無を客観的に判断します。本問において客観的危険説を採った場合、行為当時に存在した客観的全事情を基礎に客観的な観点から危険性を判断するため、人を死亡にいたらせる危険性のない薬物から人の生命が侵害される危険性はないので、不能犯が成立し、甲は不可罰となります。

もっとも、客観的危険説を徹底し、事後的に客観的全事情を考慮し結果発生の危険性を判断するならば、結果が発生しなかったことはなんらかの原因があるのだから未遂犯はほとんどすべて不能犯となってしまい、現行法が未遂犯を処罰していることと矛盾します。したがって、答案では3で述べる具体的危険説を採りました。

2 不能犯に関する判例・裁判例

不能犯に関しては、さまざまな判例・裁判例があります。これらは、具体的危険説を採用しているとされていますが、同じ説を採る場合であってもどのような事案で不能犯と認定され、どのような事案で否定されているのかを把握しておくことは重要です。そこで、方法の不能と客体の

不能に分けて判例・裁判例の紹介をしていきます。

　まず、方法の不能の事案においては、殺人の意思で硫黄粉末を服用させたというものがあります。この事案は、少量の硫黄粉末で人を殺すことは絶対に不能であるとして殺人未遂罪の成立が否定されました（大判大正6年9月10日刑録23輯999頁）。また、地中に長く埋没していて変質し、爆弾本来の性能を欠いていた手りゅう弾の安全装置を外して、殺意をもって人に投げつけた事案では、「目的とした危険状態を発生させる虞はない」として殺人未遂罪の成立が否定されています（東京高判昭和29年6月16日高刑集7巻7号1053頁）。さらに、覚醒剤製造に用いた主原料が真正のものではなかったという事案でも、「結果発生の危険は絶対に存しない」として覚醒剤製造未遂罪の成立が否定されています（東京高判昭和37年4月24日高刑集15巻4号210頁）。一方、殺意をもって被害者の静脈内に空気を注射したが、量が少なく目的が達成されなかったという事案では、「被注射者の身体的条件その他の事情の如何によっては死の結果発生の危険が絶対にないとはいえない」として殺人未遂罪が成立しています（最判昭和37年3月23日刑集16巻3号305頁〔百選Ⅰ66事件〕）。警察官が腰に着装している拳銃を奪取してその引き金を引いたが、警察官が実弾の装填を忘れており、殺害にいたらなかったという事件では、警察官の所持する拳銃には「常時たまが装てんされているべきものであることは一般社会に認められていることであるから……殺害の結果を発生する可能性」を有し、殺人未遂罪が成立するとされています（福岡高判昭和28年11月10日高刑判特26号58頁）。

　次に、客体の不能の事案においては、通行人から財物を奪取しようとした事案では、通行人が懐中物を所持していなくても強盗未遂罪の成立が認められるとされました（大判大正3年7月24日刑録20輯1546頁）。また、銃撃を受けて倒れている人にとどめを刺そうと殺意をもって日本刀を突き刺したが、被害者はすでに死亡していたという事案では、被害者の生死について専門家の間においても見解が分かれるほど微妙であったため、行為者が被害者の生存を信じていただけでなく、一般人もまた当時その死亡を知りえなかったであろうことから、「行為の性質上結果発生の危険がないとは云えない」として殺人未遂罪の成立を認めました（広島高判昭和36年7月10日高刑集14巻5号310頁〔百選Ⅰ67事件〕）。

　これらは短答式試験でも問われることの多い事例です。頭に入れておきましょう。

3　具体的危険説からの検討

　具体的危険説は、一般人が行為当時、結果発生の危険を感じる行為を禁止することによって、法益の保護を図る必要性があるため、行為当時において一般人が認識しえた事情および行為者が特に認識した事情を基礎として、一般人の観点から危険の有無を判断します。

　なお、具体的危険説が行為者の特に認識していた事実を判断の基礎に取り込んでいるのは、一般人が認識しえない事実を行為者が認識し、これを利用して犯罪の結果を実現した場合にまで不能犯となってしまう事態を避けるためです。そのため、行為者の認識はあくまで不当な結論を避けるために用いるべきといえます。すなわち、本問のように結果が生じなかった場合であって、実際に結果が生じる可能性がない場合に、一般人の観点からも結果発生の危険が認められないのであれば、行為者が結果発生の可能性を信じていたとしても実行行為性は否定され、不能犯と認定するべきでしょう。

　これを前提にすると、本問では、行為者である甲は薬物Xが毒物であると認識していたこと、また、Vが薬物Xを取得した状況が危険性を感じさせるものであったことは、不能犯を否定する方向の事情となります。しかし薬物Xは外観上人を死にいたらしめる危険性のある毒物か否かを判断できるものではなかったという事実があるため、一般人はこれを毒物であると認識できません。加えて、行為者の認識は上述のとおり不当に行為者が責任を免れてしまう事態を防ぐための要素ですので、このような不当性が生じない本問では重視すべきではありません。また、Vが薬物Xを取得した状況についても、たしかになんらかの危険性を感じさせるものではありますが、必ずしも一般的に死の結果発生の危険まで感じさせるものであるとはいえないでしょう。

　そうであれば、一般人の観点から、死という結果が生じる現実的危険は認められないといえ、実行行為性は否定され、不能犯が成立することとなります。

なお、薬物XをVが取得した状況については、死の危険性まで感じると評価するのが通常だろうと考えるのであれば、事実にしっかりと評価を加え、そのうえでほかの事実とあわせて一般人の観点から死の危険性が認められると説得的に論じるようにしましょう。

② 抽象的事実の錯誤について

　不能犯が認められた場合には、そこで問題の検討が終了すると思い込まずに、ほかに予備罪の成否や、包摂関係にある他の犯罪が成立しないかといった点に注意しましょう。実行行為性が否定され、未遂や中止犯の成立の余地がない分、検討を忘れやすいので気をつけてください。

　本問では、Vが下痢をおこすという生理的機能の障害が生じていますから、殺人未遂罪が否定された後には、傷害罪の成否を検討することとなります。しかし、甲について殺人未遂を検討する契機となったのは殺意の存在ですから、傷害罪の検討にあたってもこの点に注意しなければなりません。

　このように主観が殺人罪、客観が傷害罪と異なる構成要件にわたるため、抽象的事実の錯誤を検討することとなります。

　この論点については、第4問に解説があるので改めて確認しておきましょう。

【参考文献】
試験対策講座・刑法総論17章3節。判例シリーズ22事件。条文シリーズ1編8章3節。

第13問 A　中止犯

　　甲とVはホテルの一室で酒を飲んでいたところ、口論となった。激高した甲は、護身用に持っていた小型ナイフでVの脇腹を刺した。甲は、Vの身体から流れでる血液を見て驚がくし、悔悟の念を抱いたため、タオルで止血を試みたが、うまくいかず救急車を呼んだ。その際、甲は、電話口で救急隊員に、凶器、犯行態様、Vの様態などを伝えた。しかし、救急車の到着前に異変に気がついたホテル従業員が部屋を訪れ、倒れているVを発見し、適切な処置をしたためVは一命を取り留めた。

　　甲の罪責を論ぜよ。

【解答へのヒント】

1　甲はVの血液を見て犯行を中止しています。犯行の中止の原因はどのようなものであっても中止犯は成立するのでしょうか。

2　Vが一命を取り留めたのは、甲の救助ではなく、ホテル従業員の適切な処置によるものでした。このような場合でも、中止犯は成立するでしょうか。

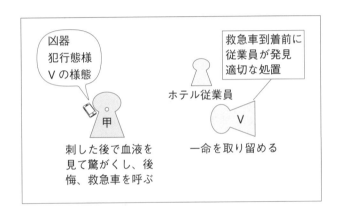

1　甲がVの脇腹を刺した行為につき、殺人未遂罪（刑法203条。
199条、以下法名省略）の成否を検討する。

(1)　まず、甲の行為は脇腹という身体の枢要部を刺す行為で
あるから、他人の生命侵害の危険のある殺人罪の実行の着
手にあたるものの、Vは一命を取り留めている。　　　　5

したがって、甲の行為には殺人未遂罪が成立する。

(2)　そうだとしても、甲はVから流れでる血液を見て驚が
く・悔悟の念を抱いたためタオルで止血しようとし、加え
て救急車を呼ぶという救命行為をしている。そこで、中止
犯（43条ただし書）が成立して、刑が必要的に減免されな　10
いか。

ア　まず、このような甲の中止行為が「自己の意思」によ
りといえるか、「自己の意思」の判断基準が問題となる。

> (ア)　中止犯の必要的減免の根拠は、自発的な中止行為に
> 表れた行為者の真摯な人格態度によって責任非難の程　15
> 度が減少する点にある。
>
> そこで、外部的事情によらず行為者が自発的意思に
> より行動すれば、「自己の意思によ」るといえる。
>
> もっとも、人の意思決定はなんらかの外部的事情に
> 基づくのが通常であるから、行為者が外部的事情を認　20
> 識していたとしても、当該事情が行為者にとって必然
> 的に中止を決意させるものでないかぎり、当該中止行
> 為は「自己の意思によ」るといえると解する。

(イ)　これを本問についてみると、たしかに、甲の救命行
為は出血という外部的事情によって、驚がく・悔悟の　25
念を抱いたことによりなされたといえる。

しかし、刃物で人体を刺す際に出血が伴うことは容
易に想像できるから、出血という外部的事情は、行為
者にとって必然的に中止を決意させるものとはいえな
い。　　　　　　　　　　　　　　　　　　　　30

(ウ)　したがって、甲の上記救命行為は、「自己の意思に
よ」るといえる。

イ　次に、犯罪を「中止した」といえるかが問題となる。

(ア)　まず、着手未遂と実行未遂の区別、すなわち実行行
為の終了時期の判断基準をどう解すべきか。結果の発　35
生を防止すべき作為の要否に関連して問題となる。

> a　行為は主観と客観の統合体なので、着手未遂と実
> 行未遂の区別は、主観と客観の両面を基準に判断す
> べきであると解する。

b　これを本問についてみると、甲はVの身体の枢要　40
部たる脇腹を刺しており、客観的に実行行為を継続
する必要性はないし、また、それについての認識も
なかったといえる。

したがって、実行行為は終了しており、実行未遂

右欄注記

→問題提起
論 任意性の判断基準

→規範

→あてはめ

→結論

→問題提起
論 着手未遂と実行未遂

→規範

→あてはめ

にいたっていたといえる。 45

　　　そうすると、結果の発生を防止すべき作為が必要
になる。

　(イ)　さらに、中止行為には、結果発生防止のための真摯 ➡問題提起
な努力を要するかについて争いがある。 論真摯性の要否

　　　　a　前述のとおり、中止犯による刑の減免根拠は、結 50
　　　　果発生を阻止した行為によって責任が減少したこと
　　　　に求めるべきであると解する。

　　　　　そこで、「犯罪を中止した」とは、結果発生に向 ➡規範
　　　　けた真摯な努力を意味すると解する。

　　　　b　本問では、甲は、タオルで止血を試みたうえに、 55 ➡あてはめ
　　　　救急車を呼んでいる。また、その際、甲は電話口で
　　　　救急隊員に、凶器、犯行態様、Vの様態などを伝え
　　　　ている。

　　　　　これは、救急隊の助力を得ようとはしているもの
　　　　の、結果の発生を防止すべき策といえるばかりか、 60
　　　　結果発生防止のための真摯な努力をしたものといえ
　　　　る。

　(ウ)　したがって、甲は犯罪を「中止した」といいうる。 ➡結論

　ウ　ところが、Vが一命を取り留めたのは、止血および救 ➡問題提起
　　急隊員によるものではなくホテル従業員が適切な処置を 65 論中止行為と結果不発生との
間の因果関係の要否
　　施したためである。そこで、このように他の原因で結果
　　が防止された場合でも、中止行為といえるか。中止行為
　　と結果の不発生の間に因果関係の要否について明文がな
　　く、問題となる。

　　(ア)　前述のとおり、中止犯による刑の減免根拠は、結果 70
　　　発生を阻止した行為によって責任が減少したことに求
　　　めるべきであると解する。

　　　　そこで、真摯な努力がある以上、責任の減少は認め
　　　られるといえるから中止行為と結果の不発生の間に因 ➡規範
　　　果関係は不要であると解する。 75

　　(イ)　そうすると、ホテル従業員による救命措置が行われ ➡あてはめ
　　　ても、甲による救命行為は、中止行為といえる。

　　(ウ)　したがって、甲は、犯罪を「中止した」といえる。 ➡結論

　エ　よって、甲の上記行為につき中止犯が成立する。

2　以上より、甲の行為には殺人未遂罪（203条、199条）が成 80
　立し、甲はその罪責を負い、中止犯により刑の必要的減免
　（43条ただし書）を受ける。

　　　　　　　　　　　　　　　　　　　　　　　　以上

85

中止犯については、旧司法試験1989（平成元）年度第１問、1996（平成８）年度第１問、2000（平成12）年度第１問、2004（平成16）年度第１問、新司法試験2007（平成19）年、2014（平成26）年および予備試験2016（平成28）年において出題されており、重要な論点として今後の出題も予想される。そこで、本問は、中止犯の理解の確認と具体的な事案へのあてはめの適切さを試す趣旨で出題した。

論点

1　任意性の判断基準
2　着手未遂と実行未遂
3　真摯性の要否
4　中止行為と結果不発生との間の因果関係の要否

答案作成上の注意点

① 中止犯の法的性格・法的位置づけについて

中止犯とは、未遂犯のうち「自己の意思により犯罪を中止した」場合をいい、中止未遂ともいわれます（43条ただし書）。通常の未遂犯の効果が刑の任意的減軽であるのに対し、中止犯の場合には刑の必要的減免という寛大な扱いを受けることができますが、これはなぜかという問題があります。この点について、中止犯の法的性格を責任減少に求めるのが通説的で説明しやすいので、本問では責任減少説を採用します。責任減少説は中止犯によって刑が必要的に減免される理由を、責任は犯罪の決意した意思に対する非難可能性であるから、その決意を撤回し犯罪の実現をやめた以上、非難可能性は減少することに求める説です。

また、中止犯は「自己の意思により犯罪を中止したときは、その刑を減軽し、又は免除する」（43条ただし書）という文言のとおり、刑の必要的減免の話なので、体系的には犯罪成立後の話であることを意識してください。ですから、中止犯の論点を発見しても、まずは、どのような犯罪が成立するかを検討したうえで、中止犯の検討に移ってください。

答案例では、甲がVの脇腹を小型ナイフで刺した行為について殺人未遂罪が成立することを簡潔に認定してから中止犯を検討しています。

学説	種類	理由
政策説		実行の着手後、犯罪完成を未然に防止できるのは多くの場合犯人であるから、その犯人に「あと戻りのための黄金の橋」を架けて法益保護を図る必要がある
法律説	違法減少説	未遂犯の処罰根拠は結果発生の現実的危険性の惹起にあり、いったん故意を生じて実行に着手した以上はこの危険性を惹起したのであるが、事後に故意を放棄し、あるいはみずから結果の発生を防止した場合には、結果発生の現実的危険性が事後的に減少したといえ、違法性を減少させるものといえる
	責任減少説	責任は犯罪の実行を決した意思に対する非難可能性であるから、その決意を撤回し犯罪の実現をやめた以上、非難可能性は減少する

② 甲は「自己の意思により」Vの殺害をやめたか

「自己の意思により」は、行為者の主観的事情に着目する要件であり、行為者が任意的に犯罪を中止したといえる場合には、同要件をみたすといえます。行為者の任意性の判断基準は、中止犯の法的性格との関係で考える必要があります。

任意性の判断基準は以下の4つの説、具体的には、①限定主観説、②主観説、③客観説および④折衷説による争いがあります。中止犯の法的性格を責任減少説とする立場からは、限定主観説と主観説が比較的説明しやすいでしょう。また、福岡高判昭和61年3月6日高刑集39巻1号1頁（百選Ⅰ69事件）が定立した規範も説明しやすいと思います。同判決は、「自己の意思により」とは、「外部的障碍によってではなく、犯人の任意の意思によってなされることをいうと解すべきところ、本件において、被告人が中止行為にでた契機が、Aの口から多量の血が吐き出されるのを目のあたりにして驚愕したことにあることは前記認定のとおりであるが、中止行為が流血等の外部的事実の表象を契機とする場合のすべてについて、いわゆる外部的障碍によるものとして中止未遂の成立を否定するのは相当ではなく、外部的事実の表象が中止行為の契機となっている場合であっても、犯人がその表象によって必ずしも中止行為に出るとは限らない場合に敢えて中止行為に出たときには、任意の意思によるものとみるべきである」としており、犯人の任意の意思ではなく、外部的事実が原因で中止したとしても、犯人がその外部的事実によって必ずしも中止行為にでるとはかぎらない場合には任意性を肯定しています。

　答案例では、限定主観説と主観説は任意性を認められる事案が少なくなるため、結論の妥当性から、前掲福岡高判昭和61年が定立した規範を採用しました。そして、流れでる血液を見たとしても、その外部的事実によって必ずしも中止行為にでるとはかぎらないので、「自己の意思により」Ｖの殺害をやめたと認定しました。

学説	結論
①限定主観説	行為者本人が悔悟、同情、憐憫（れんびん）などの広義の後悔に基づいてやめたと認められなければ、任意性があるとはいえない
②主観説	行為者の主観面での犯行継続を問題にし、たとえ欲してもできなかった場合には任意性を否定されるが、できるとしても欲しなかった場合には、任意性を肯定する
③客観説	一般人を基準にして、未遂の原因が、犯罪の既遂となることに通常障害となる性質のものであるかどうかを判断し、これが肯定される場合には任意性がなく、否定される場合には任意性がある
④折衷説	外部的事情を認識した結果、行為者ができると感じたかできないと感じたかという行為者の現実の意識の過程を客観的に判断し、できると感じたと認められるときは、任意性が認められる

③　甲は殺害行為を「中止した」といえるか

　「中止した」といえるかについては大きく2つの事項の検討が必要です。1つ目は、着手未遂と実行未遂の区別の問題です。たとえば拳銃で撃とうとしたがやめた場合には、何もしない不作為でも「中止した」といえそうです。しかし、本問のような脇腹を刺すなどして、放っておくと死亡という結果が発生しそうな場合に、「中止した」というためには、救助するなどの作為が必要になりそうです。2つ目は、「中止した」というために作為が必要な場合、その作為の程度はどのようなものかという問題です。この問題は、中止犯の法的性格との関係で考えることが必要です。

1　着手未遂と実行未遂の区別（実行行為の終了時期の判断基準）

　着手未遂とは、実行の着手はあったが実行行為そのものを終了しなかった場合をいいます。この場合には、原則として以後の実行行為をやめれば、それで中止行為となります。また、実行未遂とは、実行行為は終了したが構成要件的結果が発生しなかった場合をいいます。この場合には、行為者は、すでにした行為によって結果に向かって因果の経過を進行させていることが通常なので、原則として結果発生阻止のための作為が必要とされています。

　着手未遂か実行未遂の違いは実行行為が終了しているか否かであるので、実行行為がいつ終了したかに着目する必要があります。この点について、行為者の計画に着目する主観説、行為の客観面に着目する客観説などがありますが、結論の妥当性からは主観と客観の両面を基準に判断す

る折衷説が無難です。折衷説は客観的に実行行為を継続する必要性と可能性があり、それについての認識が行為者にある場合が着手未遂であると判断する説です。なお、東京高判昭和62年7月16日判時1247号140頁（百選Ⅰ70事件）は、被告人が、殺意をもって被害者の頭部目掛けて牛刀を振り下ろしたが、被害者は腕で防御したうえで助命を哀願したところ、被告人は犯行を放棄して、被害者は全治2週間の傷を負うにとどまった事案において、「最初の一撃で殺害の目的が達せられなかった場合には、その目的を完遂するため、更に、二撃、三撃というふうに追撃に及ぶ意図が被告人にあったことが明らかであるから、原判示のように、被告人が同牛刀でAに一撃を加えたものの、その殺害に奏功しなかったという段階では、いまだ殺人の実行行為は終了して」いないとし、追撃の意図を考慮していることから少なくとも客観説を採用していないといえます。

　答案例では、前掲東京高判昭和62年の事案のように腕で防御されたわけではなく、脇腹という身体の枢要部を刺していることから、殺人の実行行為は終了しているとみるべきことは明らかなので簡潔な認定にとどめています。

2　真摯性の要否

　実行着手である場合は、構成要件的結果発生防止のための作為が求められます。この作為の程度について、中止犯の法的性格を責任減少に重点をおく立場からは、行為者が結果発生阻止のために真摯な努力をしたことが要件になります。また、刑事政策的考慮を加味して考える立場に立っても、褒賞として刑の減免を認めるのであるから、この真摯の努力をすることが要件となります。しかし、違法減少説の立場からは、客観的にみて結果発生を防止するにふさわしい行為があればよいと考えられ、真摯性要件を不要とするのが一般的であるといえます。

　答案例では、責任減少説を採用しているので真摯な努力は必要であるとしました。そして、甲は止血および救急隊を呼ぶだけにとどまらず、電話口で事態の詳細まで述べているので、結果発生防止のために真摯な努力をしていると認定しています。

④　中止行為と結果の不発生に因果関係は必要か

　行為は中止したが、別の他人の行為によって結果が防止された場合や、はじめから結果が発生しえなかった場合には、中止行為は無意味であったとも思えるので、中止犯は成立しえないように思えます。この点について、中止犯の法的性格を責任減少説に求める立場からは、結果発生と因果関係は不要であると考えられています。もっとも、大判昭和4年9月17日刑集8巻446頁は、麻縄についた火を消そうとしたが、うまくいかず別の第三者が消火した事案において、被告人以外の者において犯罪の完成を現実に妨害した場合には中止犯は成立しないとしており、因果関係必要説に立っています。

　答案例では、中止犯の法的性格を責任減少説と考える立場に立っているので、因果関係不要説を採用しました。したがって、ホテル従業員の措置によって一命を取り留めたことは、中止犯の成否の判断に影響は与えません。

学説	結論	理由
不要説	中止行為はあったが、中止行為以外の原因が不発生に終わった場合に中止犯を認める	真摯な努力がある以上、責任の減少は認められるし、また刑事政策的観点からも中止の効果を認める必要がある
必要説	中止行為と結果不発生との間に相当な因果関係が認められる場合にかぎって中止犯の成立を認める	法は「自己の意思により」中止したことを要求しており、これは自己の中止行為と結果不発生との間に因果関係のあることを当然に予定している

【参考文献】

試験対策講座・刑法総論17章2節①・②・③。判例シリーズ23事件、24事件。条文シリーズ1編8章2節。

第14問 B　ウェーバーの概括的故意

　　甲は友人Vから金銭を借り受けていたが、返済の目途が立たないため友人Vを殺害しようと企てた。そこで、甲はVが取り立てに来る際にVの首を絞め、窒息死させたうえで、その遺体を近くの海岸から海中に投棄しようと考えた。
　　甲は計画のとおり、取り立てに来たVの首を絞めたうえ、Vを海中に投棄した。後日判明したところによれば、Vは首を絞められた時点では、失神していたにとどまり、海中に投棄されたことにより溺死した。
　　甲の罪責を論じなさい。

【解答へのヒント】
1　首を絞める行為と海中に投棄する行為が存在しますが、刑法上、行為の個数はどのように評価されるのか検討しましょう。
2　殺人罪ほか、各行為に成立しうる罪責の検討も忘れないように行いましょう。

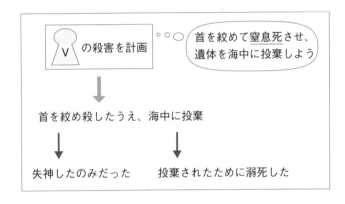

答案例

1 甲は、Vを殺すつもりでVの首を絞め（以下「第1行為」という）、窒息死したと思い、Vを海中に投棄したところ（以下「第2行為」という）、第2行為で溺死させている。そこで、甲の行為につき、殺人罪（刑法199条。以下法名省略）が成立しないか。　　　　　　　　　　　　　　　　　　　　5

(1) まず、甲の行為の個数をいかに解するべきかが問題となるが、第1行為と第2行為とでは、行為者甲の有する故意の内容が殺人と死体遺棄と大きく異なる以上、2個の行為とみるのが妥当である。

(2) では、第1行為につき、殺人罪が成立するか。　　　　10

ア　実行行為とは、構成要件的結果発生の現実的危険性を有する行為をいうところ、首を絞める第1行為は、Vの死亡結果を発生させる現実的危険性を有する行為といえ、殺人罪の実行行為にあたる。

イ　問題は、Vの死亡結果との間の因果関係の有無である。15　　➡問題提起
　　　　　　　　　　　　　　　　　　　　　　　　　　　　論因果関係の判断基準

(ア)　因果関係は、偶然的な結果を排除し適正な帰責範囲　➡規範
を画定するものである。そこで、因果関係は、条件関
係の存在を前提として、介在事情の異常性、介在事情
の結果への因果的寄与度等を考慮し、行為の危険性が
結果へと現実化した場合に認められると解する。　20

(イ)　本問についてみると、甲の第1行為がなければ、V　➡あてはめ
の死亡結果が発生しないものの、Vの死因を直接の原
因は第2行為である。もっとも、殺害行為に及んだ者
が発覚を恐れて被害者を遺棄することは十分にありう
ることからすれば、甲の第1行為のなかには、Vの溺　25
死という結果を発生させる危険性が含まれていたとい
える。

(ウ)　よって、甲の第1行為とVの溺死との間には因果関　➡結論
が認められる。

ウ　もっとも、このような因果関係は首を絞めた結果死ぬ　30　➡問題提起
という甲が認識していた因果経過とは異なるため、故意　　論因果関係の錯誤
（38条1項本文）が認められないのではないか。

(ア)　まず、因果関係も客観的構成要件要素である以上、
故意の対象となると解する。そして、故意の本質は、
規範に直面して反対動機の形成が可能であったにもか　35
かわらず、あえて行為に及んだことに対する道義的非
難である。そして、かかる規範は構成要件のかたちで
一般国民に与えられている。
　　そうだとすれば、認識していた犯罪事実と発生した　➡規範
犯罪事実とが構成要件的評価として一致する場合には　40
故意が認められると解する。具体的には、認識してい
た因果経過と実際に生じた因果経過につき、ともに刑
法上の因果関係が認められる場合には、故意が認めら
れると解する。

㈣　本問において、首を絞められてＶが窒息死するとい 45
　　　う因果経過も、海中に投棄されて溺死するという因果
　　　経過も刑法上の因果関係が認められる。

➡あてはめ

　　㈥　よって、甲には故意が認められ、第１行為に殺人罪
　　　（199条）が成立する。

➡結論

２　第２行為について、甲がＶを海中に投棄して溺死させてお 50
り、殺人罪の客観的構成要件に該当する。
　ところが、甲はＶが死んだものと思っているから、38条２
項により、殺人罪は成立しない。
⑴　では、甲に軽い死体遺棄罪が成立しないか。軽い故意に
　対応した客観的構成要件該当性の有無が問題となる。 55

➡問題提起
論抽象的事実の錯誤

　　ア　まず、客観的構成要件該当性の判断は実質的に行うべ
　　　きである。そして、構成要件は法益侵害行為を類型化し
　　　たものであるから、保護法益や行為態様の共通性などを
　　　基礎として、故意に対応した軽い客観的構成要件該当性
　　　の有無を判断すべきである。 60

➡規範

　　イ　殺人罪と死体遺棄罪の保護法益は、それぞれ生命と国
　　　民の宗教感情であり、両罪の保護法益は完全に異なるの
　　　で、実質的重なり合いはない。

➡あてはめ

　　ウ　したがって、死体遺棄罪の客観的構成要件該当性が認
　　　められず、死体遺棄罪は成立しない。 65

➡結論

⑵　もっとも、第２行為は、人の生命に対する不注意な行為
　であるから、「過失により人を死亡させた」といえる。
　　よって、甲の行為に過失致死罪（210条）が成立する。
３　以上より、甲は殺人罪（199条）、過失致死罪（210条）の
罪責を負い、両罪の被害法益はＶの生命で共通しているから 70
包括一罪となる。

　　　　　　　　　　　　　　　　　　　　　　　　以上

45

50

55

60

65

70

75

80

85

　本問は、ウェーバーの概括的故意の問題である。構成要件の実現が想定より遅く実現した事案であり、第11問の早すぎた構成要件の実現と混同されがちなため、しっかりと区別して理解してもらうために出題した。

論点

1　因果関係の判断基準
2　因果関係の錯誤
3　抽象的事実の錯誤

答案作成上の注意点

① 行為の個数について

　ウェーバーの概括的故意の問題とは、行為者が第1の行為で結果を発生させたと考えて第2の行為を行ったところ、実際は第2の行為によりはじめて結果が生じたという事案のことをいいます（遅すぎた構成要件の実現）。このように2つの行為が連動しているため、両行為の関係性が問題となります。

　甲はVの首を絞める行為（以下「第1行為」という）とVを海中に投棄する行為（以下「第2行為」という）をしています。両行為の関係性について第1行為と第2行為を全体として、1個の行為とみるか、分断して2個の行為とみるかという争いがあります。

　通説は、第1行為と時間的場所的に接着して行われた第2行為は、殺人行為の一過程といえるので、全体を1個の行為とみるべきであるとします。しかし、第1行為は殺人行為であり第2行為は遺棄行為であることから、行為者の故意が大きく異なるといえるので、両行為に時間的場所的接着性があったとしても、分断して2個の行為とみるのが妥当だと思われます。

② 因果関係について

　次に問題となるのが、殺人の実行行為である第1行為と溺死という結果との間に因果関係が認められるかという点です。

　因果関係の判断基準は大きく相当因果関係説と危険の現実化説に分けられますが、近時、判例が危険の現実化説を採用していると評価する見解が通説となりつつあるので、危険の現実化説を採用して検討します（詳細は、第3問の答案作成上の注意点を見てください）。

　本問は、第1行為と溺死という結果との間に第2行為という行為者自身の行為が介在しています。この場合、実行行為の危険性や、行為者自身の過失行為の結果への寄与度を考慮して、行為の危険性が結果へと現実化したかを検討して因果関係の有無を判断します。一見、Vの直接の死因は第2行為により形成されているので介在事情の寄与度が大きく、第1行為と結果との間の因果関係が否定されるようにも思えます。しかし、殺害行為に及んだ者が犯行の発覚をおそれて被害者を遺棄することは十分にありうることからすれば、第1行為の殺害行為の中に、溺死という結果を発生させる危険性が含まれていたと評価することができるので、溺死という死亡結果は第1行為の危険が現実化したとして因果関係が認められます。

　なお、大判大正12年4月30日刑集2巻378頁（百選Ⅰ15事件）は、本問と類似の事案において、死体遺棄のためにした放置行為は因果関係を遮断するものではないとしており、因果関係を認めることは判例と同じ結論になります。

③　因果関係の錯誤について

　次に、第1行為で結果を発生させるという甲が認識した因果の流れと実際に発生した因果の流れは異なっているため、因果関係について錯誤があり、構成要件的故意を欠くのではないかという問題が生じます。

　具体的な問題意識としては、故意とは客観的構成要件要素に該当する事実を認識・認容していることをいいますが（通説・認容説）、因果の流れが計画と異なる場合には、客観的構成要件要素に該当する事実を認識・認容しているとはいえないのではないかというものです。

　この点について、因果関係は客観的構成要件要素であり、故意の対象となると解されるので、因果関係に錯誤がある場合は故意を阻却しうる事由があるといえます。そして、因果関係の錯誤のような事実の錯誤は、同一の構成要件内における事実の錯誤ですから、具体的事実の錯誤の一種として、判例・通説である法定的符合説により、処理するとよいでしょう。

　法定的符合説とは、認識した内容と発生した事実とが法定の構成要件の範囲内で符合しているかぎり、故意を阻却しないという説です。因果関係の錯誤の場合では、認識していた因果経過と実際に生じた因果経過が構成要件的評価として一致している場合、すなわち認識していた因果の流れと実際に生じた因果の流れが刑法上の因果関係の範囲内で符合している場合には、構成要件的故意が認められることになります。

　その理由は、たとえば殺人罪の因果関係は、構成要件レベルでは死因や行為態様を具体的なかたちで規定しているわけではないため、刑法上の因果関係がそれぞれ認められるならば因果関係の存在という構成要件レベルでは一致しているからです。

　本問では、実際に結果の発生した第2行為と結果の因果の流れと甲の計画上の因果の流れは、どちらもVの死亡という結果を招くため、刑法上の因果関係は認められるといえます。そのため、故意は阻却されないという結論になります。

④　第2行為の検討

　第1行為には殺人罪が成立しますが、第2行為にはいかなる罪が成立するのでしょうか。第2行為の客観的な評価は生存しているVを海中に投棄し、死亡させたという殺人罪の構成要件に該当するものです。しかし、甲はVがすでに死亡していると誤認し、死体を遺棄する意思で第2行為を行っています。死体遺棄罪よりも重い罪である殺人罪にあたることになるVの生存の事実を知らないので、殺人罪で処罰することはできません（38条2項）。

　では、死体遺棄罪では処罰できないでしょうか。まず、甲は、死体遺棄罪のつもりで第2行為を行っているので、死体遺棄罪の構成要件的故意は認められます。しかし、行為自体は殺人罪と評価されるので、死体遺棄罪の客観的構成要件該当性の有無が問題となります。これは異なった構成要件間における錯誤なので抽象的事実の錯誤の問題です。その処理方法は、客観的構成要件該当性の判断は実質的に行うべきところ構成要件が法益侵害を類型化したものであることから、保護法益および行為態様の共通性などを基礎として、構成要件間の実質的な重なり合いを検討します（実質的符合説）。重なり合いがある場合には、軽い罪の限度で犯罪が成立します。

　本問においては、死体遺棄罪は国民の宗教感情を保護法益にしており、殺人罪の保護法益である生命とは異なるので、共通性がありません。したがって、実質的な重なり合いが認められず、客観的構成要件該当性がなく、死体遺棄罪は成立しません。

　なお、死体遺棄罪が成立しなくても、過失致死罪（210条）は成立しうるので忘れずに検討しましょう。

⑤　発展的問題の検討

　本問の事案では、殺人を目的とした行為と遺棄した行為のみが行われています。では、発展的に「甲がドライブと称してVを海に連れだし、車内で首を絞めた後、Vを海中に投棄する前にVのジャケット内にあったVの財布を盗んだ」場合にどのような論点が問題になるでしょうか。

新たに強盗罪または窃盗罪の成否を検討する必要があり、論点として顕在化するのは、「暴行と事後的奪取意思（第29問）」、「窃取（第27問）」、「窃盗の故意と死者の占有（第30問）」です。

それぞれの論点を学習した後、具体的にどのように論じるか以下で流れを確認しましょう。

1　強盗罪と事後的奪取意思

　　第1行為について殺人既遂罪を認めた後、財布を取る行為について、まず強盗罪の成否を検討します。殺害行為である第1行為は失神させているので、Vの反抗を抑圧するに足りる行為ですが、「暴行又は脅迫」（236条1項）といえるかが問題となります。詳しくは第29問に記載がありますが、「暴行又は脅迫」は財物奪取行為に向けられる必要があるため、第1行為を行った後に財布を取る意思を生じた甲の第1行為は財物奪取行為に向けられているとはいえず、「暴行」にはあたらないため、強盗罪は成立しません。

2　窃盗罪の「窃取」

　　甲が財布を取る行為が窃盗罪（235条）の「窃取」といえるかが問題となります。窃取行為にあたるかどうかは行為者の主観によらず客観的に決定されるので、失神しているだけのVから財物を取る行為は他人の意思に反して占有を移転させているので「窃取」にあたります。

3　窃盗罪の故意

　　では、窃盗罪の故意は認められるのでしょうか。故意とは構成要件該当事実の認識・認容をいうところ（通説・認容説）、故意は主観的意識を検討して判断します。本問でいう故意とは、自己が「窃取」行為を行っているという認識・認容のことをさします。甲は死者V（実際には死んでいないが、死んでいると誤信している）から財布を取っているので、他人の意思に反して物の占有を移転させているという認識はありません。したがって、死者の占有を原則として認めない立場からは、「窃取」の認識がなく、原則として故意が阻却されます。

　　判例は、犯人が被害者を財物奪取の目的なく殺害した後、被害者の腕時計を自己の占有に移した事例において、「被害者が生前有していた財物の所持はその死亡直後においてもなお継続して保護するのが法の目的にかなうものというべきである」としたうえで、「被害者からその財物の占有を離脱させた自己の行為を利用して右財物を奪取した一連の被告人の行為は、これを全体的に考察して、他人の財物に対する所持を侵害した」として、「他人の財物」にあたるとしています（最判昭和41年4月8日刑集20巻4号207頁〔百選Ⅱ29事件〕）。

　　注意すべき点としては、死亡した被害者（死者）に占有があるとするのではなく、被害者の生前の占有を侵害したと規範的に評価した結果、「他人の財物」にあたるとしている点です。

　　判例のこの考え方は、被害者を殺害した犯人との関係で、殺害から財物奪取までの時間的・場所的接着性が認められれば「他人の財物」にあたると解しています。

　　235条は、「他人の財物を窃取した者は、窃盗の罪と」すると規定しています。この条文から、窃盗罪の構成要件には、①「他人の財物」と②「窃取」があることがわかります。①「他人の財物」の意義については、後述の第27問を参照してください。②「窃取」とは占有者の意思に反して財物に対する占有者の占有を排除し、目的物を自己または第三者の占有に移すことをいいます。

　　しかし、認識として、甲はVを殺害しているので、死者の生前の占有を侵害したとして、死者の占有を認めることができます。そうすると、殺害行為を含めてVの占有を侵害するという「窃取」の認識、すなわち構成要件該当事実の認識・認容があるので、故意が認められると解します。

　　死者の占有を認めるという論理を主観面で故意を認定するために使用するか、客観的に死亡していても占有を認めるのかという異なる場面で使用しているので、混同しないようにしましょう。

【参考文献】
試験対策講座・刑法総論8章1節③【4】、2節③【4】(3)・④。判例シリーズ5事件、52事件。条文シリーズ38条②1(5)(d)・(6)。

第15問 A　共謀共同正犯

　　甲は、暴力団A組組長の地位にあり、A組には、甲を専属で警護するボディガードが複数名存在した。ボディガードらは、襲撃してきた相手に対抗できるように、拳銃等の装備を持ち、甲が外出して帰宅するまで終始甲と行動をともにし、警護する役割を担っていた。甲とボディガードらとの間には、ボディガードたる者は個々の任務の実行に際しては、甲に指示されて動くのではなく、その気持ちを酌んで自分の器量で警護の役を果たすものであるという共通の認識があった。

　　甲が飲食店を出ようとしたところ、対立する暴力団B組組員らが襲撃してこようとした。そこで、ボディガードらは彼らに向かって発砲し、傷害を負わせた。

　　甲の罪責を論ぜよ。なお、特別法違反の問題、および正当防衛の成否は検討しなくてよい。

【解答へのヒント】

　　傷害の実行行為を行っていない甲に罪責を負わせるには、どのような法律構成を検討すべきでしょうか。

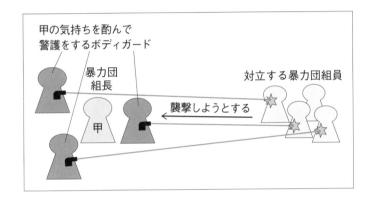

1　ボディガードらが発砲してB組組員らを傷害した行為につ
　いて、傷害罪の共同正犯（刑法60条、204条。以下法名省
　略）が成立しないか。
（1）　甲は実行行為をしていないが、傷害罪の共同正犯の構成　　　**➡問題提起**
　　要件該当性が認められないか。共謀共同正犯の成否が問題　　5　**論共謀共同正犯の成否**
　　となる。

> ア　共同正犯において一部実行全部責任の原則が認められ
> 　る根拠は、他の共犯者によって引き起こされた法益侵害
> 　とみずからの関与が因果性を有する点にある。
> 　　そこで、①正犯意思に基づく共謀、②共謀に基づく他　　10　**➡規範**
> 　の共犯者の実行行為があれば、因果性が認められ、実行
> 　行為の分担がなくとも共同正犯が成立すると解する。

　　イ　これを本問についてみると、A組組長という甲の地位　　　**➡あてはめ**
　　　と、ボディガードらによって警護を受けるという甲の立
　　　場をあわせて考えれば、実質的には、甲がボディガード　　15
　　　らに拳銃等を所持させていたといいうる。したがって、
　　　正犯意思がある。
　　　　また、ボディガードらは、襲撃してきた相手に対抗で
　　　きるように、拳銃等の装備を持ち、甲が外出して帰宅す
　　　るまで終始甲と行動をともにし、警護する役割を担って　　20
　　　いた。さらに、甲とボディガードらの間には、ボディガー
　　　ドは、甲に指示されて動くのではなく、自分の器量で
　　　警護の役を果たすものであるという共通の認識があった。
　　　このような事実から、甲は、ボディガードらに対して拳
　　　銃等を携行して警護するように直接指示をしなくても、　　25
　　　ボディガードらが自発的に甲を警護するために拳銃等を
　　　所持し、場合によっては発砲しうることを確定的に認識
　　　しながら、それを当然のこととして受け入れて認容して
　　　おり、そのことをボディガードらも承知していたといえ
　　　る。したがって、甲とボディガードらの間には、発砲行　　30
　　　為につき黙示的に意思の連絡があったといえる。
　　　　以上より、甲には、①正犯意思に基づく傷害罪の共謀
　　　があるといえる。
　　　　また、②共謀に基づくボディガードらの傷害行為が認
　　　められる。　　　　　　　　　　　　　　　　　　　　　　35
（2）　したがって、傷害罪の構成要件該当性が認められる。　　　**➡結論**
2　よって、上記行為には傷害罪の共同正犯（60条、204条）
　が成立し、甲はその罪責を負う。
　　　　　　　　　　　　　　　　　　　　　　　　　　以上
　　　　　　　　　　　　　　　　　　　　　　　　　　　　40

第1問から第14問までは1人で犯罪を行う単独犯の事例であった。しかし、実際の犯罪は複数で行われることもあり、その際には共犯の問題が生じうる。そこで、本問では共同正犯の成立を問う問題を出題した。そして、本問では、共同正犯のうち、共謀共同正犯の成否の検討が求められている。本問をとおして、共同正犯および共謀共同正犯の意義や成立要件等についての理解を確認してほしい。

論点

共謀共同正犯の成否

答案作成上の注意点

1 共犯の意義

共犯とは、もっとも広い意味では、2人以上の行為者が共同して犯罪を実現する場合をいいます。

共同正犯は共犯者全員がすべて正犯として処断され（60条）、教唆犯は正犯の刑が科せられます（61条1項）。一方、従犯は正犯の刑を減軽したものが科せられます（63条）。

2 共同正犯

1 意義

共同正犯とは、「2人以上共同して犯罪を実行」することをいいます（60条）。

「共同して犯罪を実行」するとは、①2人以上の者が共同して犯罪を実行する意思（共同実行の意思）のもとに、②共同して実行行為を行うこと（共同実行の事実）をいいます。

2 効果

共同正犯は、「すべて正犯とする」と規定されていますが、これは共同者全員が正犯としての罪責を負うことを意味します。すなわち、犯罪を実行するための行為の一部を行えば、発生した犯罪結果の全部について責任を負わなければなりません。これを、一部実行全部責任の原則といいます。

たとえば、AとBとが意思を通じてCの殺害を決意し、ともに拳銃を発射して目的を達したが、Aの弾丸のみが命中した場合やいずれの弾丸が命中したのか不明の場合でも、AB双方に殺人既遂の共同正犯が成立します。このように、共同正犯は、単独犯では認められない因果関係を肯定するところに実益があります。

3 一部実行全部責任の原則の理論的根拠

個人はみずから犯した犯罪についてのみ責任を負い、他人が犯した犯罪については責任を負わないこと（責任主義）は刑法のもっとも基本的な原理のひとつです。それにもかかわらず、共同正犯の場合に、みずからが惹起したわけではない結果について責任を負う根拠としては、以下のように主に2通りの説明がなされます。

1つ目が、相互的行為帰属論です。2人以上の者が共同して犯罪を遂行する意思のもとに、相互に他人の行為を利用補充し合って犯罪を実現した場合には、それぞれの関与者の行為は一体となって犯罪の遂行に結びついたといえます。このような相互利用補充関係によって、それぞれが自己の犯罪を実現するところに「すべて正犯とする」ことの根拠があると解する立場です。

2つ目が、因果的共犯論です。この立場は、因果的関与、共犯の因果性を重視し、物理的共同とともに、共同者相互に教唆ないし心理的幇助を行って心理的影響を及ぼし合い、結果発生の蓋然性を高める点に根拠があると解します。

現在の通説は因果的共犯論であることから、答案例では、因果的共犯論の立場をとりました。

4 成立要件

1 主観的要件（共同実行の意思）

(1) 共謀

共謀の主な形態は以下のとおりです。

(a) 明示的共謀・黙示的共謀

共同実行の意思は、通常、明示的方法によって表される場合が多いが、必ずしもそれにかぎらず、行為者相互に暗黙の認識がある場合も含みます。黙示的共謀を認めた判例として、スワット事件判決（最決平成15年5月1日刑集57巻5号507頁〔百選I76事件〕）が著名です。本問は、同判決の事案を参考にしています。

本問において、甲とボディガードらの間に傷害罪についての明示的共謀はありません。そこで、黙示的共謀の存否を検討します。問題文によれば、ボディガードらは、襲撃してきた相手に対抗できるように、拳銃等の装備を持ち、甲が外出して帰宅するまで終始甲と行動をともにし、警護する役割を担っていました。さらに、甲とボディガードらの間には、ボディガードらは、甲に指示されて動くのではなく、自分の器量で警護の役を果たすものであるという共通の認識がありました。このような事実から、甲は、ボディガードらに対して拳銃等を携行して警護するように直接指示をしなくても、ボディガードらが自発的に甲を警護するために拳銃等を所持し、場合によっては発砲しうることを確定的に認識しながら、それを当然のこととして受け入れて認容しており、そのことをボディガードらも承知していたといえます。したがって、甲とボディガードらの間には、発砲行為につき黙示的に意思の連絡があったといえます。よって、傷害罪の共謀が認められます。

(b) 直接的共謀・間接的共謀（順次共謀）

共同実行の意思は、数人間において直接的に発生した場合である必要はなく、共同者中のある者を通じて他の者に順次連絡されたことによって間接的に生じた場合であってもよいとされています。あらかじめ共謀関係が形成されている場合であって、すでに実行行為が開始されている場合、当該共犯者の片方と共謀して共同実行行為に参加した第三者には、共謀していないもう片方の共犯者との間でも意思の連絡が認められます。意思の連絡があることから共同実行の意思が認められる結果、共犯関係が成立し、その共犯者の行為も第三者に帰責されることになります。このような共同実行の意思の手法を順次共謀といいます。

たとえば、AとBが共謀してVを殴っているときに、Cが途中からAとのみ共謀してこの暴行行為に加功した場合で、Vに傷害結果が生じたとします。この際、傷害結果がCの加功後に生じたということは明らかですが、A、B、Cいずれの行為から生じたのかわからないという場合に、Cに傷害罪の罪責を負わせるにはAB双方との間で共同正犯が成立することが必要です。そこで、共同実行の意思が認められるかを検討すると、BC間で共謀はなく、共同実行の意思が認められないように思われます。この場合、CはAの行為が帰責されるにすぎず、Bの行為が帰責されない以上因果関係が認められません。しかし、この順次共謀は先にAB間で共謀が成立している場合、いずれかの者と共謀すれば、三者間での共同実行の意思が形成されたものとされます。そのため、このような事案であっても、Cに傷害罪の共同正犯の成立が認められることとなるのです。

順次共謀を認めた判例として、練馬事件判決（最大判昭和33年5月28日刑集12巻8号1718頁〔百選I75事件〕）が有名です。

(c) 事前共謀・現場共謀（偶然共謀）

共同実行の意思は、事前に周到に形成される必要はなく、現場において突発的に生じたものであってもよいとされています。

(2) 正犯意思

正犯意思は、独立した要件として扱っても、答案例のように、正犯意思に基づく共謀として

共謀の存否の検討の中で扱っても、どちらでもかまいません。

　本問において、A組組長という甲の地位と、ボディガードらによって警護を受けるという甲の立場をあわせて考えれば、実質的には、甲がボディガードらに拳銃等を所持させていたということができます。よって、正犯意思があるといえます。

2　客観的要件（共同実行の事実）

　単独犯においては、実行行為とは法益侵害の現実的危険という実質を有する行為をいいます。

　しかし、共同正犯の場合には、一部実行全部責任の原則から修正して考えるべきです。すなわち、全体としての行為の一部を行ったかどうかを標準として決すべきです。

　本問において、共謀に基づくボディガードらの傷害行為があります。

【参考文献】

試験対策講座・刑法総論19章1節、2節⑤。判例シリーズ29事件。条文シリーズ60条①・②2(5)。

甲（当時21歳）は、妻乙との間の子どもAに暴行を加えることを繰り返していた。甲はある日、2歳になるAが台所で、茶碗を誤って割ってしまったことを見とがめ、Aの顔を平手でたたくなどのせっかんを始めた。甲は、しばらく同様のせっかんを続けていたところ、それまで泣くだけであったAが反抗したため、逆上し、バットを持ち出してAの足を殴打し重傷を負わせた。甲は、Aが更に反抗したため、死んでもかまわないと思いつつ、Aの頭部をバットで殴打し、死亡させた。乙は、その間の一部始終を見ていたが、日頃Aが乙にも反抗的な態度をとることもあって、甲の暴行を止めようとはしなかった。ただし、乙は甲がAを殺してもいいとまでは考えなかった。

甲および乙の罪責を論ぜよ。

【解答へのヒント】
1 Aの死亡につき、乙に殺意は認められるでしょうか。
2 実行行為者である甲との間で共同正犯が成立するでしょうか。
3 実行行為者である甲との間で乙の幇助犯の成否を検討する場合、その成立要件は何であって、本問でその成立要件は充足されるでしょうか。

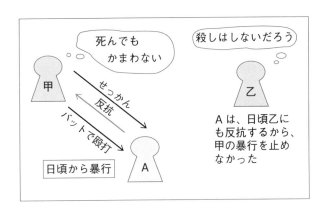

第1　甲の罪責について

　　Aの頭部をバットで殴打して死亡させた行為につき、甲に
　は殺意（刑法38条1項本文、以下「刑法」法名省略）が認め
　られることから、上記行為には殺人罪（199条）が成立し、
　甲はその罪責を負う。　　　　　　　　　　　　　　　　　5

第2　乙の罪責について

　1　乙が上記の甲の暴行を制止しなかった不作為につき、殺
　　人罪（199条）が成立するか。乙に故意が認められるかど
　　うかが問題となる。　　　　　　　　　　　　　　　　　　**→問題提起**

　　(1)　故意が認められるためには、犯罪事実の可能性を認識　10　**→規範**
　　　しつつこれを認容したことが必要と解する。

　　(2)　これを本問についてみると、乙は、甲がAを殺しても　　　**→あてはめ**
　　　いいとまでは考えなかったのであるから、これを認容し
　　　ていたとまではいえない。
　　　　そうすると、乙に故意は認められない。　　　　　　　15　**→結論**
　　　　したがって、上記行為には殺人罪は成立せず、傷害致
　　　死罪（205条）が成立しうる。

　2　では、上記不作為につき、傷害致死罪の共同正犯（60条、
　　205条）が成立しないか。
　　　不作為による共同正犯が成立するためには共謀が必要で　20
　　ある（60条）。
　　　しかしながら、本問では明示の共謀も黙示の共謀も認め
　　られないから、傷害致死罪の共同正犯は成立しない。

　3　では、上記不作為につき、傷害致死罪の幇助犯（62条1　　　**→問題提起**
　　項、205条）が成立しないのか。不作為による幇助犯の成　25　**論**不作為による幇助犯の成否
　　否が問題となる。

　　(1)　「幇助」（62条1項）とは、実行行為以外の方法で正犯
　　　の実行行為を容易にすることをいうところ、不作為によ
　　　っても正犯の実行行為を容易にしうるため、不作為も幇
　　　助行為にあたりうる。　　　　　　　　　　　　　　　　30
　　　　もっとも、処罰範囲を明確にすべく、作為による幇助
　　　との構成要件的同価値性が必要であると解する。そして、
　　　このような同価値性が認められるためには、①作為義務　　　**→規範**
　　　の存在と②作為の可能性・容易性に加え、③犯行を確実
　　　に阻止できなくても、それを困難にできた可能性が必要　35
　　　と解すべきである。

　　(2)　これを本問についてみると、乙は、Aの親であり、A　　　**→あてはめ**
　　　を監護すべき法律上の義務を負う（民法820条、818条1
　　　項）。また、室内には甲とAのほかに乙しかいないもの
　　　と思われ、乙がAの生命身体への侵害という結果発生を　40
　　　支配できる状況にあったといえる。そうすると、乙には
　　　甲の殺害行為を制止すべき作為義務が認められる（①）。
　　　　また、甲は乙に対して暴行を加えることもありうるが、
　　　少なくとも助けを呼ぶという程度の行為は可能であって、

それは容易である。そうすると、乙が甲の行為を制止し　45
うる可能性および容易性も肯定される（②）。
　　さらに、上記のように乙が助けを呼ぶなどして甲の行
為を制止すれば、甲はAに対する暴行を思いとどまった
可能性は否定できず、犯行を確実に制止できなくても、
少なくともそれを困難にできた可能性はあった（③）。　50
　　したがって、作為による幇助との構成要件的同価値性　➡結論
が認められる。
4　そして、乙には、甲が傷害の実行行為を行い傷害結果を
　生じさせることの認識および認容があることから、傷害罪
　の幇助の故意も認められる。　55
5　よって、上記行為には傷害致死罪の幇助犯（62条1項、
　205条）が成立し、乙はその罪責を負う。
　　　　　　　　　　　　　　　　　　　　　　　　以上

60

65

70

75

80

85

本問は、不作為と共犯についての理解を問うている。不作為と共犯は、2014（平成26）年司法試験、2021（令和3）年の司法試験予備試験においても出題されており、今後も出題が予想される。これを機にしっかりと理解してほしい。

■■ 論点 ■■

不作為による幇助犯の成否

■■ 答案作成上の注意点 ■■

1 検討すべき罪責

甲は、Aが死んでもかまわないと思いつつ暴行を加えて死亡させていることから、殺意が認められ、殺人罪の単独犯が成立することに争いはありません。では、乙には、殺意が認められるでしょうか。

故意（38条1項本文）の成立には、大きく、犯罪事実の可能性を認識しつつこれを認容した場合に故意を認める認容説と、犯罪事実が実現される蓋然性を認識した場合に故意を認める認識説とが存在します。この立場に関する判例の立場は、必ずしも明確ではありませんが、おおむね認容説に親和的であるといわれています。ここでも認容説に立てば、乙は甲がAを殺してもいいとまでは考えなかったのですから、Aの殺害を認識してはいましたが、これを認容したとまではいえないため、乙に殺意は認められません。よって、乙には殺人罪の単独正犯、共同正犯、幇助犯が成立しません。

2 不作為犯における正犯と従犯の区別

次に、不作為と共犯を論じる際には、関与の形態が作為なのか不作為なのかを検討しましょう。そのうえで、①不作為犯の正犯に対する作為の共犯、②作為の正犯に対する共犯、③不作為の共同正犯がそれぞれどのような場合か、いつ成立するのかを意識する必要があります。

1 関与形態が作為なのか不作為なのか

因果経過に積極的に介入し、新たに危険を創出する行為は作為です。黙示による共謀も相手の犯意を強化・拘束する以上、作為（の形態）による危険の強化・創出です。一方で、不作為は危険の増大・実現にいたる因果経過に介入をしなかった行為です。このように、作為と不作為は区別され、以下ではこのことが前提となります。

2 ①不作為犯の正犯に対する作為の共犯

この類型の典型例として、作為義務を有しないYが作為義務者であるXに、不作為の殺人を教唆する場合があげられます。この場合、Yの関与は作為であり、作為義務は不要となります。

3 ②作為の正犯に対する共犯

この類型の典型例として、XのAに対する傷害行為をYが制止しない場合があげられます。本問はこの類型に該当しえます。後述するとおり、この場合に、Xは作為の正犯であり、Yは傷害行為を制止する義務（作為義務）を有する限度で、不作為犯として処罰が可能です。ただし、YがXを支援する意思を表明し、その暴行を黙認する態度を示すなど、これによってXの犯意が強化・促進された場合には、作為の共犯の成立を認める余地があります。

4 ③不作為の共同正犯

この類型の典型例として、作為義務を有するXとYが共同して、Aに対する不作為の殺人を実現する場合があげられます。この場合、XとYは不作為を共同実行しており、両名ともに作為義務が認められることから、両名には不作為の共同正犯が成立します。

では、作為義務を有するXとこれを有しないYが共同する場合に共同正犯はいっさい成立しな

いのでしょうか。この点については、不真正不作為犯は作為義務を有する者のみがなしうる犯罪であり、作為義務のない者が不真正不作為犯の実行行為を行うことはありえないとして、共同正犯の成立を否定する見解も有力です。しかし、多数説は、作為義務のある者とない者とが犯罪共同遂行の合意のもと、それぞれ重要な役割を果たして共同して結果を実現することも可能であるとして、共同正犯を肯定します。

5　不作為犯における正犯と従犯の区別

　　行為者が正犯の作為に不作為で関与した場合には、不作為による正犯か、それとも不作為による従犯かが問題になりえます。その判断基準のひとつに、共犯概念は正犯との差も含めて作為の場合と同じに考え、作為の正犯と同視しうるだけの作為義務があるか、それとも作為の幇助と同視しうるだけの作為義務があるかという考え方があります。また、不作為による関与は、作為正犯を介して結果発生と間接的な因果関係をもつにとどまるため、原則として幇助犯が成立するとの見解もあります。解答例では、後者の見解をとって論じました。

③　不作為による共犯

　本問は甲のAに対する殺害行為を乙が制止しない場合であって、作為の正犯に対する共犯の類型にあたります。この場合、共同正犯、幇助犯のいずれが成立するでしょうか。

1　不作為による共同正犯

　　不作為による共同正犯が成立するためには、共謀が必要です。共謀共同正犯の成否については第15問を参照してください。本問では明示の共謀も黙示の共謀も認められないため、不作為による共同正犯は成立しません。

2　不作為による幇助犯

　　不作為による幇助犯が成立するためには、作為による場合と同様に、①正犯を幇助すること、②それに基づいて正犯者が犯罪を実行すること、③故意を有することが必要です。①については、不作為による幇助行為が作為によるそれと同視しうるものでなければなりません。不作為における処罰範囲を限定するため、正犯者の犯罪を防止すべき作為義務の存在と作為の可能性・容易性が必要です。作為義務の認定にあたっては、法令・慣習・契約のみならず、先行行為の存在、排他的支配の設定等の諸事情を総合的に考慮してその有無を判断することになります。②については、結果との因果関係が要求されますが、正犯とは異なり、作為による幇助が結果発生を促進し、または容易にすることで足りるとされていることとの均衡から、犯行を確実に阻止できなくても、それを困難にしえた可能性があれば足ります。③故意の内容については、㋐教唆行為により正犯者が特定の犯罪の実行を決意して実行行為を行い、既遂の結果を生じさせることの認識・認容が必要であるとする説と、㋑教唆行為により正犯者が特定の犯罪の実行を決意し、実行行為にいたることの認識・認容で足りるとする説が対立しています。

【参考文献】
試験対策講座・刑法総論20章3節④。判例シリーズ34事件。条文シリーズ60条②2(6)、62条②3、62条②7・8。

第17問 A　共犯と正当防衛

　　甲は、V（男性、23歳、身長185センチメートル、体重85キログラム）と電話で激しい口論になった際に、Vに侮辱的な言葉を浴びせられたことについて恨みを抱き、Vを襲おうと決意し、Vとは面識のない友人乙（男性、25歳、身長170センチメートル、体重65キログラム）を、上記の計画の実行を手伝ってくれないかと誘い、乙は同意した。

　　甲は乙に対し、「おれは顔が知られているからお前先に行ってくれ。」と言い、さらに、Vを殺害することもやむをえないとの意思のもとに、「やられたらナイフを使え。」と指示をして、刃渡り12センチメートルのサバイバルナイフを持たせて一緒にV宅に向かった。V宅付近に到着後、甲は乙をV宅に向かわせ、自分は近隣の駐車場で待機していた。

　　乙は、内心ではVに対し自分から進んで暴行を加えるまでの意思はなく、Vとは面識がないからいきなりVに暴力を振るわれることはないだろうと考えながら、V宅のチャイムを鳴らすと、予想外にも、乙を甲だと勘違いして興奮状態でドアを開けたVが、玄関先でいきなり刃渡り15センチメートルの出刃包丁を持って勢いよく襲いかかってきた。

　　乙は、自己の生命身体を防衛する意思で、とっさにサバイバルナイフを取り出し、甲の指示どおりナイフを使用してVに傷害を負わせることになってもやむをえないと決意し、同ナイフを無我夢中で振り回したところ、たまたまVの腹部に突き刺さった。Vは、腹部刺傷による急性失血により死亡した。

　　甲および乙の罪責を論ぜよ（特別法違反の点は除く）。

【解答へのヒント】

　抽象的な議論になりやすい論点は、どの要件について論じているのか、なぜそれを論じる必要があるのかを、答案上で明確にしましょう。

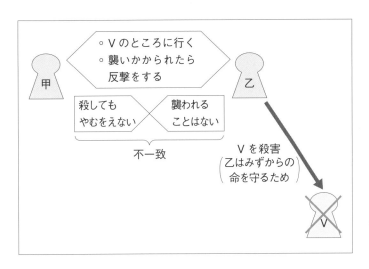

第1　乙の罪責について

1　乙は、Vに傷害を負わせてもやむをえないと思いながら、サバイバルナイフをVに突き刺し、Vを死亡させている。

したがって、乙の上記行為は、「身体を傷害」し、「よって人を死亡させた」といえるから、傷害致死罪（刑法205条。以下法名省略）の構成要件に該当する。　　5

2　もっとも、Vが出刃包丁を持って襲いかかってきたことから、Vは上記の行為に及んでいる。そこで、乙の行為には正当防衛（36条1項）が成立し、違法性が阻却されないか。

(1)　Vは、乙に対して出刃包丁を持って襲いかかってきて　10
いるため、乙の生命身体に対する「急迫不正の侵害」があるといえる。

(2)　次に、乙はVの襲撃を認識したうえで、自己の生命身体をVの襲撃から防衛する意思で、上記行為を行っているから、「自己……の権利を防衛するため」に上記行為　15
をしたといえる。

(3)　そして、自分より体格のいい男性が、いきなり興奮状態で刃渡り15センチメートルの危険な刃物を持って勢いよく襲いかかってくる行為に対し、ナイフを振り回す行為は、自己の生命身体の防衛手段として相当といえるの　20
で、「やむを得ずにした行為」といえる。

(4)　したがって、正当防衛が成立し、違法性は阻却される。

3　よって、乙の行為には傷害致死罪（205条）が成立せず、乙はその罪責を負わない。

第2　甲の罪責について　　25

1　乙がナイフでVを刺した行為について、甲に殺人罪の共同正犯（60条、199条）が成立するか。甲は、殺人の実行行為を行っていないことが問題となる。

➡問題提起
論共謀共同正犯の成否

(1)　一部実行全部責任の根拠は、他の共犯者の引き起こした法益侵害との間に因果性を有する点にある。そこで、　30
他の共犯者の法益侵害と因果性を有する場合に共同正犯が成立すると解する。具体的には、①正犯意思に基づく共謀と②それに基づく実行行為があれば因果性が認められると解する。

➡規範

(2)　甲は、①自身が恨みを抱いているVを殺害することも　35
やむをえないとの意思のもとに、乙に対して「やられたらナイフを使え。」と指示をしているから、みずから殺人罪という犯罪を実現するという正犯意思に基づいて、共謀が成立しているといえる。

➡あてはめ

そして、②乙は、その甲の指示どおり、渡されたナイ　40
フでVの腹部を突き刺して死亡させているから、共謀に基づく実行行為があるといえる。したがって、甲は、乙のVに対する法益侵害と因果性を有している。

➡結論

2　そうだとしても、甲には殺人の故意があるのに対して、

乙には、前述のように、傷害の故意しかない。

そこで、甲には殺人罪の共同正犯が成立するか。行為を共同すれば足りるのか、それとも特定の犯罪を共同する必要があるのかが問題となる。

➡問題提起
論 共同正犯内の錯誤

(1) 正犯者の法益侵害と因果性を有するといえるためには原則として同一の犯罪の共同が必要である。もっとも、構成要件間に実質的な重なり合いが認められる場合には、重なり合う罪の軽い限度で因果性が認められるため、かかる場合には軽い罪の限度で共同正犯が成立すると解する。

➡規範

(2) そうだとすると、殺人罪と傷害罪とは、人の身体に傷害を負わせる点で構成要件的に重なり合うから、軽い罪である傷害致死罪の範囲で共同正犯となる。

➡あてはめ

(3) したがって、甲には殺人罪の単独犯が成立し、傷害致死罪の範囲で共同正犯が成立するように思える。

➡結論

3 そうだとしても、甲の行為には正当防衛（36条1項）が成立し、違法性が阻却されないかが問題となる。

論 急迫性の有無

(1) 防衛者が侵害を予期して対抗行為に及んだ場合、行為全般の状況に照らして急迫性の有無を判断する。具体的には、侵害を予期した上で積極的に攻撃する意思がある場合には急迫性は否定されると解する。

(2) これを本問についてみると、甲は、計画実行より前にVと電話で激しい口論をしており、単に侵害を予期しただけでなく、乙に「やられたらナイフを使え」と言って、対抗用にサバイバルナイフを持たせているから、Vに積極的に反撃するつもりであるといえる。

➡あてはめ

(3) 以上より、「急迫」性が否定されるから、甲に正当防衛は成立せず、違法性が阻却されない。

➡結論

4 もっとも、前述のように、共同正犯者の一方である乙には正当防衛が成立している。

そこで、共同正犯者の1人に正当防衛が成立する場合、他の共同正犯者にも違法性阻却の効果が及ぶかが問題となる。

➡問題提起
論 共同正犯と正当防衛

(1) 共同正犯の場合、違法性は連帯し、他の者にも違法性阻却の効果が及ぶが、積極的加害意思や防衛の意思といった主観的要素が違法性の評価に影響を与える場合は、例外的に、違法は個別的に考え、他の者に違法性阻却の効果が及ばないと解する。

➡規範

(2) これを本問についてみると、前述のとおり、甲は、乙に反撃用のサバイバルナイフを持たせ、Vからの侵害を予期したうえで積極的に加害する意思があるといえる。

➡あてはめ

(3) よって、乙とは個別に考え、違法性は阻却されない。

➡結論

5 以上より、甲の行為には殺人罪（199条）の単独犯が成立し、傷害致死罪の範囲で共同正犯（60条、205条）が成立し、甲はその罪責を負う。

以上

本問は、フィリピンパブ事件（最決平成4年6月5日刑集46巻4号245頁〔判例シリーズ36事件〕）を題材に、若干のアレンジを加えた問題である。共同正犯におけるさまざまな論点について触れる必要があるほか、2022（令和4）年司法試験刑事系第1問に出題された正当防衛の成立要件、共犯の従属性など、他分野についても理解が求められる横断的な問題となっている。焦らずに1つひとつ処理できるようにしたい。

論点

1　共謀共同正犯の成否
2　共同正犯内の錯誤
3　急迫性の有無
4　共同正犯と正当防衛

答案作成上の注意点

① 共同正犯内の錯誤について

　共同正犯の錯誤とは、共同正犯における共同行為者相互間の認識に不一致が生じることです。
　本問では、Vの殺害もやむをえないという意思をもっていた甲に対して、乙は傷害の故意しかありません。このように、異なった構成要件間の錯誤の場合には、部分的犯罪共同説・法定的符合説に従えば、構成要件の重なり合う限度で、軽い罪につき共同正犯が成立するとされています。
　共犯の錯誤に関する詳しい解説は、第18問を参照してください。

② 積極的加害意思と急迫性・防衛の意思について

　本問における甲は、Vを襲撃する計画を実行する前にVと電話で激しい口論をしており、乙に「やられたらナイフを使え」と指示をしてサバイバルナイフを持たせていることから、Vに恨みを抱き、Vを殺そうとしているといえ、積極的に加害する意思があるといえます。このような場合、正当防衛の成立を検討する際に、どの要件の問題とすべきでしょうか。
　最決平成29年4月26日刑集71巻4号275頁（百選Ⅰ23事件）など、これまでの判例を分析すると、積極的加害意思は、現に反撃行為に及ぶ以前（反撃行為の予備または準備段階）における本人の意思内容が問題とされ、急迫性要件のなかで検討されています。つまり、すでに侵害が予期されていたという場合に、反撃者があえてその侵害の機会に積極的に相手方に対して加害行為をする意思でこれにのぞんで加えた反撃行為は、もはや正当防衛の本質である緊急行為性を欠いており、そもそもそのような反撃にでることが許される状況ではなかったとして、急迫性を否定していると考えられているのです。
　これに対して、侵害を受けて反撃行為にでる時点で本人の意思が問題とされる場合には、防衛の意思の要件のなかで検討されています。侵害行為を受けた者は、それに対して怒りや憎悪の念をもって反撃行為にでることも多いでしょうから、反撃時に攻撃意図を併有していたからといって、ただちに防衛の意思を欠いて正当防衛が成立しないとするのは妥当な結論とはいえないでしょう。そのため、最判昭和50年11月28日刑集29巻10号983頁（百選Ⅰ24事件）は、「防衛の名を借りて侵害者に対し積極的に攻撃を加える行為は、防衛の意思を欠く結果、正当防衛のための行為と認めることはできないが、防衛の意思と攻撃の意思とが併存している場合の行為は、防衛の意思を欠くものではないので、これを正当防衛のための行為と評価することができる」としています。
　本問は、乙が反撃行為に及ぶ以前から、反撃のための準備をしていた甲の積極的加害意思が問題であるため、急迫性要件のなかで検討しています。

③ 実行従属性（従属性の有無）について

　本問の答案上で大々的に展開する必要はありませんが、本問を解答するための前提として、狭義の共犯の分野で問題になる共犯の従属性について理解しておきましょう。

　狭義の共犯が成立するためには、正犯行為（実行行為）が必要なのでしょうか。教唆や幇助行為を行っても、正犯者が実行の着手（43条本文）にでない場合には、共犯者がいわゆる教唆の未遂・幇助の未遂として処罰されるかが問題となります。

　未遂の教唆とは、一般的には、教唆者が教唆したところを被教唆者が犯罪の実行にでなかった場合をいいます。これには、①被教唆者が犯罪の実行を決意するにいたらなかった場合（失敗に終わった教唆）、②被教唆者が決意したが実行にはでなかった場合（効果のなかった教唆）があります。

　この点について、かつては行為者の反社会的性格に処罰の根拠を求める主観主義・近代学派からは、正犯行為を不要とする共犯独立性説が主張されました。共犯独立性説によれば、①②ともに教唆者に未遂犯が成立します。

　しかし、正犯者が実行の着手にいたらない（結果発生の現実的危険性がない）にもかかわらず共犯を処罰することは、早すぎる過剰な処罰であり、刑法の謙抑性の理念に反します。また、61条1項の「人を教唆して犯罪を実行させた」、62条1項の「正犯を幇助した」という文理からは、共犯の成立に正犯行為（実行行為）が必要と解することが素直です。したがって、狭義の共犯が成立するためには正犯行為（実行行為）が必要と解する共犯従属性説が、判例・通説となっています。

　よって、教唆の未遂・幇助の未遂は、不可罰と解することになります。

④ 要素従属性（従属性の程度）について

　共犯従属性説に立ち、共犯の成立のためには正犯行為が必要であるとしても、正犯者の行為はいかなる犯罪要素を具備していなければならないのでしょうか。これが、要素従属性・従属性の程度の問題です。

　この点については、①構成要件該当性があれば足りると解する最小従属性説、②構成要件該当性・違法性が必要と解する制限従属性説、③構成要件該当性・違法性・責任が必要と解する極端従属性説、④構成要件該当性・違法性・責任・処罰条件まで必要と解する誇張従属性説があります。

　しかし、親族相盗例の刑の免除（処罰阻却事由）は共犯には及ばないとする刑法244条3項の規定から、処罰条件まで従属する④は妥当でないとされます。また、正犯が違法性を阻却され適法行為を行った場合も共犯成立を認める①も妥当でないとされます。

　そこで、②の制限従属性説と③の極端従属性説のどちらが妥当かが問題となりますが、今日の通説は、②の制限従属性説を採用しています。なぜなら、行為者の個別的事情に基づく主観的な責任まで共犯が正犯に従属するのは妥当ではない反面、違法の客観性から原則として違法の連帯性を肯定しうるからです（違法は連帯的に、責任は個別的に作用します）。

　短答式試験対策ではすべての説の概略をおさえておく必要がありますが、論文式試験対策上は制限従属性説（通説）をおさえておけば十分でしょう。

⑤ 共同正犯と正当防衛・過剰防衛について

　本問のように、共同正犯者の1人に正当防衛または過剰防衛の要件が認められる場合に、他の共同正犯者についてもその効果が及ぶのでしょうか。共同正犯においても、違法の連帯性（制限従属性説）が妥当するのかが問題となります。

　この点について、正当防衛が成立する本問とは異なり過剰防衛の事案ですが、前掲最決平成4年は、「共同正犯が成立する場合における過剰防衛の成否は、共同正犯者の各人につきそれぞれその要件を満たすかどうかを検討して決するべきであって、共同正犯者の1人について過剰防衛が成立したとしても、その結果当然に他の共同正犯者についても過剰防衛が成立することになるものではない」として、過剰防衛の要件は共犯者ごとに判断すべきとしています。そして、その具体的な検討について、「被告人は、被害者の攻撃を予期し、その機会を利用してA（実行行為者、本問でい

う「乙」）をして包丁で被害者に反撃を加えさせようとしていたもので、積極的な加害の意思で侵害に臨んだものであるから、被害者のAに対する暴行は、積極的な加害の意思がなかったAにとっては急迫不正の侵害であるとしても、被告人にとっては急迫性を欠くものであって……Aについて過剰防衛の成立を認め、被告人についてこれを認めなかった原判断は、正当として是認することができる」（括弧内は筆者が追加）としています。この考えを推し進めれば、正当防衛の場合も共犯者ごとに判断すべきことになります。

また、共同正犯の正犯性を重視すれば、狭義の共犯における要素従属性は問題にならず違法の連帯性（制限従属性説）も妥当しないとして、この結論を支持する見解もあります。

以上に対して、因果的共犯論・結果無価値論の立場から、共同正犯においても違法の連帯性が妥当するとの見解も有力です。この立場では、共同正犯者の1人に正当防衛の要件が認められる場合には、その正当化された結果につき、ほかの共同正犯者も違法性が阻却されます。ただし、過剰防衛の場合には、36条2項の減免の根拠をどう解するかによります。責任減少説および違法・責任減少説からは、他の共同正犯者に責任減少が認められる限度で刑の減免を肯定しえます。

なお、共同正犯者の一方が正当防衛の要件をみたし、他方が過剰防衛となる場合も問題となります。これは、第21問で扱う共犯からの離脱（共同正犯の因果性）に関連します。

共同正犯者の1人に正当防衛の要件が認められる場合において、ほかの共同正犯者についてもその効果が及ぶか	
肯定説	結論：正当防衛は共同行為者で連帯的に判断するため、正当防衛の効果はほかの共同行為者にも及ぶ。 理由：①共同性犯の共犯性を重視すると、共同正犯でもほかの共同正犯者の心理に影響を与えて当該後者の行為および結果に因果関係を及ぼし、間接的に法益侵害の結果を発生させたという面があるから（因果的共犯論）、違法の連帯性（制限従属性説）が妥当する。 ②①を前提にし、違法性の実質につき結果無価値を重視すれば、違法性は連帯することになる。
否定説	結論：正当防衛は行為者ごとに個別的に判断するため、正当防衛の効果はほかの共同正犯者には及ばない。 理由：①正当防衛の減免の根拠を違法減少に求め、共同正犯の正犯性を重視すると、狭義の共犯における違法の連帯性（制限従属性説）は妥当しない。 ②違法の連帯性が及ぶとしても、違法性の実質につき、結果無価値だけでなく行為無価値を重視すれば、主観的違法要素は個別に判断される。

共同正犯者の1人に過剰防衛の要件が認められる場合において、ほかの共同正犯者についてもその効果が及ぶか	
肯定説	結論：過剰防衛は共同行為者につき一体的に判断するため、過剰防衛の効果はほかの共同行為者に及ぶ。 理由：過剰防衛の減免の根拠を違法性減少に求め、共同正犯の共犯性を重視すると、共同正犯にも違法性の連帯性（制限従属性説）が妥当する。 備考：過剰防衛の減免の根拠を責任減少、違法・責任減少に求める場合には、ほかの共同正犯者に責任減少が認められる限度で刑の減免を肯定しうるにすぎない。
否定説	結論：過剰防衛は行為者ごとに個別的に判断するため、過剰防衛の効果はほかの共同正犯者には及ばない。 理由：①過剰防衛の減免の根拠を違法減少に求め、共同正犯の正犯性を重視すると、狭義の共犯における違法の連帯性（制限従属説）は妥当しない。 ②一部実行全部責任の原則は、構成要件該当性の段階でしか機能しない。

【参考文献】
試験対策講座・刑法総論11章1節②【2】(1)(a)、18章3節②・③、19章2節⑧、21章2節②【1】。判例シリーズ36事件、37事件。条文シリーズ1編11章1節④、60条②2(9)。

第18問 A　共犯の錯誤

　　甲は友人の乙に、「Aが旅行に出掛けていて不在なので、家に侵入して金を盗もう」ともち掛け、乙はこれを受け入れた。甲、乙は翌日A方に侵入したところ、予期に反してAが在宅していることに気づき、台所にあった包丁でAを脅して現金を奪い取ろうと相談し、Aに包丁を突きつけた。ところが、Aが激しく抵抗するので、乙は現金を奪うためにAを殺害しようと考え、その旨甲にもち掛けた。甲は、少なくとも人を殺したくはないと思っていたことから、意外な展開に驚き、「殺すのはやめろ」と言いながら乙の腕を引っ張ったが、乙は甲の制止を振り切って包丁でAの腹部を刺し、現金を奪いその場から逃走した。これを見て驚いた甲は、Aの救助をせず乙と同様逃走した。結局Aは、家にいた妻が素早く救急車を呼んだことで一命を取り留めた。

　　甲、乙の罪責を論じなさい。なお、住居侵入罪については論じなくてよい。

【解答へのヒント】

　甲と乙の意思を丁寧に分析して考えましょう。

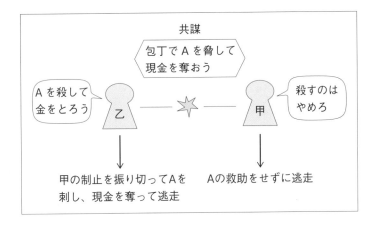

第1　乙の罪責について

1　乙の、包丁でAの腹部を刺し、現金を奪った行為について強盗殺人未遂罪（刑法243条、240条後段。以下法名省略）が成立するか。

(1)　まず、鋭利な刃物である包丁を身体の枢要部たる腹部に刺していることに照らせば、上記行為は反抗を抑圧するに足るものといえ「暴行」（236条1項）にあたる。

　　そして、この抑圧状態を利用して、「他人の財物」たる現金を「強取」しているから、乙は「強盗」（240条）にあたる。

(2)　次に、乙の上記「暴行」により、Aは腹部を「負傷」している。

　　そして、240条後段が、犯罪学上強盗の機会に犯人が死亡の結果を生じさせることが多い点に着目した規定であり、故意に殺害する場合を典型例として立法者が予想していたといえるから、殺意のある場合にも同条後段は適用されると解する。

　　したがって、上記行為にも同条後段が適用される。

(3)　さらに、上述の趣旨にかんがみ、240条後段の第一次的な保護法益は生命身体の安全にあるといえるため、既遂時期は生命身体の侵害時点であると解する。

　　そうすると、死亡結果の生じていない本件では、上記行為に強盗殺人未遂罪が成立し、後述のとおり強盗致傷罪の限度で甲と共同正犯となる。

2　よって、上記行為には強盗殺人未遂罪（243条、240条後段）が成立し、乙はその罪責を負う。

第2　甲の罪責について

1　それでは、甲と乙がAに包丁を突きつけ、乙が包丁でAを刺した行為について、甲に強盗殺人未遂罪の共同正犯（60条、243条、240条後段）が成立するか。

(1)　まず、乙の上記行為は強盗殺人罪の構成要件に該当する。そして、包丁でAを脅して現金を奪おうという甲乙の現場共謀の内容は、被害者を包丁で突き刺して殺し、金銭を奪うという実行行為と類似する。また、この刺突行為が決意を新たにして行われたとの事情もない。そのため上記行為には共謀の射程が及ぶといえる。

(2)　もっとも、甲には殺人の故意はない（38条2項）。

(3)　そのため、強盗殺人罪の共同正犯は成立しない。

2　そうだとしても、Aは傷害を負っていることから、強盗致傷罪の共同正犯（60条、240条前段）が成立しないか。

(1)　まず、甲と乙はA方において、包丁でAを脅して現金を奪い取ろうと共謀しており、両者承諾していることから、強盗罪の共同実行の意思が認められる。そして甲、乙は実際にAに包丁を突きつけているから、共同実行の

論 240条後段と殺意

論 強盗殺人罪の既遂時期

事実も認められる。　　　　　　　　　　　　　　　　　45

(2)　そして、乙が包丁でAを刺した行為については、上述
のとおり右共謀の射程が及ぶ。しかし、同行為について、
乙は殺意を有していたものの、甲は強盗罪の故意しかな
い。そこで、共犯者がそれぞれ異なる故意を有する場合
に、抽象的事実の錯誤の処理、および異なる構成要件間　50
で共同正犯が成立するかという点が問題となる。

➡問題提起
🔖共犯と錯誤（共同正犯の成
　立範囲、抽象的事実の錯誤）

　ア　この点につき、共同正犯に一部実行全部責任を課す
　　根拠は、他の共犯者の引き起こした法益侵害と因果性
　　を有する点にある。そのため原則として同一構成要件
　　間での犯罪の共同が必要である。もっとも、構成要件　55
　　間に実質的な重なり合いが認められる場合にはその軽
　　い罪の限度において因果性が認められるといえる。そ
　　こで、このような場合に、軽い罪の限度で共同正犯が
　　成立すると解する。抽象的事実の錯誤についても、同
　　様の場合に規範に直面しえたといえ、故意が肯定され　60
　　るから、結論として一致する。

➡規範

　イ　強盗殺人罪と強盗罪は前者が後者を包含する関係に
　　あるから、強盗罪の限度で重なり合う。

➡あてはめ

　ウ　そのため、強盗罪の故意が認められ、共同正犯も成
　　立する。　　　　　　　　　　　　　　　　　　　　65

➡結論

(3)　そして、Aは更に傷害を負っているから、結果的加重
犯の共同正犯として甲に強盗致傷罪（60条、240条前
段）が成立しないか。

➡問題提起
🔖結果的加重犯の共同正犯の
　成否

　　結果的加重犯は、基本犯たる故意犯に重い結果発生の
　危険が内在するため、重い結果について過失は不要であ　70
　ると解する。そこで、基本行為の共謀と、基本犯と重い
　結果の間に因果関係があれば成立すると解する。

➡規範

　　本問の傷害結果は共謀に基づく包丁を突きつける行為
　に内在する危険が現実化したものといえるため、この要
　件をみたし、甲には強盗致傷罪の共同正犯が成立する。　75

➡あてはめ

➡結論

(4)　もっとも、甲は乙の腕を引っ張ってAの上記行為を制
止しているところ、共謀からの離脱が認められ傷害結果
について帰責されないこととならないか。共同正犯から
の離脱の成否が問題となる。

➡問題提起
🔖共同正犯からの離脱

　ア　上述の一部実行全部責任の根拠より、他の共犯者に　80
　　よる法益侵害との因果性が遮断されていれば共犯関係
　　からの離脱が認められると解する。

➡規範

　イ　本問では、共謀に基づき突きつけた包丁がそのまま
　　使われており、物理的因果性が遮断されていないから
　　離脱は認められず、乙の刺突行為も帰責される。　　85

➡あてはめ

➡結論

3　よって、甲の行為には強盗致傷罪の共同正犯（60条、
240条前段）が成立し、甲はその罪責を負う。

　　　　　　　　　　　　　　　　　　　　　　　以上

　本問は、旧司法試験2000（平成12）年度第1問を題材とした問題である。共同正犯の錯誤の問題は、途中から共犯者が想定外の行動にでるといった事案のものが多いため、そのような典型事例に近い問題を選んだ。本問を通じて、共同正犯の錯誤が単一論点からなる単純なものではなく、その後にさまざまな論点が積みあがってくる可能性のある複雑なものだということを確認しておこう。

■ **論点** ■

1　240条後段と殺意
2　強盗殺人罪の既遂時期
3　共犯と錯誤（共同正犯の成立範囲、抽象的事実の錯誤）
4　結果的加重犯の共同正犯の成否
5　共同正犯からの離脱

■ **答案作成上の注意点** ■

1　共犯の錯誤について

1　共謀の射程

　　本問のような謀議後に意思の不一致が生じる類型の共犯の錯誤を論じるにあたっては、まず前提として共謀の射程が及ぶことを示すことが必要です。なぜなら、錯誤は主観的構成要件要素ですが、共謀の射程、すなわち共謀行為と結果との因果関係は客観的構成要件要素であり、錯誤を論じる前提となるからです。共謀の射程が及んでいないと判断された場合には、錯誤を論じる必要はないということに注意してください。

　　この共謀の射程についてですが、その意味するものは上述しているとおり共謀行為と共犯者の実行行為との間の因果性です。しかし、この因果関係は、通常の構成要件段階での因果関係とは異なります。共謀の射程において特徴的な点は、合意による心理的拘束が実行者の行為に及んでいるかが重視されるという点です。そのため、考慮要素として①当初の共謀と実行行為の内容との共通性、②当初の共謀による行為と過剰結果を惹起した行為との関連性、③犯意の単一性・継続性、④動機目的の共通性があげられます。

　　特に、射程が及んでいることを否定する場合には、「決意を新たにして」（最判昭和25年7月11日刑集4巻7号1261頁〔百選Ⅰ91事件〕）や、「異なる動機目的に基づく」といった裁判例（浦和地判平成3年3月22日判時1398号133頁）を参考にした新たな目的に向けて行われたフレーズを用いるとよいでしょう。

2　共犯の錯誤という論点

　　異なる構成要件間における共犯の錯誤は、特に異なる故意を有する共犯者間の間での問題として出題されることが多いです。そのため、この問題は抽象的事実の錯誤の問題と、異なる構成要件間の共同正犯の成立の範囲の問題とが交錯します。基本書や参考答案などでは、問題提起の場面で、"共犯者間で成立する犯罪が異なる場合の処理が問題"とされることや、"共犯者間で故意が異なる場合の処理が問題"とされることがあり、受験生のなかには故意の問題と成立する共同正犯の食い違いの問題とを分けて検討しなければならないのかと考える人もいるでしょう。どちらも問題とすることが2021（令和3）年司法試験採点実感において秀逸と評価されてはいますが、最決昭和54年4月13日刑集33巻3号179頁（百選Ⅰ92事件）は、これらがともに問題となる事案において、故意の符合を問題とせず共同正犯の成立範囲のみを問題としています。また、これらの論点を別個に論証し、あてはめまでしていては、時間内に答案を書き終わらないおそれがあります。そのため、答案では共犯者間で成立する犯罪が異なる場合の処理の問題に限定して、以下に

記述する学説を採用すれば、受験生としては十分でしょう。そこで答案例では、問題提起においては抽象的事実の錯誤の処理、共同正犯の成立範囲がともに問題となることを指摘することで両論点が同時に問題となることに気づいていることをアピールしながら、論証は共同正犯の成立範囲に関するもののみに絞ることで答案の分量を減らすという手法をとっています。

　なお、後述しますが、共犯の錯誤の事案で異なる構成要件間の共同正犯の成立の範囲の問題のみを論じればいいこととなるのは、部分的犯罪共同説を採用することで抽象的事実の錯誤の法定的符合説と議論が同様のものとなるからです。そのため、それ以外の学説を採用する場合には、2つの論点をそれぞれ検討することが必要となることに注意してください。

3　異なる構成要件間の共同正犯

　この問題は共同正犯の本質論ともいわれています。そしてこの共同正犯の本質について、行為を共同する点を本質と解する行為共同説と、犯罪を共同するところに本質を求める犯罪共同説が対立しています。

　行為共同説の立場は、共同正犯の成立について「拳銃を撃つ」とか「人を殴る」といった行為を共同して行った事実があれば足り、特定の犯罪を共同して行う必要はないため、共犯者間の意思に不一致があったとしてもその意思に応じてそれぞれに異なる犯罪の共同正犯が成立します。

　一方、犯罪共同説は、特定の犯罪を共同して実現することが共同正犯の成立には必要であると考えますので、各共犯者間には同一の罪名の共同正犯が成立することとなります。

　現在本論点において対立しているのは、これらを基にした①やわらかい行為共同説と、②やわらかい部分的犯罪共同説です。①②は、軽い罪の故意をもつ者について構成要件の重なり合う限度で軽い罪の共同正犯が成立するという点では一致しています。その差は、重い罪の故意をもつ者について、①では重い罪の共同正犯が成立し、②では軽い罪の共同正犯と、重い罪の単独正犯が成立するという点にあります。

　最決平成17年7月4日刑集59巻6号403頁〔百選Ⅰ6事件〕が、やわらかい部分的犯罪共同説を採用していることから、受験生としてはやわらかい部分的犯罪共同説を採れば十分でしょう。答案例は、一部実行全部責任の根拠について因果性説に立つことを前提として、このやわらかい部分的犯罪共同説を採用した規範を用いています。

4　あてはめ

　いかなる場合に構成要件間の重なり合いが認められるかについては、錯誤論における法定的符合説と同じ手法で判断されます。

　具体的には、まず基本犯とその加重類型、減軽類型という関係がある犯罪間では重なり合いが認められます。次に、一方の構成要件が他方の構成要件を包含する関係にある場合にも認められます。これらにあてはまらない構成要件の重なり合いについては、通説は、構成要件が保護法益と行為態様の点から類型化していることにかんがみ、この2点において共通性が認められるかどうかという点から判断します。

　本問は、強盗殺人罪と強盗罪という包含関係にある構成要件間の重なり合いの問題なので、特段の検討なしに構成要件間の重なり合いが認定できるでしょう。

② 結果的加重犯の共同正犯について

　結果的加重犯の共同正犯とは、2人以上の者が共同実行の意思のもとに基本となる犯罪の実行行為を共同した場合において、その一部の行為によって重い結果が発生した場合、共同者全員が重い結果について共同正犯とされることをいいます。

　この点につき、通説では、加重結果の発生について過失があることを、責任主義の観点から必要と解しているものが多いです。そのため、結果的加重犯の共同正犯を論じるにあたっては過失の共同正犯についても論じることが必要とされます。

　一方、判例（最判昭和22年11月5日刑集1巻1頁）の見解はこれと異なり、基本行為についての共謀が存在し、加重結果と基本行為との間に因果関係があれば、重い結果についても共同正犯を肯定しています。これは結果的加重犯が基本犯たる故意犯のなかに重い結果を生じさせる高度の危険性

を含んだ犯罪であるという特殊性を有することから、当該基本犯と重い結果の発生について因果関係が認められれば、共同正犯の成立も肯定するという考えです。

この因果関係の判断方法については、上記判例は条件関係があれば肯定するといった手法をとっています。しかし、近年の判例では、危険の現実化の枠組みを用いて判断するものが多いことから、危険の現実化の枠組みを因果関係の判断基準の論点において採用している場合には、結果的加重犯の共同正犯における基本犯と加重結果との間の因果関係についても、普段と変わらない因果関係の処理をしてよいこととなるでしょう。

結果的加重犯の共同正犯が問題となることは多く、そのたびに過失犯の共同正犯を論じるとすれば、答案の枚数も時間も足りなくなることが想定されます。受験生としては上記判例の立場に立ったほうが適切でしょう。答案例も上記判例の立場に立って検討しています。

③ 共犯からの離脱について

この論点については、第21問に解説があるので確認しておきましょう。

本問では、甲は乙とともに利用していた包丁を取り上げておらず、乙はこの包丁を利用してAを刺しているのですから、物理的因果性が残存しているといえます。

そのため、離脱は認められないでしょう。

④ 240条後段と殺意、強盗殺人罪の既遂時期について

これらの論点については、第28問に解説があるので確認しておきましょう。

⑤ おわりに

本問は共犯の錯誤に関する問題でしたが、この論点は単に論証を覚えるだけでは足りない複雑な問題です。受験生はまず前提の共謀の射程を論じることを忘れることが多いため、この点を忘れないよう注意してください。

次に、本題の抽象的事実の錯誤と共犯の成立範囲の問題が交錯する点に関する点ですが、多くの参考書や基本書は、学説的に考えが固まっていない両論点の関係性を明確に記述していません。しかし、この関係性は、学習を進めれば混乱することの多い点ですので、本書は学術書ではなく参考書であることからあえて方向性を提示しました。最高裁判例やさまざまな基本書を確認して作成していますので、本解説を参考にして答案を作成すれば問題はありません。

なお、本問は論点が多いことから、重要な論点以外は三段論法による論証をしていません。試験本番でも、大量の論点を時間内に処理し、かつ、答案用紙に収めるため、このように重要な点以外は事実認定にとどめるという手法をとることがあります。十分に法律の基本的知識がついてきたら、本問の答案例を参考に、答案用紙内に字数をおさめるテクニックも学んでみてください。

【参考文献】
試験対策講座・刑法総論18章４節②、19章２節②、21章２節②【1】(2)、４節②【3】。判例シリーズ37事件。条文シリーズ60条② 2(2)、１編11章５節②。

第19問 B　狭義の共犯

　　甲は、夫Xと2人で暮らしていたが、Xが不倫を繰り返すので腹を立てて親友の乙に相談したところ、Xを殺害するよう唆されたため、殺害を決意した。乙は、毒物を甲に渡してやろうと思い、丙に毒物の調達を依頼したが、丙は、乙自身が殺人行為に使用するものと思い込んだまま乙に青酸カリを渡した。乙から青酸カリを渡された甲は、ある日、Xが出張に出掛けている間に、Xが毎日好んで飲んでいる野菜ジュースに青酸カリを混入させて、冷蔵庫の中に置いておいた。ところが、甲は、夫の殺害という恐ろしい考えを抱いたことを後悔するようになり、Xが帰宅する前にジュースを処分した。
　　甲、乙および丙の罪責を論ぜよ。

【解答へのヒント】
1　甲の行為について、殺人未遂罪と殺人予備罪のいずれが成立するか、検討してみましょう。また、処罰阻却事由が存在しないかを考えてみましょう。
2　乙は他人予備の目的を有していますが、このような場合に予備罪が成立するかを考えてみましょう。
3　丙は乙の幇助行為を幇助していますが、この場合にも幇助犯の成立が認められるかを考えてみましょう。

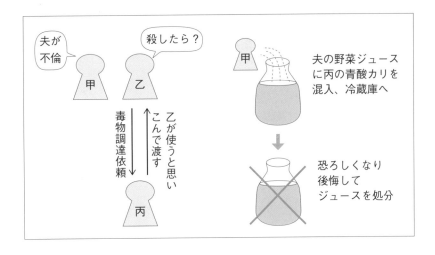

第1　甲の罪責について
　1　甲は、殺意をもって、Xが毎日好んで飲んでいる野菜ジュースに青酸カリを混入して、冷蔵庫の中に置いている。
　　　そこでまず、甲の上記行為は殺人罪（刑法199条、以下法名省略）の「実行に着手」（43条本文）したといえるか、実行の着手時期が問題となる。

　　➡問題提起
　　論実行の着手時期

　　（1）　この点、未遂犯の処罰根拠は、構成要件の実現あるいは結果発生の現実的危険の惹起に求められる。
　　　　そうだとすれば、実行の着手も、その現実的危険を惹起せしめることをいうと解すべきである。
　　　　そこで、実行の着手時期は、構成要件的結果の発生にいたる現実的危険性を含む行為の開始時点であると解する。

　　➡規範

　　（2）　これを本問についてみると、Xが毎日好んで飲んでいる野菜ジュースに青酸カリを混入しているとはいえ、Xは出張に出掛けているから、その野菜ジュースを口にする危険性はないといえる。そうだとすれば、甲の行為は、他人の生命を侵害する現実的危険性を含む行為の開始があったとはいえない。
　　　　したがって、甲の上記行為は殺人罪の「実行に着手」したとはいえない。

　　➡あてはめ

　　➡結論

　2　そうだとしても、上記行為は、殺人の実行を目的としてなされる準備行為であるから、殺人予備といえる。
　　　したがって、甲の行為に殺人予備罪（201条本文）が成立する。
　3　よって、甲の行為には殺人予備罪（201条本文）が成立し、甲はその罪責を負う。
第2　乙の罪責について
　1　まず、乙が甲にXを殺害するよう唆しているものの、甲は殺人予備にとどまっている。
　　　そこで、乙の行為に殺人予備罪の教唆犯（61条1項、201条本文）が成立するのか、予備罪の教唆犯の肯否が問題となる。

　　➡問題提起
　　論予備罪の教唆

　　（1）　この点、修正された構成要件としての予備に該当する行為も実行行為にほかならない。そうだとすれば、61条1項の「実行させた」の「実行」は、予備も含むと解すべきである。
　　　　そこで、予備罪の教唆犯は肯定されると解する。

　　➡規範

　　（2）　したがって、乙の行為に殺人予備罪の教唆犯が成立する。

　　➡結論

　2　次に、乙が青酸カリを入手し甲に渡した行為につき、殺人予備罪（201条本文）または殺人予備罪の幇助犯（62条1項、201条本文）の成否を検討する。
　　（1）　まず、乙の行為は、他人甲に殺人罪を実現させる目的

でなす準備行為であるから、他人予備行為である。

　　　そこで、「予備」（201条本文）には他人予備行為が含まれるのかが問題となる。

45

▶問題提起
論 他人予備は「予備」に含まれるか

　　ア　この点、「第199条の罪を犯す目的で」と規定されているから、「予備」は、みずから犯罪を実現する目的で準備行為をする場合にかぎられる。

　　　　そこで、「予備」には他人予備行為は含まれないと解する。

50

▶規範

　　イ　したがって、乙の行為は、殺人予備とはいえない。

▶結論

　⑵　そこで次に、乙の行為に殺人予備罪の幇助犯が成立しないか、予備罪の幇助犯の肯否が問題となる。

▶問題提起

55
論 予備罪の幇助

　　ア　この点、幇助犯における「正犯」（62条1項）も、教唆犯と同様に考え、予備罪の幇助犯は肯定されると解する。

▶規範

　　イ　したがって、乙の行為に殺人予備罪の幇助犯が成立する。

▶結論

60

　⑶　なお、上記2罪は同じ予備罪の実現に向けられているから、軽い後者は重い前者に吸収される。

　3　よって、乙の行為には殺人予備罪の教唆犯（61条1項、201条本文）のみが成立し、乙はその罪責を負う。

第3　丙の罪責について

65

　1　丙が乙に青酸カリを渡した行為につき、殺人予備罪の幇助犯（62条1項、201条本文）の成否を検討する。

　⑴　まず、丙の行為は、乙の幇助行為を幇助したといえる。

　　　そこで、このような間接幇助が認められるのか、間接教唆（61条2項）と異なり特別の規定がなく問題となる。

▶問題提起

70
論 間接幇助

　　ア　この点、幇助犯の処罰根拠は、正犯の実行行為を容易にすることにある。そうだとすれば、間接的に正犯の実行行為を容易にする間接幇助も幇助犯となると解すべきであり、理論的には連鎖的教唆の可罰性と異ならない。

　　　　そこで、間接幇助も認められると解する。

75

▶規範

▶結論

　　イ　したがって、丙の行為も幇助行為といえる。

論 幇助犯の錯誤

　⑵　なお、丙は乙自身が殺人に使用するものと思い込んでいるものの、乙への幇助と甲への幇助は構成要件的に符合するから、丙には幇助の故意が認められる。

80

　⑶　そして、丙の幇助行為によって、正犯者甲が殺人予備罪を実行したといえる。

　2　よって、丙の行為には殺人予備罪の幇助犯（62条1項、201条本文）が成立し、丙はその罪責を負う。

　　　　　　　　　　　　　　　　　　　　　以上

85

予備罪に関する問題は、新司法試験において出題がされておらず、今後出題が予想される。また、論点も多く、受験生が書きにくさを感じる分野であると思われる。そこで、実行の着手時期を考えるとともに、予備についての基本的な論点について確認してもらうため本問を出題した。

論点

1 実行の着手時期
2 予備罪の教唆
3 他人予備は「予備」に含まれるか
4 予備罪の幇助
5 間接幇助
6 幇助犯の錯誤

答案作成上の注意点

① 甲の罪責について

1 実行の着手時期

甲が野菜ジュースに毒薬を混入させ、冷蔵庫の中に入れた行為について、殺人罪の「実行に着手」（43条本文）があれば殺人未遂罪を、「実行に着手」がなければ殺人予備罪を検討することになるため、「実行に着手」が認められるかが問題となります。

実行の着手時期については、未遂犯の処罰根拠を構成要件的結果発生の現実的危険に求め、犯罪構成要件の実現にいたる現実的危険性を含む行為を開始した時点に実行の着手を認めるべきとする説（実質的客観説のなかの実質的行為説）が有力です（第11問参照）。

本問では、この説によれば冷蔵庫の中にジュースを入れた段階では現実的危険性が発生しているとはいえないため、「実行に着手」は認められません。

したがって、甲の行為については、殺人予備罪の成立を検討することになります。

2 予備罪の中止犯の成立について

甲は、夫の殺害という恐ろしい考えを抱いたことを後悔するようになり、Xが帰宅する前にジュースを処分していることから、中止犯が成立しないか検討することになります。

この点、結果が発生した場合には中止犯の成立は観念できないところ（第13問参照）、予備罪は挙動犯（結果の発生を必要とせず行為者の一定の身体的動静のみが構成要件の内容となっている犯罪）であり、予備行為をした時点で犯罪は完成することから、予備罪に中止犯の成立を観念することはできず、中止犯は成立しないとするのが判例（最大判昭和29年1月20日刑集8巻1号41頁〔百選Ⅰ72事件〕）の立場です。この立場に立てば、甲の行為に中止犯は成立しません。

② 乙の罪責について

1 乙が甲にXを殺害するよう唆した行為

乙は甲に対してXを殺害するよう唆していますが、甲は殺人予備にとどまっています。このような場合に、殺人予備罪の教唆犯が成立するでしょうか。

まず、この検討の前提として、そもそも狭義の共犯が成立するために、正犯行為（実行行為）が必要かどうかという問題があります。

この点、正犯者が実行の着手にいたらない段階で共犯者を処罰することは、早すぎる過剰な処罰であり、刑法の謙抑性の理念に反します。また、61条1項の「人を教唆して犯罪を実行させた」、62条1項の「正犯を幇助した」という文言からは、共犯の成立に正犯行為（実行行為）が

必要と解することが自然です。したがって、狭義の共犯が成立するためには正犯行為（実行行為）が必要と解する共犯従属性説が判例・通説となっています。

この共犯従属性説に立つと、予備行為が正犯行為（実行行為）にあたれば、予備罪の教唆犯が成立しうることになります。

この点、通説は、予備行為にも修正された構成要件としての実行行為性を認め、予備罪に対する教唆・幇助の成立を肯定しています。

通説の見解に立てば、本問でも乙の行為に殺人予備罪の教唆犯が成立します。

2　乙が青酸カリを甲に渡した行為

上記行為につき、殺人予備罪（201条本文）または殺人予備罪の幇助犯（62条1項、201条本文）の成否が問題となります。

殺人予備罪の成否について、乙の行為は、他人に犯罪を実現させる目的の他人予備です。そこで、予備罪における「予備」とは、行為者がみずから犯罪を実現する目的の自己予備のみならず、他人予備をも含むのかどうかという点が問題となります。

この点、殺人予備罪の場合、「第199条の罪を犯す目的で」と規定されていることから、みずから犯罪を実現する目的で準備をする行為をする場合にかぎられると解するのが自然です。したがって、「予備」には他人予備は含まれないと解されます。

本問でも、乙には殺人罪の予備罪は成立しません。

もっとも、乙の行為に殺人予備罪の幇助犯が成立する可能性があります。この点については、上述のとおり、予備行為にも修正された構成要件該当性としての実行行為性を観念することができるため、殺人予備罪の幇助犯の成立については、肯定的に解すべきです。

したがって、乙の行為には殺人予備罪の幇助犯が成立することになります。

③　丙の罪責について

丙が乙に青酸カリを渡した行為は、乙の幇助行為を幇助したものといえます。そこで、このような間接幇助も認められるでしょうか。間接教唆については明文（61条2項）がありますが、間接幇助については明文が存在しないため問題となります。

この点、幇助犯の処罰根拠は、正犯の実行行為を容易にすることにあります。そうだとすれば、そのような関係が認められるかぎり、間接的に正犯の実行を容易にする場合にも従犯として処罰しうると考え、間接幇助も認められるとするのが判例（大判大正14年2月20日刑集4巻73頁）・通説です。

次に、丙は乙自身が殺人行為に使用するものと思い込んで青酸カリを渡していることから、幇助犯の故意が阻却されないかが問題となりえます。

この点、判例の採用する法定的符合説によれば、構成要件の範囲内で符合すれば故意が認められることになります（第4問参照）。

本問では、甲に対する幇助と乙に対する幇助という「幇助」の対象となる具体的な人が異なるにすぎず、「幇助」という構成要件の範囲では符合しているということができます。したがって、丙に幇助犯の故意が認められることになります。

【参考文献】

試験対策講座・刑法総論17章1節③【1】(1)、2節④、19章2節⑦【2】(1)、20章2節④、3節⑦。判例シリーズ26事件。条文シリーズ1編8章1節①3(1)、2節①2、60条②2(8)、62条②3。

第20問 A　承継的共同正犯と同時傷害の特例

　AおよびB（以下「Aら」という）は、普段より因縁のあるVがお金を返さないことから、痛い目に合わせるためVに対して暴行を加えることを共謀したうえ、令和4年8月1日午後10時頃、Vを近所の公園（以下「本件公園」という）に呼びだし、Vに対し、カッターナイフで右側頭部および左頬部を切りつけ、多数回にわたり、顔面、腹部等を拳で殴り、足で蹴るなどの暴行を加えた（以下「第1暴行」という）。

　甲は、Aらによる暴行開始の約5分後、たまたま公園を散歩中に暴行現場に遭遇した。甲は、VがAらから激しい暴行を受けて血まみれになっている状況を目にして、普段からVのことをよく思っていなかったことから、Vを痛めつけるためにAらに加勢しようと考え、持っていたカッターナイフを取り出し、その刃先をVの顔面に向けた。このとき、甲とAらは、互いに相手を見つめて頷き合った。なお、Aらは、甲はVを殺すつもりはないと認識していた。

　その後、甲およびAは、Vに対して、こもごも、背部、腹部等を複数回蹴ったり踏みつけたりするなどの暴行を加えた。また、Aらは、Vに対し、顔面を拳で殴り、灰皿等で頭部を殴りつけ、はさみで右手小指を切りつけるなどの暴行を加え、Aが、千枚通しでVの左大腿部を複数回刺した（以下「第2暴行」という）。

　甲が共謀加担した前後にわたる一連の前記暴行の結果、Vは、全治まで約1か月間を要する右第六肋骨骨折、全治まで約2週間を要する右側頭部切創、左頬部切創、左大腿部刺創、右小指切創、上口唇切創の傷害を負った。これらの傷害のうち、右側頭部切創および左頬部切創については、共謀成立前の第1暴行により、左大腿部刺創および右小指切創については、共謀成立後の第2暴行により生じたものである。もっとも、右第六肋骨骨折および上口唇切創については、いずれの段階の暴行により生じたのか不明である。なお、甲が加えた暴行は、右第六肋骨骨折の傷害を生じさせうる危険性があったと認められるが、上口唇切創の傷害を生じさせうる危険性があったとは認められない。

　上記の事実関係を前提に、甲の罪責を論じなさい。なお、特別法違反については除く。

【解答へのヒント】
1　甲が共謀に参加したのは、第1暴行終了後です。この場合でも甲は第1暴行について罪責が及ぶかを検討しましょう。
2　被害者に発生した傷害結果が共謀前後のどちらの暴行から生じない場合にも、207条を適用できるかを検討しましょう。

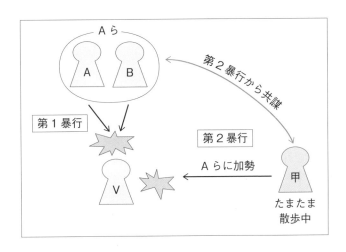

第1 右側頭部切創および左頬部切創について

1 右側頭部切創および左頬部切創は、生理的機能を障害するものであるから、「傷害」（刑法204条。以下法名省略）にあたる。

　もっとも、甲の共謀加担前に行われた、Aらの第1暴行により生じているところ、甲の行為にこの傷害についての傷害罪の共同正犯（60条、204条）が成立するか。甲に承継的共同正犯が認められることで、この傷害について帰責されないかが問題となる。

➡️問題提起
論 承継的共同正犯の成否

(1) この点、60条が「すべて正犯とする」として一部実行全部責任を定めるのは、他の共犯者によって引き起こされた法益侵害と因果性を有することにある。

　そこで、共謀前の他の共犯者による行為の効果を利用することで、結果について因果性を有する場合には、共同正犯となると解する。

➡️規範

(2) これを本問についてみると、右側頭部切創および左頬部切創は、甲がAらの共謀に加担する以前の、第1暴行により生じている以上、甲は、この傷害結果に因果性を有しえないため、共同正犯とはならない。

➡️あてはめ

2 したがって、この傷害について、甲には承継的共同正犯は成立しないため、甲の行為に傷害罪の共同正犯（60条、204条）は成立しない。

➡️結論

第2 左大腿部刺創および右小指切創について

1 甲とAらが行った第2暴行により生じた左大腿部刺創および右小指切創について、傷害罪の共同正犯が成立しないか。

(1) 実行共同正犯が認められるためには、①共同実行の意思と②共同実行の事実が必要と解する。

➡️規範

ア これを本問についてみると、甲は、本件公園において、AらがVに対して暴行を行っていることを目撃した。そのうえで、Vを痛めつけるためにAらに加勢しようと考え、持っていたカッターナイフを取りだし、その刃先をVの顔面に向けている。そして、Aらはそのような、甲の行動を見たうえで、甲と頷き合っていることおよび甲にはVを殺すつもりはないことを認識していることから、この時点でVに対して暴行を行う旨の暗黙の共同実行の意思を形成した。

➡️あてはめ

イ そして、上記の共同実行の意思に基づき、甲とAらは第2暴行を行っており共同実行の事実も認められる。

➡️あてはめ

ウ そうすると、甲には、Vに対する第2暴行について実行共同正犯が認められる。

➡️結論

(2) 第2暴行により、左大腿部刺創および右小指切創という生理的機能への障害を与えており、「傷害」にあたる。

2 したがって、甲には第2暴行により生じたこの傷害につ

いて、Aらと傷害罪の共同正犯が成立する。　　　　　45

第3　右第六肋骨骨折および上口唇切創について

1　右第六肋骨骨折および上口唇切創は、生理的機能を障害
するものであり、「傷害」にあたる。甲の行為には、この
傷害について、Aらとの傷害罪の共同正犯が成立しないか。

(1)　上記の傷害は第1暴行と第2暴行のいずれによって生　50
じているか不明ではあるが、Aらは第1暴行および第2
暴行について帰責される以上、傷害罪が成立する。一方、
前述のとおり、第1暴行については、承継的共同正犯が
成立しない以上、上記傷害が第1暴行で生じている場合
には、甲はこの傷害について責任を負わない。他方、上　55
記傷害が第2暴行について生じたとして甲に帰責するこ
とは、「疑わしきは被告人の利益に」の原則に反し認め
られない。

(2)　しかし、同時傷害の特例（207条）により、甲にもこ　60
の傷害結果を帰責できないか。承継的共同正犯の事案に
おいても、同時傷害の特例が適用されるか問題となる。

➡問題提起

論 共犯関係が存在する場合に
おける同時傷害の特例の適
用の可否

ア　207条は、暴行と傷害との間の因果関係について挙
証責任を転換し共犯関係を擬制するものである。また、
共謀がある場合に同条の適用が否定される一方、共謀
がない事案には同条が適用されるとすると均衡を欠く。　65
そこで、承継的共同正犯にも適用されると解する。
また、同条が適用されるためには、①各暴行が同一
機会に行われたことおよび②各暴行が当該傷害を生じ
させる危険性を有していることが必要と解する。

➡規範

イ　これを本問についてみると、甲が共謀に加担する前　70
後において行われた、Aらの第1暴行と甲も含んだ第
2暴行は、本件公園という同じ場所で行われており、
かつ、約5分間という短い間隔で行われている。その
ため、第1暴行および第2暴行は、同一の機会に行わ
れているといえる（①）。そして、甲が加えた暴行に　75
は、右第六肋骨骨折を生じさせる危険性がある一方、
上口唇切創を生じさせる危険性はなかった（②）。
したがって、甲は207条により、右第六肋骨骨折の
責任を負うのに対して、上口唇切創の責任を負わない。

➡あてはめ

2　そのため、甲の行為には右第六肋骨骨折について、Aら　80
と傷害罪の共同正犯が成立する。

➡結論

第4　罪数

以上より、甲には、左大腿部刺創および右小指切創につい
てAらと傷害罪の共同正犯（60条、204条）、右第六肋骨骨折
についてAらと傷害罪の共同正犯（207条、60条、204条）が　85
成立し、どちらも同一機会における、Vの身体という同一保
護法益に向けられた侵害であるから、包括一罪となり、甲は
その罪責を負う。　　　　　　　　　　　　　　　　　　以上

本問は、最決令和２年９月30日刑集74巻６号669頁（令和２年重判・刑法４事件）を題材とした問題である。承継的共同正犯の事案においても207条の適用があるかどうかについては、学説上、対立がある論点であり、この機会に理解をしてもらいたい。

論点

1　承継的共同正犯の成否
2　共犯関係が存在する場合における同時傷害の特例の適用の可否

答案作成上の注意点

1　承継的共同正犯について

1　承継的共同正犯の意義

　　承継的共同正犯とは、ある者（先行者）が特定の犯罪の実行に着手し、まだ実行行為を全部終了しない間に、他の者（後行者）がその事情を知りながらこれに関与し、先行者と意思を通じて残りの実行行為をみずから単独で、または先行者と共に犯罪を完遂することをいいます。

2　承継的共同正犯の成否

　　承継的共同正犯については、学説上肯否の判断が分かれています。

　　承継的共同正犯を認める学説について大きく分けて、①後行者は加担前の先行者の行為すべてについて正犯の罪責を負うとする説（全面肯定説）、②加担前の先行者の行為または結果が、加担後においてもなお継続している場合にかぎり、後行者は加担前の先行者の行為について正犯としての罪責を負うとする説（限定肯定説）、③後行者は加担前の先行者の行為すべてについて正犯の罪責を負わないとする説（全面否定説）の３つに分かれています。

　　①説については、事後的な利用意思でもって自己が左右しえない結果について責任を負うのは妥当ではないとの批判が、③説については、共同正犯とは、そもそも自己の行為と直接の因果関係に立たない行為についても責任を認めるものであるはずであるという批判がされています。

　　また、②説においては、利用補充関係がある場合に承継的共同正犯の成立を認める利用補充関係説と、先行行為者の行為が後行者の関与後にもなお結果をもち続けている場合に承継的共同正犯の成立を認める因果説の２つに分かれます。

　　前者は、承継的共同正犯が成立するためには、共同実行の事実の存在が必要であるところ、共同実行の事実が認められるためには先行者と後行者とが相互に実行行為を利用補充し合うという関係があることを要するとされています。そして、後行者が先行者の実行行為を利用補充し合うといえるのは、後行者が、先行者の実行行為および結果を、自己の犯罪遂行の手段として利用する意思のもとに利用した場合にかぎられるとされています。

　　後者は、一部実行全部責任の根拠が、共同正犯者相互が心理的・物理的に影響し合って結果に対して因果性を及ぼすところ、通常、後行者の行為は関与前の行為に対して因果性を有することはないため、後行者は関与後の行為及び結果についてしか責任を負わないことが原則になります。しかし、先行者の行為が後行者の関与後にもなお効果を持ち続けている場合には違法結果を左右しうるという意味で因果的影響力を及ぼしているため、承継的共同正犯は成立します。

　　答案においては、どのような説で論じても問題はありませんが、本問では、最決平成24年11月６日刑集66巻11号1281頁（百選Ⅰ81事件）もふまえて、因果説を前提に答案例を作成しています。

3　関連判例

　　承継的共同正犯についての重要な判例として、①前掲最決平成24年と②最決平成29年12月11日刑集71巻10号535頁（百選Ⅰ82事件）があります。

(1) 最決平成24年11月6日

　　甲が、Aらが共謀してVらを暴行し傷害を負わせた後、その共謀に加担したうえで、Vらに強度の暴行を加えたところ、少なくとも、甲が共謀に加担した後の暴行により、Aらの傷害がより重篤化したという事案において、甲は共謀加担前にAらがVらに生じさせていた傷害結果について責任を負うかどうかが問題となりました。

　　最高裁は、「被告人は、共謀加担前にAらが既に生じさせていた傷害結果については、被告人の共謀及びそれに基づく行為がこれと因果関係を有することはないから、傷害罪の共同正犯としての責任を負うことはなく、共謀加担後の傷害を引き起こすに足りる暴行によってVらの傷害の発生に寄与したことについてのみ、傷害罪の共同正犯としての責任を負うと解するのが相当である」と判示しました。この判示について、千葉勝美裁判官の補足意見で、「承継的共同正犯において後行者が共同正犯としての責任を負うかどうかについては、強盗、恐喝、詐欺等の罪責を負わせる場合には、共謀加担前の先行者の行為の効果を利用することによって犯罪の結果について因果関係を持ち、犯罪が成立する場合があり得るので、承継的共同正犯の成立を認め得るであろうが、少なくとも傷害罪については、このような因果関係は認め難い」と述べています。

(2) 最決平成29年12月11日

　　Aが、Vに対して振り込め詐欺の電話を行ったところ、Vは、振り込め詐欺であることを見破り、警察と協力したうえで犯人をおびきだすという、だまされたふり作戦を行うことになりました。甲は、Aより依頼され、Vから荷物を受領しました。この事案において、甲は、欺罔行為自体には関与していないが、受領行為を行ったことから詐欺未遂罪の罪責を負わないかが問題となります。

　　最高裁は、「甲は、本件詐欺につき、共犯者による本件欺罔行為がされた後、だまされたふり作戦が開始されたことを認識せずに、共犯者らと共謀の上、本件詐欺を完遂する上で本件欺罔行為と一体のものとして予定されていた本件受領行為に関与している。そうすると、だまされたふり作戦の開始いかんにかかわらず、甲は、その加功前の本件欺罔行為の点も含めた本件詐欺につき、詐欺未遂罪の共同正犯としての責任を負う」と判示しました。

② 同時傷害の特例について

1　同時傷害の特例の意義

　　同時傷害の特例は、「2人以上で暴行を加えて人を傷害した場合において、それぞれの暴行による傷害の軽重を知ることができず、又はその傷害を生じさせた者を知ることができないときは、共同して実行した者でなくても、共犯の例による。」というもので、207条に規定されています。

　　同時傷害の特例の趣旨は次のとおりです。2人以上の者が他人に対して暴行を加え傷害を負わせた場合には、各人が共同正犯でないかぎり、自分の惹起した結果についてしか責任を負わないため、行為と結果との間の因果関係を立証できない場合には、各人は暴行罪の罪責にとどまってしまいます。もっとも、同時犯としての暴行では発生した傷害の原因となった暴行を特定するのが困難な場合が多いことから、因果関係の立証責任を被告人側に転換させ、傷害を犯した者を不当に軽く処罰しないこととしました。つまり、因果関係があるものと推定し、意思の連絡がない者同士でも共同正犯として処罰できるようにした点が同特例の趣旨です。

2　同時傷害の特例の要件

　　同時傷害の特例が適用されるための要件は、①2人以上の者が、意思の連絡なくして同一人に対して故意に基づいて当該傷害が発生する危険性を有する暴行を加えた事実の存在、②暴行行為が同一機会に行われたこと、③傷害の原因となる暴行が特定できないことと解釈されています。

　　判例も「同条〔207条〕適用の前提として、検察官は、各暴行が当該傷害を生じさせ得る危険性を有するものであること及び各暴行が外形的には共同実行に等しいと評価できるような状況において行われたこと、すなわち、同一の機会に行われたものであることの証明を要する」（最決平成28年3月24日刑集70巻3号1頁〔百選Ⅱ6事件〕）としています。

3　承継的共同正犯の事案において同時傷害の特例の適用の可否

　　ある者の暴行後、別の者が途中から意思の連絡のもと、共同で暴行を加えたところ、後行者の関与前の先行者の暴行か、関与後の暴行から生じたのか不明な傷害が発生した場合、先行者については行為全体について責任を帰責できる一方、後行者はいかなる責任を負うのかが問題となります。この場合において、前述のように否定説および因果説に立ち、承継的共同正犯の適用を否定したときには、「疑わしきは被告人の利益のため」という原則により、後行者はかかる傷害については責任を負わないことになります。そこで、207条を適用することにより、後行者に傷害結果を帰責できないかということが問題となります。

　　学説上これを認めるかどうかについては争いがあります。肯定説は、207条は共犯類似の現象に対処するための規定である以上、共犯関係があるときは当然に適用を認めてよいとしています。一方、否定説は、207条はだれも傷害結果について責任を負わなくなる場合についての例外規定であるのに対し、承継的共同正犯の場合、少なくとも先行行為者は傷害の結果を負うので不都合はないこと、また、207条の例外規定性を考慮すれば、その適用範囲の拡張は慎重であるべきとの理由から、承継的共同正犯も問題となる事案の場合には、適用はされないとしています。

　　前掲最決令和2年は、「刑法207条適用の前提……が証明された場合、更に途中から行為者間に共謀が成立していた事実が認められるからといって、同条が適用できなくなるとする理由はなく、むしろ同条を適用しないとすれば、不合理であって、共謀関係が認められないときとの均衡も失するというべきである。したがって、他の者が先行して被害者に暴行を加え、これと同一の機会に、後行者が途中から共謀加担したが、被害者の負った傷害が共謀成立後の暴行により生じたものとまでは認められない場合であっても、その傷害を生じさせた者を知ることができないときは、同条の適用により後行者は当該傷害についての責任を免れないと解する」としています。つまり、判例は承継的共同正犯の事案においても、同時傷害の特例が適用できるとしています。

③　あてはめ

1　右側頭部切創および左頬部切創について

　　これらの傷害は、Aらによる第1暴行により生じています。そのため、甲にとっては関与前に結果が生じている傷害といえることから、承継的共同正犯により帰責されないかが問題となります。この点、承継的共同正犯の法的性格から論じていく必要があります。

2　左大腿部刺創および右小指切創について

　　この傷害は、甲とAらによる第2暴行により生じており、この第2暴行は甲とAらによる共謀に基づく実行行為にあたるため、甲に帰責されることになります。

3　右第六肋骨骨折および上口唇切創について

　　これらの傷害は、第1暴行と第2暴行のいずれかによって生じたかが不明なものとなります。そのため、承継的共同正犯を肯定し、第1暴行についても甲が責任を負うとした場合を除いては、甲は「疑わしきは被告人の利益に」の原則により、これらの傷害についての責任は負わないことになるとも思えます。

　　もっとも、207条の適用により、これらの傷害について責任を負うのではないかが問題となります。適用を肯定する場合には、甲の第2暴行に、右第六肋骨骨折の傷害を生じさせうる危険性がある一方、上口唇切創の傷害を生じさせうる危険性がないことに注意をする必要があります。

【参考文献】
試験対策講座・刑法総論19章2節④。試験対策講座・刑法各論1章3節⑤。条文シリーズ60条②2⑷、207条。

第21問 A　共犯からの離脱

　　甲が乙と丙にY殺害をもち掛けたところ、乙と丙がこれに同意したため、3人でY殺害を共謀することとなった。3人の計画では、丙が3人分の凶器を用意して、各々が凶器を持ってYの通り道を待ち伏せし、全員でYの殺害を実行する予定であった。犯行予定の当日、丙は凶器を甲と乙に渡し、3人は凶器を持ってYを待ち伏せしていた。しかし、その途中でおじけづいた甲は、乙、丙に対して「俺はやっぱりやめたい。」と言い、乙、丙から「そんな奴は足手まといだから帰れ。」と言われたため、立ち去った。その後、Yが現れたので、乙は、持っていた包丁でYを刺殺しようとした。これに対して、丙は、急にYがかわいそうになり、乙に対して「やっぱり殺すのはやめようぜ。」と言って、乙の包丁を取り上げようとした。しかし、丙は、乙に右腕を切りつけられ、傷害を負ってひるんでしまい、Yに向けて包丁を振り上げていた乙を止めることをやめた。そして乙は、そのすきにYを刺殺した。

　　甲、乙および丙の罪責を論ぜよ。

【解答へのヒント】

　本問では、甲と丙は途中で犯行をやめようとしています。これは甲、丙の罪責にいかなる影響を与えるでしょうか。問題文の事情を使って検討していきましょう。

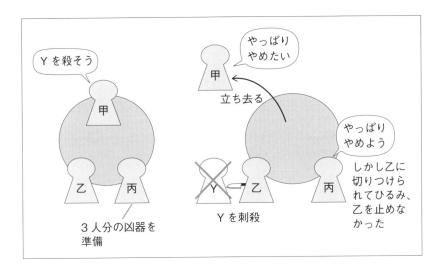

第1 乙の罪責について

1 まず、乙は丙の右腕を切りつけ、「傷害」を負わせているので、当該行為に傷害罪（刑法204条。以下法名省略）が成立する。

2 そして、乙はYを刺殺しているので、当該行為には殺人罪（199条）が成立する。 5

3 以上より、乙の行為には傷害罪（204条）、殺人罪（199条）が成立し、両罪は併合罪（45条前段）となり、乙はその罪責を負う。

第2 甲の罪責について 10

1 甲は乙および丙と、Yの殺害を共謀しており、乙の上記行為はその共謀に基づいて実行されているから、甲には殺人罪の共同正犯（60条、199条）が成立するようにも思える。

➡問題提起
論 共同正犯からの離脱

しかし、甲は、乙がYを刺殺しようとするより前に現場から立ち去っている。そこで、甲に共犯関係からの離脱が 15 認められないかが問題となる。

(1) 60条が一部実行全部責任を定める根拠は、他の共犯者によって引き起こされた法益侵害と因果性を有することにある。

そこで、他の共犯者による法益侵害との因果性が解消 20 されている場合には、共犯関係からの離脱が認められると解する。

➡規範

(2) これを本問についてあてはめる。

ア 甲は、乙、丙に対して「俺はやっぱりやめたい」と言って離脱の意思を表明したところ、乙、丙は「そん 25 な奴は足手まといだから帰れ。」と言っているので、乙、丙は甲の離脱の意思を認識しこれを了承している。そのうえで、乙は犯行を行っているので、甲の与える心理的影響は弱まっている。

➡あてはめ

また、甲が離脱の意思を表明した時、実行に着手し 30 ていないので因果の流れが進行していたとはいえない。

さらに、乙と丙は凶器を持っており、全員で実行する予定であったので甲なしでも犯行は可能であった。そのため、甲の存在はそれほど強い影響力を与えていないとも考えられる。 35

イ しかし、犯行をもち掛けたのは甲なので、首謀者的地位があったといえ、甲が犯行に与えた心理的因果性はかなり強い。

また、実行に着手していないとはいえ、Yを待ち伏せしており、結果発生の危険がまったく生じていない 40 とはいえない。それにもかかわらず、甲は犯行を防止する措置をとらずにその場から立ち去っている。

ウ したがって、他の共犯者による法益侵害との因果性が解消されているとはいえず、離脱が認められない。

　　　　　そうすると、立ち去った後に生じた結果についても　45
　　　　甲に帰責されるから、乙の上記行為も帰責される。
　　2　よって、甲の行為には殺人罪の共同正犯（60条、199 　　条）が成立し、甲はその罪責を負う。　　　　　　　　　　　➡結論
　第3　丙の罪責について
　　1　甲と同様丙にも、殺人罪の共同正犯（60条、199条）が　50
　　　成立しそうである。
　　　　　ところが、丙は、乙に対して「やっぱり殺すのはやめよ
　　　うぜ。」と言って、乙がYを刺殺しようとした包丁を取り
　　　上げようとしている。
　　2　そこで、丙に共犯関係からの離脱が認められないか。　　55　➡問題提起
　　　　　　　　　　　　　　　　　　　　　　　　　　　　　　　　論共同正犯からの離脱
　　(1)　前述のように、他の共犯者による法益侵害との因果性
　　　　が解消されている場合には、共犯関係からの離脱が認め
　　　　られると解する。
　　(2)　これを本問についてあてはめる。
　　　　ア　本問では、乙がYを殺害しようとしたとき、丙が乙　60　➡あてはめ
　　　　　に対して「やっぱり殺すのはやめようぜ」と言ってい
　　　　　るから、離脱の意思を表明し、乙は丙を切りつけ傷害
　　　　　を負わせているので、乙は丙がいなくても犯行を継続
　　　　　する意思があったといえ、心理的因果性は弱いといえ
　　　　　る。　　　　　　　　　　　　　　　　　　　　　　　65
　　　　　　また、乙の包丁を取り上げようとしており、一定の
　　　　　防止行為を行っている。
　　　　イ　しかし、3人分の凶器を準備したのは丙であり、乙
　　　　　はこの凶器を用いているから、物理的因果性が強く残
　　　　　存しているといえる。　　　　　　　　　　　　　　　70
　　　　　　また、丙が離脱を表明する前にすでに乙は実行に着
　　　　　手しており、すでに因果の流れは進行している。その
　　　　　ため、丙の因果性が否定されるには、包丁を取り上げ
　　　　　ようとするのみならず、乙を抑え込んだり、Yを逃が
　　　　　したりといった、より実効性のある防止措置をとらな　75
　　　　　ければならなかった。それにもかかわらず、丙の防止
　　　　　措置は包丁を取り上げようとするにとどまり、乙はY
　　　　　に向けて包丁を振り上げることをやめておらず、犯行
　　　　　を防止できていない。
　　　　　　さらに、丙が乙に腕を切りつけられてからは積極的　80
　　　　　に防止行為を行っていないことからも、包丁を取り上
　　　　　げようとした時点で丙の防止行為が十分に積極的でな
　　　　　かったことが推認される。
　　　　ウ　そうすると、乙による法益侵害の因果性が消滅した　　　➡結論
　　　　　とまではいえないので、丙についても離脱が認められ　85
　　　　　ず、乙の行為が帰責される。
　　3　よって、丙の行為には殺人罪の共同正犯（60条、199
　　　条）が成立し、丙はその罪責を負う。　　　　　　　　以上

出題趣旨

　本問は、共犯からの離脱をテーマにした問題である。最近では司法試験2016（平成28）年、予備試験2012（平成24）年で出題されており、重要論点である。

論点

共同正犯からの離脱

答案作成上の注意点

① 乙の罪責について

　まず、乙は丙の右腕を切り付け「傷害」を負わせているので、当該行為に傷害罪（204条）が成立します。次に、乙はYを刺殺しているので、当該行為に殺人罪（199条）が成立します。そして、両罪は、併合罪（45条前段）となり、乙はその罪責を負うことになります。

② 甲の罪責について

　本問は共犯からの離脱が大きな論点となりますが、論点に飛びつくのではなく、検討の前提として共謀の成立を端的に認定しましょう。本問では、甲は、乙、丙とY殺害を共謀したことが問題文に記載されているので、共謀は認められます。そのため、殺人罪の共同正犯（60条、199条）が成立しそうです。しかし、甲は、乙がYを刺殺しようとするより前に現場から立ち去っています。そこで、甲に共犯からの離脱が認められるかが問題となります。共犯からの離脱とは、共犯関係にある者の一部が犯罪の完成にいたるまでの間に犯意を放棄し、それ以降に生じた結果については、帰責しないことをいいます。

　なお、乙には丙に対する傷害罪が成立していますが、これは共謀の範囲外の行為であるため、甲には帰責されません。

1　規範

　共犯において一部実行全部責任が認められる根拠は、他の共犯者によって引き起こされた法益侵害と因果性を有することにあります（因果性説）。したがって、他の共犯者による法益侵害との因果性が解消されたといえれば離脱が認められます。いかなる場合に因果性が解消されたといえるかについて、かつては離脱の時期が実行の着手前か後かを分けて論じる見解がありました。

　この見解では、実行の着手前は①離脱者が他の共謀者に対して共犯から離脱する意思を表明し、②残余の共謀者がそれを了承したことが認められれば、離脱が成立し、中止犯となるとされていました。ただし、この場合でも、首謀者的立場にある者など強い影響力をもつ者は、因果性が強いので、その影響力を除去するような積極的な行為が必要と考えられていました。そして、実行の着手後の場合は、先ほどの①、②に加え、③積極的な結果防止行為によって残余者の実行行為を阻止して、当初の共謀に基づく実行行為が行われないようにしたときに、離脱が認められるとされていました。

　これに対して、近年では、実行の着手の前か後かは、他の共犯者による法益侵害との因果性が解消されたとの判断をする一要素にすぎず、分けて論じない考えが有力です。

　答案例でも、実行の着手の前後で判断方法を変えることなく、一貫して他の共犯者による法益侵害との因果性が解消されたといえるかという点で離脱の成否を判断する規範を用いました。この場合には、心理的・物理的因果性の両面から検討しましょう。離脱の意思の表明や残存者の承諾の有無、離脱者の立場（首謀者か否か等）、役割等の犯罪に対する影響力や、どれだけ因果の流れが進行していたか（着手前か後か等）、積極的に結果発生の防止行為をしたか、どのような防止行為をしたか等を考慮要素として検討しましょう。

判例は、被告人が、共犯者数名と住居に侵入して強盗に及ぶことを共謀したところ、共犯者の一部が住居に侵入した後に、見張り役の被告人が他の共犯者に電話で「犯行をやめた方がよい、先に帰る」などと一方的に伝えて犯行場所を立ち去った後、残されたほかの共犯者が強盗を実行し、その結果被害者に致傷の結果を追わせたという事案において、一般的な要件は示さず、「被告人は……共犯者に……伝えただけで、被告人において格別それ以後の犯行を防止する措置を講ずることなく待機していた場所から……離脱したにすぎず、残された共犯者らがそのまま強盗に及んだものと認められる。そうすると、……離脱したのは強盗行為に着手する前であり、たとえ被告人も……上記電話内容を認識した上で離脱し、残された共犯者らが被告人の離脱をその後知るに至ったという事情があったとしても、……共謀関係が解消したということはできず、その後の共犯者らの強盗も当初の共謀に基づいて行われたものと認めるのが相当である」と述べています（最決平成21年6月30日刑集63巻5号475頁〔百選Ⅰ97事件〕）。これは、強盗について実行の着手前であっても、住居侵入がなされた時点で強盗にいたる危険性が十分認められることから、共犯関係の解消のために、格別の防止措置を求めたものといえます。

2　離脱の効果

　離脱後の行為によって結果が発生しても、その結果は離脱者には帰責されません。

　また、着手前の離脱で、予備罪の処罰規定がある場合には、離脱者に①予備の共犯、②中止犯が成立するかが問題となります。着手後の離脱で、未遂犯処罰規定がある場合には、離脱者は①未遂の罪責にとどまり、②中止犯の成立が問題となります。

3　あてはめ

　甲が、乙、丙に対して「俺はやっぱりやめたい」と言って離脱の意思を表明したこと、乙、丙は「そんな奴は足手まといだから帰れ。」と言ったことから、乙、丙は、甲の離脱の意思を認識しこれを了承しているといえます。そのうえで乙が犯行を行っていることも、甲の与える心理的影響が弱まっていることを認める事情といえるでしょう。また、甲が離脱の意思を表明した時には、実行に着手していないので因果の流れが進行していたとはいえず、さらに、乙と丙は凶器を持っており、全員で実行する予定であったので、甲がいなくても犯行は可能でした。これも甲の影響力を弱める事情といえます。

　他方で、Yをすでに待ち伏せしているので結果発生の危険が生じているとも考えられます。

　本問で重要な事実は、甲が犯行をもち掛けたことです。この事実から甲を首謀者と捉え、甲がいなければ犯罪は実行されておらず、甲の影響力を強いと評価することが可能です。この場合、甲は犯行防止措置をとらなければ、因果性が解消したというのは難しいでしょう。しかし、甲は犯行を防止する措置をとらずにその場から立ち去っているので、他の共犯者による法益侵害との因果性が解消されているとはいえ、離脱が認められないこととなるでしょう。

　他方で、甲は話をもち掛けたにすぎず、計画は3人が対等な立場で話し合って決定しているため、甲は首謀者ではないとし、離脱を認めることも可能です。

4　予備罪の共同正犯について

　もし甲に離脱が認められる場合であっても、離脱する前に、甲は、乙、丙と共に凶器を持ってYの通り道を待ち伏せしています。これは、殺人の実行を目的としてなされる準備行為で実行にいたらない行為ですから、殺人予備といえます。したがって、甲の待ち伏せ行為には殺人予備罪（201条本文、199条）が成立します。加えて、甲は乙丙との間で殺人の共謀をしていることから、殺人予備罪の共同正犯が成立することとはならないでしょうか。予備罪の共同正犯の成否が問題となります。

（1）　学説

　（a）　肯定説

　　　予備罪も刑法において構成要件化されており、実行行為を観念しうるから、予備行為も60条の「実行」に含まれ、予備罪に共同正犯が成立するとします。

　（b）　否定説

　　　法解釈の統一性の見地から、60条にいう「実行」と43条本文にいう「実行」とは同じ意味

に捉えるべきであり、予備には実行行為性が認められず、予備罪に共同正犯は成立しないとします。

　(c)　二分説

　　私戦予備罪（93条）などの独立予備罪と、殺人予備罪（201条本文、199条）などの従属予備罪とを区別し、独立予備罪についてのみ肯定します。

　(2)　帰結

　　以上から、肯定説に立った場合には、殺人予備罪の共同正犯が成立します。

5　予備罪の中止犯

　さらに、予備罪に中止犯が成立するのかが問題となります。

　中止犯は実行行為を前提としているところ、予備罪は実行行為の準備行為であり実行行為の前段階なので、予備罪に中止犯は成立しないとの学説があります。判例（最大判昭和29年1月20日刑集8巻1号41頁〔百選I72事件〕）も否定しています。

　これに対して、予備罪で中止犯が成立しないと刑の均衡を失することになるので、中止犯規定の準用を肯定する見解もあります。もっとも、準用を肯定した場合、刑の減免の基準を既遂犯にするのか、予備罪にするのか、または刑の免除のみを認めるか、などの争いもあるのでこの機会に確認しておいてください。

③　丙の罪責について

　丙は、甲、乙とY殺害を共謀しているので、殺人罪の共同正犯（60条、199条）が成立しそうです。ところが、丙は、乙に対して「やっぱり殺すのはやめようぜ。」と言って、乙から包丁を取り上げようとしています。そこで、丙に共犯からの離脱が認められないかが問題となります。

　乙がYを殺害しようとした時、丙は乙に対して「やっぱり殺すのはやめようぜ。」と言って離脱の意思を表明し、乙は丙を切りつけ傷害を負わせているので、乙は丙がいなくても犯行を継続する意思があったといえ、心理的影響は減少しているといえます。また、丙は、乙の包丁を取り上げようとしており、一定の防止行為を行っています。

　しかし、3人分の凶器を準備したのは丙であり、乙はこの凶器を用いていますから、物理的因果性が強く残存しているといえます。また、丙が離脱を表明する前に、すでに乙は実行に着手しており、因果の流れは進行しています。

　丙の罪責で難しいのは、防止行為の部分だと思われます。丙は最初、乙の包丁を取り上げようとしており、一定の防止行為を行っています。一方で、乙に右腕を切りつけられてからは、防止行為をとらなくなりました。この点をどのように評価していくかが離脱を認めるかの分かれ目になるといえるでしょう。

　上記で述べた丙の影響力の強さを考えれば、丙の因果性が否定されるには、包丁を取り上げようとするのみならず、乙を抑え込んだり、Yを逃がしたりといった、より実効性のある防止措置をとらなければならないと考えることができます。しかし、丙の防止措置は包丁を取り上げようとするにとどまり、乙はYに向けて包丁を振り上げることをやめておらず、犯行を防止できていません。加えて、丙が乙に腕を切りつけられてからは積極的に防止行為を行っていないことからも、包丁を取り上げようとした時点で丙の防止行為が十分に積極的でなかったことが推認されます。

　以上からすると、乙による法益侵害の因果性が消滅したとまではいえないでしょう。よって、丙には離脱が認められず、殺人罪の共同正犯が成立することとなります。

　もっとも、説得的に論じることができていれば、離脱を認めることは可能です。その場合、丙には殺人未遂罪が成立し、中止犯の成否が問題となります。

【参考文献】
試験対策講座・刑法総論17章2節④、19章2節⑦、21章4節。判例シリーズ26事件、40事件。条文シリーズ1編8章2節①2、60条②2(7)、1編11章7節。

第22問 B　自殺教唆と同意殺人

　　甲は、恋人であるAに別れ話をもち掛けたところ、Aがそれに応じず心中を申し出たので、いったんは同意したが、途中から心中する気がなくなった。Aと別れたい甲は、Aが死ねば好都合だと考え、「僕も後から行くから。」と言って追死すると装い、甲を熱愛していたAを誤信させ、10階建てのAの自宅マンションの屋上（高さ地上30メートル）から飛び降りさせた。Aはなんとか一命を取り留めたものの、マンションの屋上から転落した際の打撃で脊髄を損傷し、回復の見込みがない全身麻痺の後遺症が残った。

　　搬送先の病院で自身が上記の障害を負ったことを知ったAは、「もうこれ以上生きていたくない。殺してください。」と、意思伝達装置を用いてAの主治医である乙に伝えたが、一時的にパニックに陥っただけで本心では死を望んでおらず、その日の夜には精神状態は落ち着いていた。乙は、Aの表情などからAの真意を読み取れず、若くして重大な障害を背負って生きていくことになったAの将来を考えれば、死にたくなるのも当然だろうと思い、Aが寝ている間にAの体内に致死量の薬剤を注入し、Aを殺害した。

　　甲および乙の罪責を論ぜよ。

【解答へのヒント】

　　論文式試験ではあまり馴染みのない分野からの出題です。もし、論点や論証が思い浮かばなくても、あきらめずに条文を探し、三段論法を守りながら構成要件に愚直にあてはめてみましょう。

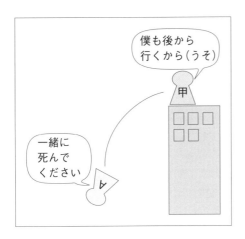

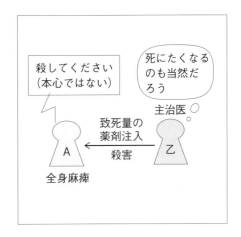

第1　甲の罪責について

　1　甲が、Aを自宅マンションの屋上から飛び降りさせた行
　　為について、殺人未遂罪（刑法203条、199条。以下法名省
　　略）と自殺教唆未遂罪（203条、202条前段）のいずれが成
　　立するか。自殺の動機に錯誤がある場合でも「自殺」とい
　　えるかが問題となる。　　　　　　　　　　　　　　　　5

　　　(1)　自殺関与罪の法定刑が殺人罪に比して軽いのは、自殺
　　　　者の真意に基づく自由な意思決定があるからである。そ
　　　　して、心中の場合、追死という事実は自殺の決意の本質
　　　　的要素であるのだから、偽装心中の場合、自殺者の意思　10
　　　　決定に重大な瑕疵があるといえる。そうだとすれば、こ
　　　　の場合、自殺者の真意に基づく自由な意思決定があった
　　　　とはいえない。
　　　　　そこで、自殺の動機に錯誤がある場合、「自殺」とい
　　　　えないと解する。　　　　　　　　　　　　　　　　　15

　　　(2)　これを本問についてみると、Aは、甲による欺罔の結
　　　　果、熱愛していた甲が追死するものと信じて自宅マンシ
　　　　ョンから飛び降りたのであり、追死することがうそであ
　　　　るとわかっていれば自殺しなかったはずである。
　　　　　そうすると、Aの自殺の意思決定には重大な瑕疵があ　20
　　　　るといえ、Aの自殺の動機には錯誤があるから、「自殺」
　　　　したとはいえない。

　　　(3)　したがって、甲に自殺教唆未遂罪は成立しない。

　2　それでは、甲に殺人未遂罪が成立するのか。他人を利用
　　する行為に実行行為性が認められるかが問題となる。　　25

　　　(1)　実行行為とは、構成要件的結果発生の現実的危険性を
　　　　有する行為であるから、他人を利用する場合でも、利用
　　　　者が①正犯意思を有し、②他人の行為を道具として一方
　　　　的に支配・利用している場合には、実行行為性が認めら
　　　　れると解する。　　　　　　　　　　　　　　　　　　30

　　　(2)　これを本問についてみると、甲は、①Aが死ねば好都
　　　　合だと考え、高さ30メートルの10階建てマンションの屋
　　　　上から飛び降りるという、死の結果に対する現実的危険
　　　　性を有する行為をさせており、主体的に構成要件を実現
　　　　しようとする正犯意思をもっている。さらに、②甲には　35
　　　　追死の意思がないにもかかわらず、甲を熱愛し、甲が追
　　　　死するものと誤信しているAの行為を一方的に支配・利
　　　　用し、上記の行為をさせているといえる。

　　　(3)　したがって、甲がAを利用する行為は殺人罪の実行行
　　　　為といえる。　　　　　　　　　　　　　　　　　　　40

　3　よって、甲の行為には殺人未遂罪（203条、199条）が成
　　立し、甲はその罪責を負う。

第2　乙の罪責について

　1　乙が、Aの体内に致死量の薬剤を注入し、Aを殺害した

→問題提起
論錯誤による承諾の有効性

→規範

→あてはめ

→結論
→問題提起
論間接正犯の実行行為性

→規範

→あてはめ

→結論

行為について、同意殺人罪（202条後段）が成立しないか。　45

2　まず、上記行為が同意殺人罪の実行行為といえるために
　は、被害者の「嘱託」が存在する必要があるところ、Aが
　乙に自己の殺害を「嘱託」したといえるかが問題となる。

➡️問題提起
🔲「嘱託」の意義

> (1)　同意殺人罪が通常の殺人罪に比して法定刑が軽い根拠
> 　は、被害者の真意に基づく意思決定が存在することで違
> 　法性が減少する点にある。　　　　　　　　　　　　　50
> 　　そこで、「嘱託」は、被害者の真意に基づくものであ
> 　る必要があると解する。

➡️規範

　(2)　これを本問についてみると、Aは、一時的にパニック
　　に陥ったことで「もうこれ以上生きていたくない。殺し　55
　　てください。」と乙に伝えてしまったが、本心では死ぬ
　　ことを望んでいなかったのであり、真意に基づいて「嘱
　　託」したとはいえない。
　　　したがって、乙の行為は同意殺人罪が成立しないとも
　　思える。　　　　　　　　　　　　　　　　　　　　　60

➡️あてはめ

3　そして、乙は、Aの同意なしに殺害しているから、客観
　的には殺人罪の実行行為を行っており、殺人罪（199条）
　が成立しそうである。
　　　ところが、乙はAから自己の殺害を依頼されており、回
　復の見込みのない障害を負ったAが死にたくなるのも当然　65
　だろうと考え、Aの同意があると誤信している。
　　　したがって、乙には同意殺人罪の故意（38条1項本文）
　しかなく、殺人罪の故意がないから、殺人罪は成立しない
　（同条2項）。

4　そこで、軽い罪の故意に対応した客観的構成要件該当性　70
　が認められるかが問題となる。

➡️問題提起
🔲抽象的事実の錯誤

> (1)　法益保護の観点から、客観的構成要件該当性は実質的
> 　に考えるべきである。
> 　　そして、構成要件が保護法益と行為態様に着目した類
> 　型であるから、保護法益と行為態様の観点から重なり合　75
> 　いが認められる場合には、その範囲で客観的構成要件該
> 　当性が認められると解する。

➡️規範

　(2)　そうすると、両罪は、人の生命という保護法益も人を
　　殺すという行為態様も同一であり、重なり合いが認めら
　　れる。　　　　　　　　　　　　　　　　　　　　　　80

➡️あてはめ

　(3)　したがって、軽い罪である同意殺人罪の範囲で客観的
　　構成要件該当性が認められる。

➡️結論

5　よって、乙の行為には同意殺人罪（202条後段）が成立
　し、乙はその罪責を負う。
　　　　　　　　　　　　　　　　　　　　　　　以上　85

　本問は、最判昭和33年11月21日刑集50巻2号221頁（百選Ⅱ1事件）を題材にしながら、ほかの論点も織り交ぜてある。自殺関与罪・同意殺人罪は論文式試験では出題頻度の低い分野であるが、予備試験では2011（平成23）年、2021（令和3）年に出題されている。出題可能性の低いと思われる分野であっても、ある程度の準備をしておく必要があることを意識してもらいたく出題した。

論点

1　錯誤による承諾の有効性
2　間接正犯の実行行為性
3　「嘱託」の意義
4　抽象的事実の錯誤

答案作成上の注意点

① 自殺関与罪について

　202条は、4つの構成要件を規定しています。自殺教唆と自殺幇助、および、嘱託殺人と承諾殺人です。前2者はあわせて自殺関与罪（前段）、後2者はあわせて同意殺人罪（後段）といいます。

1　自殺の不可罰根拠

　自殺そのものは犯罪ではなく、不可罰とされています。この趣旨について、①自殺者は自己の生命について処分の自由を有するから違法性がないとする説（違法阻却説）、②自殺は違法であるが期待可能性が欠けるとする説（責任阻却説）、③自殺は違法であるが可罰的違法性を欠くとする説（可罰的違法阻却説）があります。人間の生命は、その者自身に属するものであり、本来、その者に法益の自己処分の自由を認めるべきであるため、自殺行為を違法とするのは妥当ではありません。したがって、基本的には①説が妥当でしょう。

2　自殺関与罪の処罰根拠

　自殺関与罪は、自殺を教唆・幇助する犯罪であり、殺人罪よりも軽い罪で処罰されます。ここで、多数説である共犯従属性説を前提とすると、自殺自体が犯罪ではないのであるから、「教唆」と「幇助」を刑法総則における共犯と捉えることはできないことになります。それでは、なぜ自殺関与行為が処罰・減軽されるのでしょうか。その根拠が問題となります。この点について、①違法阻却説を採れば、自殺は適法なのだから、これに他人が関与する行為も不可罰とするのが論理的に一貫しているといえそうです。しかし、生命という重大な法益の自己処分については、刑法がパターナリズムの見地から介入して他人の関与を排除することには十分な合理性があります。自殺の決意が、その本来の意思には反しているのが通常であることを考慮すればなおさらでしょう。そして、減軽の理由は、被害者の同意による法益性の減少に求められます。

② 欺罔による心中について

　自殺の決意および殺人への同意は、死の意味を理解した任意のものでなければなりません。この点は、殺人罪と自殺関与罪・同意殺人罪とを区別する基準となります。それでは、本問のように、自殺や殺人への同意が錯誤に基づく場合には、どのように評価されるのでしょうか。たとえば、「癌であと2週間の命」といわれ、絶望して自殺した場合、あるいは「一緒に死ぬから死んでくれ」という言葉を鵜呑みにして自殺した場合など、自殺にいたる意思形成の過程で生ずる錯誤はさまざまです。

　そこで、承諾の有効・無効をどのように判断するかが問題となります。被害者の承諾の論点と同じく、違法性の本質の考え方が反映される論点です。この点について、行為無価値論の立場からは、

真意に添わない重大な瑕疵ある場合に承諾を無効とし、殺人罪（199条）を肯定する説（前掲最判昭和33年）を採ればよいでしょう。前掲最判昭和33年も、「本件被害者は被告人の欺罔の結果被告人の追死を予期して死を決意したものであり、その決意は真意に添わない重大な瑕疵ある意思であることが明らかである。そしてこのように被告人に追死の意思がないに拘らず被害者を欺罔し被告人の追死を誤信させて自殺させた被告人の所為は通常の殺人罪に該当する」として、普通殺人罪の成立を認めています。

　以下、説の対立を整理しておきます。

承諾無効説 （前掲最判昭和33年）	結論：真意に添わない重大な瑕疵がある場合には、承諾は無効とする。すなわち、真実だと知っていれば自殺しなかったはずであるから承諾は無効である。普通殺人罪が成立する。
	理由：このような場合には、本人の自由な意思決定に基づく承諾があったとはいえない。
	批判：「死ぬ」ことを意識していた以上、錯誤はなかったのではないかという疑問がある。
承諾有効説	結論：自殺教唆罪が成立する。
	理由：相手が追死してくれるものと誤信して行う自殺の場合には、相手方が死んでくれるから自分も死ぬという動機に錯誤があるにすぎず、「死ぬ」ことについては錯誤がないから、本人の意思に反して生命を侵害したことにはならない。
	批判：問題の核心は、本人に意思決定の自由がないといえるかどうかである。この観点からは、被害者が「死ぬ」ことを意識している以上、自殺することについて錯誤はないと考えるのは、あまりに形式的である。
法益関係的錯誤説	結論：自殺教唆罪が成立する。
	理由：法益に関係する錯誤のみが同意を無効にし、その他の事情に関する錯誤は同意の有効性に影響を与えない。したがって、自殺者が、自己の生命という法益を処分することについて錯誤に陥っていなければ、自殺に対する同意は有効であり、欺いて自殺させた場合でも199条は成立しないと解すべきである。

　また、本問のように利用者（本問の甲）が追死する意思がないのに、被害者を欺き、追死するものと誤信させて自殺させた場合や、畏怖している被害者に命令して、死亡の危険性の高い行為を行わせた場合など、被害者自身の行為を利用する場合には、ただちに正犯性は認められず、通常の殺人罪が成立するとはかぎりません。この点は、前掲最判昭和33年がだされてから議論されるようになったため、同判決中では十分な検討がなされていませんが、答案では第2問で扱った間接正犯の成否を検討しましょう。

③　同意殺人罪について

　同意殺人罪（202条後段）の場合には、行為は殺人行為の一種であるにもかかわらず、普通殺人罪に比較して刑が軽く規定されています。そこで、その減軽の根拠が問題となります。ここでも、生命は個人では勝手に処分しえない法益なので、同意は違法性を阻却しないという説明が考えられます。しかし、これでは同意があるゆえに刑が減軽される根拠を説明することができません。

　そこで、被害者の同意があるので法益侵害の程度が小さいとする説、違法性のみならず自殺者の事情に同意することは人情として理解でき、責任も減少するとする説などがあります。ここは、被害者の承諾の論点に準じて前者の説明でよいでしょう。この減軽の根拠を理解しておくことは、構成要件の文言を解釈する際に有益です。

1　客体

　本罪の客体は、殺人の意味を理解し、死について自由な意思決定能力を有する者です。被害者が意思能力を欠くか、あるいは自由な意思決定ができない状態にあるときは、本罪ではなく殺人罪の問題となります。

2　行為

　本罪の行為は、被害者の嘱託を受け、または、その承諾を得て殺すことです。嘱託とは、被害者がその殺害を依頼することをいいます。承諾とは、被害者が殺害の申込みに同意することをい

いQ)。本問は、Aのほうから乙に「もうこれ以上生きていたくない。殺してください。」と殺害の依頼をしているため、「嘱託」の有無が問題となります。

3 故意

本罪の故意においては、嘱託・承諾の存在を認識することが必要です。

(1) 嘱託・承諾がないのにあると誤信して殺したとき

　嘱託・承諾がないのにあると誤信して殺したときは、軽い罪の故意で重い犯罪結果が生じていることになるので、第4問で学習した抽象的事実の錯誤の論点が関わってきます。

　この点については、客観的に生じた罪の成立をまず認め、38条2項により科刑のみが軽い罪の限度でなされるという見解もありますが、故意を構成要件要素と考える立場からは、軽い罪の認識の限度で犯罪が成立するということになります（通説）。そうすると、同意殺人の故意で普通殺人を犯した場合には、199条が成立して38条2項により刑が202条後段の限度で科されるのではなく、端的に202条後段が成立することになります。この通説の考え方は、故意から出発して、それに応じた犯罪事実が、生じた重い犯罪事実のなかに含まれているかを問題にしているとも表現できます。そうだとすると、この論点は、故意が認められるかではなく、軽い罪の実行行為は存在するかという問題として論じるのがよいでしょう。

　本問では、Aは一時的にパニックに陥ったことで乙に殺害を依頼してしまいましたが、本心では死ぬことを望んでいなかったのであり、真意に基づいて「嘱託」したとはいえません。この場合、客観的には殺人罪が成立していることになります。しかし、乙は、Aの表情などからAの真意を読み取れず、回復の見込みのない重大な障害を背負って生きていくことになったAの将来を考えると、死にたくなるのも当然だろうと思い、真意に基づいた「嘱託」があるものと誤信しているため、乙には同意殺人罪の故意しかありません。そうすると、殺人の故意のない乙に殺人罪を成立させることはできません。そして、同意殺人罪を成立させるとしても、普通殺人のなかに同意殺人の実行行為が含まれているかが問題になります。

　ここは、法定的符合説に立ち、保護法益および構成要件的行為の実質的な重なり合いを基準に判断しましょう（実質的符合説、判例・通説）。客観的に生じた殺人罪と主観的に成立している同意殺人罪は、人の生命という保護法益と人を殺すという行為態様が同一であり、構成要件的に実質的に重なり合うといえるので、同意殺人罪の実行行為は存在しているといえます。したがって、乙には、38条2項により軽い同意殺人罪が成立します。

(2) 殺害行為時に同意があったのにないと誤信した場合

　これに対して、本問とは逆に、殺害行為時に同意があったのにないと誤信した場合には、行為者の罪責はどうなるのでしょうか。

　この点について、被害者の同意に対する認識があってはじめて違法性が減少すると考えられるので、認識がない以上殺人罪が成立するとする説、同意の認識がないので殺人罪であるが、結果が発生していないので殺人未遂とする説、抽象的事実の錯誤の問題として本罪が成立するとする説が対立しています。

　被害者本人が同意していれば、202条後段の客観面をみたすことになると考えると、最後の説がわかりやすいでしょう。大阪高判平成10年7月16日判時1647号156頁は、被告人が被害者からSMプレイとして下腹部をナイフで刺して殺してもらいたい旨の依頼を受けて、被害者をナイフで殺害した事案について、「奇妙な方法に執着したからその依頼は真意に基づくものではないとするのは当を得たものではない」、被害者が「死の結果に結びつくことを認識している場合には、たとえ死の結果を望んでいなくても、真意に基づく殺害の嘱託と解する妨げとはならない」と判示して、客観的に被害者の真意に基づく嘱託が存在する以上、行為者がそのことを認識していなくても同意殺人罪が成立するとしました。

【参考文献】
試験対策講座・刑法総論8章2節④【3】、10章2節③【2】(4)。試験対策講座・刑法各論1章2節⑤。
条文シリーズ35条③3(2)(c)、38条②1(6)(d)、202条。

第23問　自由に対する罪

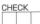

以下の事例を読み、甲および乙の罪責を検討せよ。各設問はそれぞれ独立した問題である。

1　甲は、大学時代の同級生A女に想いを寄せていた。しかし、「いいお返事はできないです。」「想いが重い」等と言われ続け、親交こそ続いているもののいまだ交際に発展することはなかった。このような状況に嫌気がさし、甲はAをだまして甲車に乗せ、嫌がらせをしてやろうと決意した。ある晩、甲はAが住む最寄り駅でAを車で待ち伏せし、Aが来たところで「Aのお母さんが交通事故に巻き込まれてけがをし、病院に運ばれた。今すぐ病院に向かおう」と言った。Aは甲のうそにだまされ、甲車に乗り込んだ。そして、甲は車にロックをかけ発進し、高速道路に乗り、無言で1時間運転した。

(1)　甲に監禁罪が成立しないとの立場からはどのような主張が考えられるか。

(2)　これに対し、監禁罪が成立する立場からはどのような反論が考えられるか。

2　乙は、数年前にB女と結婚し、Vが産まれ、現在はB宅で3人で暮らしている。乙は大手商社に勤務していることもあって生活が安定しており、当初は円満な家庭を築けていた。

　　しかし、Vが4歳の時から、Bは、育児はほとんどせず、毎晩のように飲み歩き、帰りも遅くなるようになった。また、Bは、休日も会社の付き合いであると称して浮気相手と遊ぶなど自由奔放な生活を送っていた。そのような事情もあり、乙とBの関係は冷え切り、精神的に限界を迎えた乙は、BとVを置いて別居を始めた。

　　別居して数か月後、精神的にも落ち着き、Vの様子が気になりだした乙がBに連絡したところ、返信がなかった。そのため、BとVが住んでいるB宅を車で訪れた。

　　すると、B宅はゴミが散乱しているうえ、掃除もされておらず、Vが育つ環境として好ましいものではなかった。また、郵便受けを見ると、Bにはクレジットカードの未払金や電気料金の督促状、B宅の退去通知などが届いており、金銭に窮していることがわかった。

　　この状況に危機感を抱いた乙は、Vに対し「お母さんはどこにいるの?」と尋ねたところ、Vは「わからない」と答えた。そこで、Vに対する愛情と正義感に駆られた乙はBの同意を得ることなく、Vを抱きかかえ「お母さんに怒られちゃうよ」と反対しているVの反対を押し切り、車の助手席に乗せ、乙宅に連れ帰った。この時点で、Vはまだ4歳であった。なお、この道中、Vが帰りたいと騒ぐことはなく、乙との会話を楽しんでいた。さらに、後の調査によりBは別居後も数日間B宅に帰ってこない日がたびたびあったことが判明した。

【解答へのヒント】

1　監禁罪の保護法益にはどのような対立があるでしょうか。

2　甲とAの関係性をよく分析し、甲の行為は何罪の構成要件に該当するか考えましょう。

3　乙に違法性阻却の余地はないでしょうか。判例の射程を考えてみましょう。

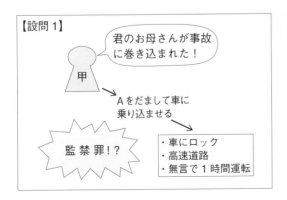

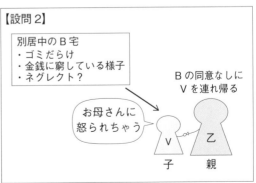

第1　設問1小問1について

1　監禁罪（刑法220条後段。以下法名省略）の保護法益は、現実的自由であり、Aが身体活動を拘束されていることを認識していることが必要であるため、監禁罪は成立しないと主張する。そこで、「監禁」したといえるためには、被害者が監禁の事実を認識していることを要するかが問題となる。

➡️問題提起

論 監禁罪における被害者の認識の要否

(1)　この点、監禁罪の保護法益たる身体活動の自由は、その主体が現実の行動をするときに行動できるということを意味する。そのため、身体活動の自由とは、現実的自由を意味すると解するべきである。そして、自由の意識を欠くものに対して、その自由を拘束することはありえない。

　　そこで、「監禁」したといえるためには、被害者が監禁の事実を認識していることが必要と解する。

➡️規範

(2)　これを本問についてみると、Aは、甲のうそにだまされ、甲車に乗り込んだ事実が認められる。そのため、身体活動を拘束されていることを認識していない。

➡️あてはめ

2　よって、甲の行為には監禁罪（220条後段）は成立せず、甲はその罪責を負わない。

➡️結論

第2　設問1小問2について

1　これに対し、身体活動の自由は、潜在的・可能的自由で足りる以上、被害者の現実的な認識は問われず、被害者が身体活動を拘束されていることを認識していることは不要であるため、監禁罪が成立すると反論する。

(1)　この点、監禁罪の保護法益たる身体活動の自由は、その主体が行動したいときに行動できるということを意味する。そのため、身体活動の自由とは、可能的自由を意味すると解する。そして、被害者が監禁の事実を認識していなくても、監禁行為によりかかる可能的自由を侵害することは可能である。

　　そこで、「監禁」したといえるには、被害者が監禁の事実を認識していることは不要と解する。

➡️規範

(2)　本問では、小問1で述べたように、Aは監禁の事実を認識していないものの、甲はAの可能的自由を侵害しているため、「監禁」したといえる。

➡️あてはめ

2　よって、甲の行為には監禁罪（220条後段）が成立し、甲はその罪責を負うことになる。

➡️結論

第3　設問2について

1　乙がVを乙宅に連れ去った行為は、未成年者略取罪（224条前段、以下「本罪」という）にあたらないか。

(1)　まず、Vは、4歳であり未成年者（民法4条）のため、本罪の客体である「未成年者」に含まれる。

(2)　次に、本罪の実行行為は「略取」であるところ、「略

取」とは、暴行・脅迫を手段として被拐取者また監護権45
者の意思に反して、他人をその生活環境から不法に離脱
させ、自己または第三者の事実的支配下に移す行為をい
うと解する。
　　　これを本問についてみると、乙は、Vを抱きかかえ
「お母さんに怒られちゃうよ」とのVの反対を押し切り、50
車の助手席に乗せ、乙宅に連れ帰った事実が認められる。
そのため、乙がVを連れ帰った行為は「略取」にあたる。

(3)　乙は、Vが未成年であること、Vを乙宅に連れ去るこ
　とを認識しているから、未成年者略取罪の故意も認めら
　れる。55

(4)　以上により、乙がVを乙宅に連れ去った行為は、未成
　年者略取罪の構成要件に該当する。

2　そうだとしても、乙はVの親権者であるため、法益の侵
　害が認められず、未成年者略取罪が成立しないのではない
　か。未成年者略取罪の保護法益が問題となる。60

問題提起
未成年者略取罪の保護法益

(1)　この点、未成年者略取罪の保護法益は、被拐取者の自
　由および監護権であるから、親権者も未成年者略取罪の
　主体となると解する。
　　　もっとも、親権者のひとりであるため、行為様態、被
　拐取者の年齢、略取後の監護養育についての見通し等を65
　考慮し、家族間の行為として社会通念上相当と認められ
　るときには、違法性が阻却されると解する。

規範

(2)　これを本問についてみると、Bは別居後も数日間家に
　帰ってこない日がたびたびあった事実、現在の生活状況
　は、ゴミが散乱しているうえ、掃除もされておらず、小70
　さい子どもが育つ環境として好ましいものではなかった
　事実、Bにはクレジットカードの未払金や電気料金の督
　促状、B宅の退去通知などが届いており、金銭に窮して
　いることがわかっている各事実に徴すると、乙がVを連
　れ去り、乙宅で監護養育すべき必要性が高い。75
　　　このような必要性に対し、乙の連れ去りの態様は、V
　を抱きかかえ「お母さんに怒られちゃうよ」と反対して
　いるVの反対を押し切り、車の助手席に乗せ、乙宅に連
　れ帰るものであるという事実が認められる。そのため、
　やや連れ去りの行為態様は粗暴に思われる。80
　　　しかし、乙は大手商社に勤務していることもあり生活
　も安定している事実、Vに対して愛情を抱いている事実
　にかんがみると、乙がVを乙宅に連れ去った行為は社会
　通念に反しているとはいいがたいため、違法性が阻却さ
　れる。85

あてはめ

3　よって、乙の行為には未成年者略取罪（224条前段）は
　成立せず、乙はその罪責を負わない。

結論

以上

　本問は、監禁罪の成否（220条後段）、未成年者略取罪（224条前段）における「略取」の意義、未成年者略取罪の保護法益を問う問題である。未成年の連れ去りは国際社会においても重要な課題となっており、2014（平成26）年の司法試験においても出題された重要論点である。日ごろから社会問題にも関心をもっておくと、司法試験の問題との相性もよくなるだろう。

論点

1　監禁罪における被害者の認識の要否
2　未成年者略取罪の保護法益

答案作成上の注意点

① 監禁罪の保護法益について

1　問題となる事実

　設問1において、甲の誘いに対し、Aは承諾して乗車しています。すでに被害者の承諾（第6問）を学習したのであれば、Aが承諾しているため、監禁罪は問題とならないのではないかと思うかもしれません。しかし、Aは甲の真の目的を知らずに甲車に乗車しています。そのため、被害者の承諾があったとはいえず、この点から監禁罪が成立しないとはいえません。一方で、監禁罪の保護法益は、「場所的移動の自由」です。そうすると、監禁されていること、すなわちAのように車から脱出することが困難となっていることを認識していない場合には、Aが監禁に気づき車から脱出を試みることは現実的に起こりえないため、Aは「場所的移動の自由」を侵害されているといえるのでしょうか。そこで、「場所的移動の自由」の具体的内容が問題となります。これが、監禁罪における保護法益の問題です。

2　学説

「場所的移動の自由」の内容については、現実的自由説と可能的自由説の争いがあります。

	意義	認識の要否
現実的自由説	現実に移動しようと思ったときに移動できる自由	必要
可能的自由説	行動したいときに行動できる自由	不要

3　裁判例

　裁判例（京都地判昭和45年10月12日判時614号104頁〔百選Ⅱ10事件〕）は、場所的移動の自由の内容につき、可能的自由説と親和的であるといわれています。

　本設問では、監禁罪の成立を否定する見解として現実的自由説を、これに対し監禁罪の成立を肯定する見解として可能的自由説を論証すればよいでしょう。

② 未成年者略取誘拐罪の主体について

1　略取罪について

　略取罪は224条から228条の3まで幅広く規定されています。そのため、条文選択を間違えないように十分注意が必要です。設問2においては未成年であるVが連れ去られているため、未成年者略取罪（224条前段）が問題となります。

2　「略取」の意義

　「略取」とは、暴行脅迫を用いて人をその生活環境から不法に離脱させ、自己または第三者の実力的支配下に移すことをいいます。設問2では、乙は、Vを抱きかかえ「お母さんに怒られち

ゃうよ」とのVの反対を押し切り、車の助手席に乗せ、乙宅に連れ帰った事実が認められます。判例においても、「Cを抱きかかえて、同所付近に駐車中の普通乗用自動車にCを同乗させた上、同車を発進させてCを連れ去り、Cを自分の支配下に置いた」事実について、「その行為が未成年者略取罪の構成要件に該当することは明らか」としています（最決平成17年12月6日刑集59巻10号1901頁〔百選Ⅱ12事件〕）。したがって、「略取」の意義について規範を定立し、簡潔にあてはめをすれば足り、あまり長々と論じる必要はないと思います。

3 略取誘拐罪の保護法益

　このように、乙の行為は形式的には「略取」に該当します。もっとも、乙はVの保護監督権者です。そのため、Vを連れ去った行為は何ら法益を侵害しておらず、未成年者略取罪が成立しないと解する余地があります。そのため、略取誘拐罪の保護法益が問題となり、それに関連して略取誘拐罪の主体が問題となります。保護法益については、①被拐取者の自由、②保護監督者の監督権、③被拐取者の自由および保護監督者の監督権を保護法益とする見解があります。この点について判例は、③説を採用していると解されています（最決平成15年3月18日刑集57巻3号371頁）したがって、答案でも③説を採用しました。

4 略取誘拐罪の主体

　このように、略取誘拐罪の保護法益を被拐取者の自由および保護監督者の監督権であると解する場合、乙の行為は被拐取者（V）の自由を侵害するため、保護監督者である乙も未成年者略取誘拐罪の主体となります。

③ 違法性阻却の有無について

1 判例の判断枠組み

　設問2の乙は未成年者略取罪の主体となることがわかりました。もっとも、判例は、親権者の行為が未成年者略取罪の構成要件に該当する場合であっても、例外的に違法性が阻却する余地を認めています（前掲最決平成15年）。そのため、構成要件に該当することを論述するとともに、違法性阻却の余地の検討を忘れないようにしましょう。

2 違法性阻却事由の成否

　判例は、違法性阻却が認められるかの判断については、諸般の事情を総合的に考慮して判断しています。このような場合、答案においては、問題文に存在する事情をすべてあげ、説得的に論述する必要があります。そのような答案を書くためには、関連判例を含め、判例がどのような事実をあげているかを分析することが有用です。

3 関連判例との対比

　①前掲最決平成15年は「オランダ国籍で日本人の妻と婚姻していた被告人が……午前3時15分ころ、……監護養育していた2人の間の長女（当時2歳4か月）を、オランダに連れ去る目的で、長女が妻に付き添われて入院していた……病院のベッド上から、両足を引っ張って逆さにつり上げ、脇に抱えて連れ去」った事実を認定し、「共同親権者の1人である別居中の妻のもとで平穏に暮らしていた長女を、外国に連れ去る目的で、入院中の病院から有形力を用いて連れ出し、保護されている環境から引き離して自分の事実的支配下に置いたのであるから、被告人の行為が国外移送略取罪に当たることは明らか」であり「その態様も悪質であって、被告人が親権者の1人であり、長女を自分の母国に連れ帰ろうとしたものであることを考慮しても、違法性が阻却されるような例外的な場合に当たらない」と判示しています。

　このような判示からすると、行為態様の悪質性という事情は諸般の事情のひとつであり、かつ、重要な事情であることが推認されます。

　②次に、前掲最決平成17年について。この判例は「Cの共同親権者の1人であるBの実家においてB及びその両親に監護養育されて平穏に生活していたC」という事実を認め、「Cの監護養育上それが現に必要とされるような特段の事情は認められない」としています。このような判示からすると、たとえば、別居後劣悪な家庭環境になったといった事情などがある場合には、監護養育上の必要性から、違法性阻却される余地があるように思います。

設問2では、後の調査によりBは別居後も数日間B宅に帰ってこない日がたびたびあったことが判明した事実、現在の生活状況は、ゴミが散乱しているうえ、掃除もされておらず、4歳のVが育つ環境として好ましいものではなかったこと、Bにはクレジットカードの未払金や電気料金の督促状、B宅の退去通知などが届いており、金銭に窮していることがわかっている事実は、Vを連れ去る必要性を肯定する事実として重要です。

最決平成17年では、「被告人が、Cに向かって駆け寄り、背後から自らの両手を両わきに入れてCを持ち上げ、抱きかかえて、あらかじめドアロックをせず、エンジンも作動させたまま停車させていた被告人の自動車まで全力で疾走し、Cを抱えたまま運転席に乗り込み、ドアをロックしてから、Cを助手席に座らせ、Dが、同車の運転席の外側に立ち、運転席のドアノブをつかんで開けようとしたり、窓ガラスを手でたたいて制止するのも意に介さず、自車を発進させて走り去った」事実を認め「本件の行為態様が粗暴で強引なものである」としています。

この判示は、前掲最決平成15年とも重複する部分です。そのため、判例は、連れ去りの態様が粗暴である事実は、違法性阻却の検討において重要な事実と位置づけていると考えられます。

設問2では、乙はBの同意を得ることなく、Vを抱きかかえ「お母さんに怒られちゃうよ」と反対しているVの反対を押し切り、車の助手席に乗せ、乙宅に連れ帰っています。この事実は、違法性阻却を否定する重要な事実になりますので、必ず指摘しましょう。

さらに、前掲最決平成17年は「Cが自分の生活環境についての判断・選択の能力が備わっていない2歳の幼児であること、その年齢上、常時監護養育が必要とされるのに、略取後の監護養育について確たる見通しがあったとも認め難いことなどに徴すると、家族間における行為として社会通念上許容され得る枠内にとどまるものと評することもできない。」としています。

このような判示をみると、判例は、違法性阻却の判断において、諸般の事情を考慮して判断すること、諸般の事情のうち、親権者がVを連れ去る必要性、家族間における行為として社会通念上相当かという要素を重要視していると考えられます。したがって、これらの事情を意識したうえであてはめを行うと、判例を意識した答案となり、印象がよくなります。

【参考文献】

試験対策講座・刑法各論2章1節[1]【1】・【2】(3)、3節[1]【1】・【3】・[2]【1】。判例シリーズ44事件。条文シリーズ220条、2編33章[1]、224条。

第24問 A　業務妨害罪

　　甲は、警察官Aに恨みを抱いていたことから、仕事に支障を生じさせようと考え、Aが勤務する交番に行き、「そこの道で交通事故があって人が倒れています。」とうそを言った。これを信じたAは、事故現場に急行するため慌てて交番から出て行った。さらに、甲は、Aが不在の間に、Aの事務机の引出しに、赤インクで染めた猫の死骸を入れた。交番に戻り、これを発見したAは、恐怖感や嫌悪感から、各種事務作業の執務が不可能になった。

　　甲の罪責を論ぜよ。

【解答へのヒント】

1　甲がAにうそを言い、Aを架空の事故現場へ急行させた行為には何罪が成立するでしょうか。

2　甲がAの事務机の引出しに、猫の死骸を入れた行為には何罪が成立するでしょうか。

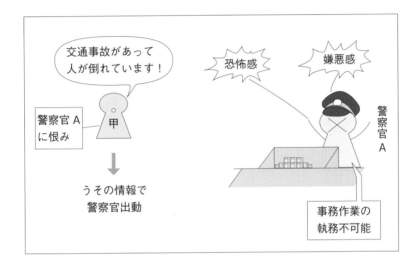

答案例

1　甲がうそを言ってAを交番から架空の事故現場へ急行させ
た行為について偽計業務妨害罪（刑法233条後段。以下法名
省略）が成立しないか。

(1)　まず、Aの公務が「業務」に含まれるか。偽計業務妨害
罪における「業務」に公務が含まれるかが問題となる。 5

　ア　この点、偽計による妨害は強制力によって排除するこ
とはできないため、非権力的公務のみならず、強制力を
行使する権力的公務も偽計による妨害から保護する必要
がある。そこで、同罪の「業務」には、すべての公務が
含まれると解する。 10

　イ　したがって、Aの公務は「業務」に含まれる。

(2)　また、「偽計」とは、人を欺き、誘惑し、または人の無
知、錯誤を利用することをいう。上記行為は、実際には事
故は発生していないにもかかわらず、事故が発生したとA
を誤信させ、欺くものであり、「偽計を用い」たといえる。 15

(3)　そして、上記行為は、Aの業務に支障を生じさせる行為
であるから、「妨害した」といえる。

(4)　したがって、上記行為に偽計業務妨害罪が成立する。

2　甲がAの事務机の引出しに赤インクで染めた猫の死骸を入
れた行為について威力業務妨害罪（234条）が成立しないか。 20

(1)　まず、Aの公務が「業務」に含まれるか。威力業務妨害
罪における「業務」に公務が含まれるかが問題となる。

　ア　強制力を行使する権力的公務は、威力による妨害に対
しみずから対処することが可能であるので、暴行・脅迫
に対する公務執行妨害罪（95条1項）で保護すれば足り 25
る。そこで、同罪の「業務」には、強制力を行使する権
力的公務は含まれないものの、それ以外の公務は「業
務」に含まれると解する。

　イ　これを本問についてみると、Aの事務作業は、物理的
な実力の行使によりすみやかに妨害の排除ができるもの 30
ではないため、非権力的公務にあたる。
　　　したがって、「業務」に含まれる。

(2)　次に、上記行為は、Aに恐怖感や嫌悪感を抱かせるもの
であり、人の意思を制圧するに足りる勢力であるため、
「威力を用いた」といえる。 35

(3)　そして、上記行為は、Aの業務に支障を生じさせる行為
であるから、「妨害した」といえる。

(4)　よって、上記行為に威力業務妨害罪が成立する。

3　以上より、甲の行為には、①偽計業務妨害罪（233条後段）、
②威力業務妨害罪（234条）が成立し、①と②は別個の行為 40
でなされているので、併合罪（45条前段）となり、甲はその
罪責を負う。

以上

→問題提起
論　偽計業務妨害罪における「業務」

→規範

→結論

→問題提起
論　威力業務妨害罪における「業務」

→規範

→あてはめ

→結論

業務妨害罪の「業務」に公務が含まれるかは、典型論点であり、旧司法試験2007（平成19）年度第2問、新司法試験刑事系2009（平成21）年第1問においても出題されている。また、この論点は短答式試験においても頻出である。そこで、本問をとおしてしっかりと確認してもらいたい。

論点

1 偽計業務妨害罪（233条後段）における「業務」
2 威力業務妨害罪（234条）における「業務」

答案作成上の注意点

1 業務妨害罪における客体について

「業務」とは、人が社会生活を維持するうえで、反復・継続して従事する事務をいいます。本罪の保護法益は、人の社会的活動の自由であるため、事務の内容は、文化的活動であると経済的活動であるとを問わず、報酬の有無も関係ありません。

2 公務の「業務」性について

1 問題の所在

業務妨害罪においては、「業務」は、偽計、虚偽風説流布、威力といった比較的弱い妨害行為からも保護されます。一方、公務執行妨害罪（95条1項）においては、「公務」は、暴行・脅迫という比較的強力な妨害行為があってはじめて保護されることになっています。そこで、暴行・脅迫以外によって公務が妨害されたときに、業務妨害罪で保護しなくてもよいのかが問題になります。

2 学説

(1) 限定積極説（判例、最判昭和53年6月29日刑集32巻4号816頁、最決昭和62年3月12日刑集41巻2号140頁）

結論：公務執行妨害罪の公務は広く公務一般を含むが、業務妨害罪の対象となる公務は限定される。

批判：偽計による妨害は強制力によって排除することはできないため、非権力的公務のみならず、強制力を行使する権力的公務も偽計による妨害から保護する必要がある。

(2) 公務振り分け説（民間類似説）

結論：公務のうち民間の業務と実質的に同視できる公務のみが公務執行妨害罪の対象となり、その余の公務は、業務妨害罪の対象となる。両罪が競合する場面は存在しない。

批判：公務は公共の福祉を目的とする以上、民間の業務より厚く保護されるべきである。

(3) 修正積極説（有力説）

結論：威力を手段とする場合には、限定積極説を採用するが、偽計を手段とする場合には、強制力を伴う権力的公務も含む。

理由：限定積極説への批判と同旨。

3 本問の検討

1 甲がAにうそを言い、Aを架空の事故現場へ急行させた行為

答案例では、修正積極説を採用しました。

本問では、甲がうそでAを欺く「偽計」により、Aを交番から架空の事故現場へ急行させ、Aの公務を「妨害」した行為に偽計業務妨害罪（233条後段）が成立するかを検討します。そこで、

Aの公務が同罪の「業務」に含まれるかが問題となります。これについては、修正積極説によると、偽計による妨害の場合には、すべての公務が「業務」に含まれるので、Aの公務も「業務」に含まれます。よって、上記行為に偽計業務妨害罪が成立します。

2　Aの事務机の引出しに、猫の死骸を入れた行為

上記行為は「偽計」にはあたりません。では、「威力」にあたるでしょうか。

「威力」とは、人の意思を制圧するに足りる勢力を示すことをいいます（最決昭和59年3月23日刑集38巻5号2030頁）。そして、必ずしも、直接現に業務に従事している他人に対して行使されることを要しません。

偽計と威力の区別については、偽計は相手の錯誤を誘発する行為であるので、公然と相手方に障害の存在を誇示する態様の場合は威力、そうでない場合は偽計といえます。

本問では、Aが執務に際して目にすることが予想される場所に猫の死骸を入れておき、Aにこれを発見させれば、Aの意思は制圧されるということができます。実際の判例も、このように認定しています（最決平成4年11月27日刑集46巻8号623頁）。よって、上記行為は「威力を用い」た場合にあたり、威力業務妨害罪が成立します。

次に、Aの公務が「業務」に含まれるかについて、修正積極説からは、強制力を行使する権力的公務は、威力による妨害に対しみずから対処することが可能であるので、暴行・脅迫に対する公務執行妨害罪で保護すれば足りると解されます。そこで、威力による妨害の場合には、強制力を行使する権力的公務は「業務」に含まれないものの、それ以外の公務は業務に含まれます。

Aの事務作業は、物理的な実力の行使によりすみやかに妨害の排除ができるものではないため、非権力的公務にあたります。したがって、「業務」に含まれます。よって、上記行為に威力業務妨害罪が成立します。

【参考文献】
試験対策講座・刑法各論3章2節③。判例シリーズ48事件、49事件。条文シリーズ233条②2、234条。

第25問 B⁺　名誉毀損罪

　　宗教団体Bは日本でも有数の宗教団体であった。AはBの代表者であり、信仰上の絶対的な指導者であった。また、公私を問わず、Aの言動は信者の精神生活等に重大な影響を与える立場にあり、直接間接を問わず政治的行動を通じ、社会一般に対しても少なからず影響を及ぼしていた。

　　とある有名なSNSユーザーであるDの発信により、元国会議員であるC女がAと長期不倫関係にあるとSNS上でうわさになった。雑誌記者Xは、Dにダイレクトメッセージを送り、真実を問いただしたところ、AとCが2人でホテルに入る現場を目撃したとか、Cから不倫の話を聞いた、との返信を受け取った。その際、写真やメールのやりとりなど、証拠となりうるものは何も提示されなかったが、Dの情報は正確であることも多かったので、Xは、真実であると信じてそれ以上は調べずに、特にAを侮辱するような言葉を用いず、その事実のみを雑誌に掲載した。その後、AとCは不倫関係にないことが判明した。なお、XとAには個人的な関わりがいっさいなかった。

　　Xの罪責を論ぜよ。

【解答へのヒント】

　Xは真実だと思って雑誌に掲載しました。このことは、犯罪の成否にいかなる影響を与えるのでしょうか。

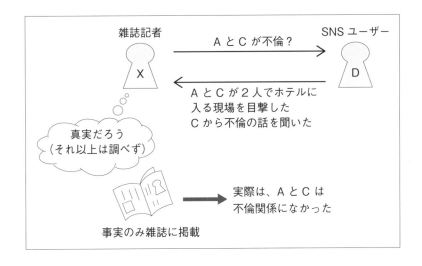

1　XがCとAとの不倫関係の事実を雑誌に掲載した行為につき、名誉毀損罪（刑法230条1項。以下法名省略）が成立しないか。

⑴　まず、雑誌への掲載は、不特定または多数人が知りうる状態といえるから、「公然」といえる。　　　　　　　　　5

⑵　次に、不倫関係の事実は人の人格的評価に関わるので、人の社会的評価を害するに足りる事実であり、Xはこの事実を掲載しているので、「事実を摘示し」たといえる。

⑶　また、本人に対する社会的評価が現に低下したことを立証することは困難なので、人の社会的評価を低下させるような事実を公然と摘示した時点で既遂となるところ、前述のようにこれが認められる。　　　　　　　　　10

⑷　したがって、Xの行為に名誉毀損罪が成立しうる。

2　そうだとしても、上記名誉毀損行為が公共の利害に関する場合の特例（230条の2第1項）にあたれば、不処罰となるので、この特例が適用されないか。　　　　　　　　　15

➡問題提起

論 公共の利害に関する場合の特例の適用

⑴　Aは私人であり、不倫関係も私生活の話といえる。しかし、Bは日本でも有数の宗教団体であり、AはBの代表者を務め、高名な宗教家で信仰上の絶対的な指導者であった。また、公私を問わず、Aの言動は信者の精神生活等に重大な影響を与える立場にあり、直接間接を問わず政治的行動を通じ、社会一般に対しても少なからず影響を及ぼしていた。　　　　　　　　　20

そうだとすれば、Aの活動について国民は少なからず関心があり、不倫の事実はAの人格的評価に関わり、これを通じ、Aが行う社会的活動に対する批判あるいは評価の一資料となるといえる。また、不倫相手とされたCは元国会議員であり、国民の関心はより高くなるといえる。　　　　　　　　　25

以上から、AとCの不倫の事実は、公衆の批判にさらすことが公共の利益増進に役立つと認められる事実といえ、「公共の利害に関する事実」にあたる。　　　　　　　　　30

⑵　次に、Aの不倫関係については、前述のように一般人も関心を寄せる事実である。そして、雑誌は世間一般に向けて発売されるので、公共の利害に関する事実を世間一般に発表するという意味で、公共の利益を増進させる目的が少なからずあるといえる。また、XとAは個人的な関わりがないので、XにはAに対して個人的な恨みはないといえるし、特にAを侮辱するような言葉を用いずその事実のみを雑誌に掲載した。そうだとすると、XにはAを侮辱しようという目的はなく、主たる動機は公益を図るものといえるので、「その目的が専ら公益を図ることにあったと認める場合」にあたる。　　　　　　　　　35　　40

⑶　もっとも、その後、AとCは不倫関係にないことが判明しているので、「真実であることの証明があった」とはい

えない。

(4) したがって、230条の2第1項は適用されない。

3 そうだとしても、Xは、Dの発言を真実であると信じている。そこで、故意が阻却されないかが問題となる。

➡問題提起
論 真実性の錯誤

(1) 同条は、表現の自由・知る権利と名誉の保護との調和を図るための規定なので、違法性阻却事由を定めた規定である。そして、故意責任の本質は規範に直面したにもかかわらず、あえて行為にでたことに対する非難可能性にあるところ、違法性阻却事由を基礎づける事実を認識していた場合、規範に直面しえないので、責任故意は阻却されると考える。そうすると、真実であると誤信した場合は故意が阻却されるといえそうである。

しかし、行為者が軽信した場合にも故意が阻却されては名誉の保護に欠ける。

そこで、客観的に確実な資料・根拠に基づいて証明可能な程度に真実と信じた場合には、責任故意が阻却されると解する。

➡規範

(2) 本問では、XはDから、AとCがホテルに入る現場を目撃したとか、Cから不倫の話を聞いたとの返信を受け取ったが、特に写真やメールのやりとりなど証拠となりうるものは何も提示されなかった。それなのに、Dの情報は正確であることも多かったというだけで、Xは真実であると信じて、それ以上調べなかった。

そうだとすれば、Dの情報以外何ら証拠がなく、Dの発言も信用性を認めるに足りる証拠がなかった。以上からすると、XはAの不倫について、客観的に確実な資料・根拠に基づいて証明可能な程度に真実と信じたとはいえない。

したがって、責任故意は阻却されない。

➡結論

4 よって、Xの行為には名誉毀損罪（230条1項）が成立し、Xはその罪責を負う。

以上

　本問は、月間ペン事件（最判昭和56年４月16日刑集35巻３号84頁〔百選Ⅱ20事件〕）を題材にして、名誉毀損罪をテーマにした問題である。名誉毀損罪は、司法試験2018（平成30）年で出題されており、構成要件・違法性・責任・処罰阻却事由など、幅広い理解が問われるので重要である。この機会に理解を深めてほしい。

論点

1　公共の利害に関する場合の特例の適用
2　真実性の錯誤

答案作成上の注意点

① 構成要件

　Xは、CとAとの不倫関係という事実を雑誌に掲載しているので、名誉毀損罪（230条）の成否が問題となります。名誉毀損罪の構成要件は以下のとおりです。

	定義	補足
公然	不特定または多数人が知りうる状態	特定かつ少数の者に対して情報を流した場合でも、不特定または多数人に伝播する可能性があれば公然性は認められる
事実を摘示	具体的に人の社会的評価を低下させるに足りる事実を告げること	○経済的能力に関しては、信用毀損罪で保護されるので、除かれる ○内容が真実であるか、虚偽であるかは問わない ○公知の事実か、非公知の事実であるかは問わない
名誉を毀損	人の社会的評価を害する危険を生じさせること	人の社会的評価を低下させるような事実を公然と摘示した時点で既遂となる（本人に対する社会的評価が現に低下したことを立証することは困難なので、抽象的危険犯とする）

　本問でのあてはめは、答案例を参照してください。ここでは、公然性に関する伝播可能性の事案について、判例をあげておきます。

　まず、伝播可能性を肯定した判例として、とある放火事件について、自宅でMの弟と村会議員に対して、M宅でMの妻と娘、そのほか村人３人に対して、それぞれ「Mの放火を見た」と発言した事案があります（最判昭和34年５月７日刑集13巻５号641頁〔百選Ⅱ19事件〕）。放火事件の犯人は近隣住民の関心が高いですし、特に守秘義務が認められるような事情はないので、ほかの者に伝える可能性もあり、妥当といえるでしょう。もしMの家族のみに対する発言であれば、広めない可能性もあるので、伝播可能性を否定することも考えられるでしょう。

　次に、否定判例として、検事取調室において担当検事および検察事務官２人だけの面前で被告訴人が告訴人に対して発言をした事案があります（最決昭和34年２月19日刑集13巻２号186頁）。取調室は密室ですし、担当検事や検察事務官が特にこの発言を広める理由もないので、妥当といえるでしょう。

　また、本問では問題にしませんでしたが、DがXに対して、AとCが２人でホテルに入る現場を目撃した等というメッセージを送信した行為についても、公然性が認められる可能性があります。雑誌記者に伝えれば、その事実を雑誌に掲載するなど不特定多数の者に知れ渡る危険性が高いので、伝播可能性を認めることができるでしょう。また、この場合、Aに対する名誉毀損行為において、XとDの共謀共同正犯や従犯の問題も生じるので、一度答案を書いてみるとよいでしょう。

② 公共の利害に関する場合の特例

　Aは高名な宗教家であるため、Xによる名誉毀損行為は、「公共の利害に関する事実」にかかるものにあたるとも思えます。そこで、230条の2により不処罰とならないかが問題となります。

	定義	補足
公共の利害に関する事実	公衆の批判にさらすことが公益の福利増進に役立つと認められる事実	月刊ペン事件は「私人の私生活上の行状であっても、そのたずさわる社会的活動の性質及びこれを通じて社会に及ぼす影響力の程度などのいかんによっては、その社会的活動に対する批判ないし評価の一資料として……『公共ノ利害ニ関スル事実』にあたる場合がある」とした
目的の公益性	公共の利益を増進させることが動機となって公然と事実を摘示したことが必要	月刊ペン事件は、主として公益目的であればよいとする
事実の真実性の証明	摘示された事実が真実であることが必要	立証責任は被告人が負う

　公共の利害に関する事実の判断方法ですが、月刊ペン事件は「摘示された事実自体の内容・性質に照らして客観的に判断されるべきもの」しています。したがって、表現方法等は考慮要素となりません。Aがどのような人物なのか、不倫という事実はどのような性質をもつものなのか、などによって判断していきましょう。

　本問において、Aは私人ですし、不倫関係は私生活の行状に関するものです。しかし、Bは日本でも有数の宗教団体であり、AはBの代表者を務め、高名な宗教家で信仰上の絶対的な指導者でした。また、公私を問わず、Aの言動は信者の精神生活等に重大な影響を与える立場にあり、直接間接を問わず政治的行動を通じ、社会一般に対しても少なからず影響を及ぼしています。そうだとすれば、Aの活動について国民は少なからず関心があり、不倫の事実はAの人格的評価に関わり、これを通じ、Aが行う社会的活動に対する批判あるいは評価の一資料となるといえるでしょう。また、相手が元国会議員であれば、国民の関心はより高くなるといえます。そうだとすれば、不倫関係はたしかに私生活の行状に関するものですが、人格的評価に関わるものですし、Aが行う社会的活動に対する批判あるいは評価の一資料となるので、公衆の批判にさらすことが公益の福利増進に役立つと認められる事実といえるでしょう。したがって、「公共の利害に関する事実」といえるでしょう。

　次に、目的の公益性についてです。月刊ペン事件は、「これを摘示する際の表現方法や事実調査の程度などは、同条にいわゆる公益目的の有無の認定等に関して考慮されるべきことがら」としています。したがって、主観だけでなく表現方法等を考慮して検討していくべきです。この場合、事実が公共の利害に関するもので、これを世間一般に発表しているのならば、主たる動機かは別として、少なからず、公共の利益を増進させる目的も有しているでしょう。

　あてはめは、答案例を参照してください。

　どちらにしても、AとCは不倫関係にないことが判明したので、「真実であることの証明があった」とはいえません。よって、230条の2は適用されません。

③ 真実性の錯誤の効果

　XはAの不倫関係について、真実だと信じていました。そこで、故意を阻却しないかが問題になります。前提として、公共の利害に関する場合の特例の性質が問題となります。その性質によって錯誤の扱いが変わるからです。そこで、いくつか学説を紹介します。

1　処罰阻却事由説
　　法文に忠実であることや、個人の名誉を保護すること、挙証責任の転換との関係から処罰阻却

事由とするとの見解です。しかし、公益を図る目的で公共の利害に関する真の事実を公表しても、犯罪そのものが成立してしまうので、表現の自由との調和が図れないとの批判があります。

2　構成要件該当性阻却事由説

　　表現の自由を保護するために構成要件該当性阻却事由とする説もあります。この説に対しては、名誉毀損罪は事実の真否を問わずに、事実の摘示が構成要件要素となるものであることや、名誉の保護に欠けるとの批判がなされています。

3　違法性阻却事由説

　　そもそもこの特例の趣旨は、名誉の保護と表現の自由の調和です。そこで、違法性阻却事由と解するのが通説です。答案例ではこの説を採用しました。

　　次に、真実性の錯誤が生じた場合の学説をいくつか紹介します。

4　処罰阻却事由説からの学説

(1)　有罪説

　　処罰阻却事由は故意の対象とならず、錯誤の問題とならないから有罪と解する。

(2)　正当行為説

　　名誉という人格権と表現の自由という憲法上の価値との衝突の微妙な調整のため、相当な根拠に基づく表現ならば、正当行為（35条）として違法性が阻却される。

5　違法性阻却事由からの学説

(1)　事実の錯誤＋無罪説

　　責任故意の本質は規範に直面したにもかかわらず、あえて行為にでたことに対する非難可能性であり、自分の行為を違法だと認識していなければ規範に直面したといえないので、事実の錯誤として故意が阻却され、無罪となる。

(2)　法律の錯誤説

　　厳格責任説の立場から、違法性阻却事由の錯誤は法律の錯誤と解すべきであり、相当の理由がある場合（違法性の意識の可能性がない場合）にかぎって、責任が阻却される。

(3)　正当行為説

　　確実な根拠に基づく場合は、表現の自由の正当行為として35条を適用して、230条の2に準じて違法性が阻却される。

(4)　事実の錯誤＋証明対象修正説

　　「真実であることの証明」という文言の訴訟法的表現を実体法的な表現に引き直すと、違法性阻却事由の対象は証明可能な程度の真実と解すべきである。したがって、行為者が証明可能な程度の資料・根拠をもって事実を真実と信じた場合に責任故意を阻却すると考える。

6　責任故意の本質は規範に直面したにもかかわらず、あえて行為にでたことに対する非難可能性であり、自分の行為を違法だと認識していなければ規範に直面したといえないので、事実の錯誤として責任故意が阻却されるのが原則です。

　　そして、「真実であることの証明」という訴訟法的表現を実体法的な表現に引き直し、証明可能な程度に真実であるとの認識を有していた場合に違法性阻却事由を基礎づける事実を認識していたことになると解することになります。もっとも、行為者が、証明可能な程度に真実と軽信した場合にも故意が阻却されるのでは法益保護に欠けます。

　　そこで、客観的に確実な資料・根拠に基づいて証明可能な程度に真実と信じた場合にのみ責任故意が阻却されると解すべきでしょう。

　　あてはめは、答案例を参照してください。

【参考文献】
試験対策講座・刑法各論第3章1節。判例シリーズ憲法34事件。条文シリーズ230条、230条の2。

第26問 A 窃盗罪⑴

各設問の事案を読み、甲および乙の罪責を検討しなさい。

1　甲は、自宅前に置いていた甲所有のバイク（以下「本件バイク」という）を何者かに盗まれた。2日後、甲は近所のA宅に本件バイクが置いてあるのを見付け、自分のものとして使うために、Aに無断でA宅から本件バイクを持ち出し、自宅に持ち帰った。

2　Bは、Mデパートの6階エスカレーター脇付近において、Bが同所からMデパート地下1階の食料品売り場にエスカレーターで移動した際に、ベンチに貴金属の入った小さな紙袋（以下「本件紙袋」という）を置き忘れた。Bが地下1階の食料品売り場で買い物をしていたところ、ベンチを通りかかった乙は、本件紙袋に気づき、これを自分のものにするつもりで持ち去った。なお、付近には手荷物らしき物もなく、本件紙袋だけがベンチ上に放置された状態にあったが、Bは本件紙袋を置き忘れた場所を明確に記憶しており、置き忘れてから10分後、地下1階の食品売り場で忘れたことに気づいてから約5分後には、置き忘れた場所に戻ってきた。また、ベンチの近くに居合わせたCが本件紙袋の存在に気づいており、持ち主が取りに戻るのを予期してこれを注視していた。

【解答へのヒント】

　本問は、甲、乙の行為について窃盗罪が成立するかをメインに問う問題です。それぞれ特殊な事情があることから、これらを窃盗罪の構成要件に絡めて検討してください。また、窃盗罪が成立しない場合には、それ以外の罪が成立しないかについても検討してみてください。

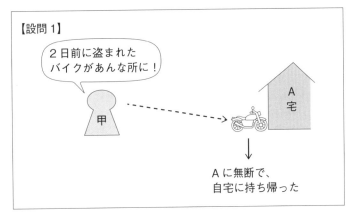

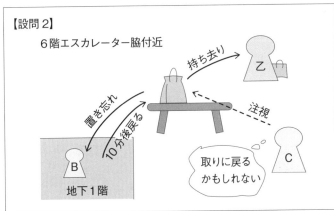

第1　甲の罪責について

1　甲が本件バイクをAに無断で持ち出して、自宅に持ち帰った行為につき、窃盗罪（刑法235条。以下法名省略）が成立しないか。

(1)　本件バイクの所有権は甲にあるが、「他人の財物」にあたるのか。窃盗罪の保護法益が問題となる。 5

▶問題提起
論 窃盗罪の保護法益

ア　財産関係の複雑化した現代社会では、現に財物が占有されているという財産的秩序の保護を図る必要があるから、占有それ自体を保護する必要がある。そこで、窃盗罪の保護法益は占有それ自体であると解する。 10

▶規範

イ　したがって、Aが本件バイクを占有しているから、本件バイクは「他人の財物」にあたる。

▶あてはめ
▶結論

(2)　そして、甲が本件バイクを無断で持ち出した行為は、占有者Aの意思に反して財物への占有者の占有を排除し、目的物を自己の占有に移す行為であるから、「窃取」にあたる。 15

(3)　また、甲には故意（38条1項本文）が認められる。

さらに、窃盗罪の成立には、使用窃盗、器物損壊罪（261条）との区別のため、権利者排除意思および利用処分意思を内容とする不法領得の意思が必要であると解するところ、甲はAの本件バイクに対する支配を排除して、本件バイクを自己物として利用しようとしたため、不法領得の意思が認められる。 20

(4)　したがって、上記行為は窃盗罪の構成要件をみたす。

(5)　そうだとしても、上記行為は、自己物を取り戻す行為であるから、自救行為として違法性が阻却されないか。 25

▶問題提起
論 自己物の取戻し

ア　自力救済は原則として禁止されているから、社会的相当性が認められる態様の場合にかぎり、自救行為も違法性が阻却されると解する。

▶規範

イ　これを本問についてみると、甲はAに無断で持ち去っているし、このような行為に及ぶ緊急性も認められない。 30

▶あてはめ

したがって、上記行為は社会通念上借主に受忍を求める限度を超えた違法なものであり、社会的相当性が認められる態様とはいえないから、違法性は阻却されない。 35

▶結論

2　よって、上記行為には窃盗罪（235条）が成立し、甲はその罪責を負う。

第2　乙の罪責について

1　乙が本件紙袋を自分のものにする目的で持ち去った行為につき、窃盗罪（235条）が成立しないか。 40

(1)　Bは、本件紙袋をMデパートの6階エスカレーター脇付近のベンチに置き忘れているところ、窃盗罪の客体は他人の占有する財物である。そこで、Bには本件紙袋に

▶問題提起

対する占有があったといえるのか、占有の存否の判断基準が問題となる。 45

論 占有の存否の判断基準

ア　この点、財物に対する支配の態様は物の形態その他の具体的事情によってさまざまであるから、財物に対する占有の事実と占有の意思を総合考慮して、社会通念に従って判断すべきと解する。 50

➡規範

イ　たしかに、Bは、本件紙袋を置き忘れた場所を明確に記憶しているし、置き忘れた場所に戻って来たのであるから、占有の意思は強い。

➡あてはめ

　　しかし、対象物である小さな紙袋は、移転が容易であり、現実の支配を回復することが困難である。さらに、付近には手荷物らしき物もなく、場所は公衆が自由に出入りできる開店中のMデパートであるから、客観的に本件紙袋に対するBの占有がうかがえる状況にはない。 55

　　また、Bは6階から地下1階と遠く離れた場所に移動し、地下1階から6階に戻るまでに約5分かかっているから、乙が持ち去った時点でBと紙袋の距離は離れている。さらに、置き忘れに気づいたのは約10分後であり、時間的にも離れている。したがって、Bの本件紙袋に対する占有の事実は弱いといえる。 60

　　以上の事情を考慮すると、Bには本件紙袋に対する占有があったとはいえない。 65

➡結論

(2)　なお、ベンチの近くに居合わせたCが本件紙袋を注視していたため、Cの占有があったとも思えるが、CはBから当該紙袋を預かったなどの事情がないため、Cの占有があったとまではいえない。 70

　　また、開店中のMデパートは、前述のように、公衆が自由に出入りできる場所であるから、本件紙袋に対する占有があったとはいえない。

(3)　そうすると、乙が本件紙袋を持ち去った行為は、占有者の意思に反して財物に対する占有者の占有を排除し、目的物を自己の占有に移すこととはいえないから、「窃取」にあたらない。 75

2　したがって、乙の行為には窃盗罪は成立しない。

3　もっとも、本件紙袋は、占有者の意思によらないでその占有を離れ、いまだ何人の占有にも属していない物であるから、「遺失物」といえる。そして、乙が自分のものにするつもりで持ち去った行為は、不法領得の意思をもって自己の事実上の支配内に置いたといえ、「横領」にあたる。 80

　　よって、乙の行為には遺失物横領罪（254条）が成立し、乙はその罪責を負う。 85

以上

　本問は、自己物の取戻しおよび持ち主が一度離れた事案における窃盗罪の成否を問うものである。いずれの事案も窃盗罪の重要なテーマであるから、本問でおさえておきたい。また、窃盗罪は2021（令和3）年、2019（令和元）年の司法試験、2021（令和3）年の予備試験で問われるなど、繰り返し出題されている。窃盗罪の書き方をしっかりと身につけてほしいと考え、本問を出題した。

論点

1　窃盗罪の保護法益
2　自己物の取戻し
3　占有の存否の判断基準

答案作成上の注意点

1　はじめに

　本問は、甲および乙の行為が窃盗罪または遺失物横領罪にあたらないかを検討する問題です。甲については、甲が自宅に持ち帰った本件バイクは甲が所有するものです。また、乙については、持ち主であるBが貴金属の入った本件紙袋を取りに戻っています。これらの点を窃盗罪の構成要件と結びつける必要があるでしょう。

2　窃盗罪の構成要件について

　235条は、「他人の財物を窃取した者は、窃盗の罪と」すると規定しています。この条文から、窃盗罪の構成要件には、①「他人の財物」と②「窃取」があることがわかります。①「他人の財物」の意義については、後述の3を参照してください。②「窃取」とは、占有者の意思に反して財物に対する占有者の占有を排除し、目的物を自己または第三者の占有に移すことをいいます。

　また、③故意（38条1項本文）も必要となります。さらに、明文はないものの主観的要件として、④不法領得の意思も必要となります（通説）。なぜ、明文がないのに不法領得の意思が必要なのか、不法領得の意思とはどのような内容なのかについては、第27問で詳しく扱っているので、そちらを参考にしてください。

　窃盗罪には多数の論点が存在しますが、①から④までのどの要件に関わる論点なのかを意識して論じるとよいでしょう（①から④までの要件とは関わらない論点もあるので注意してください）。

3　窃盗罪の保護法益について

1　問題の所在

　設問1の甲の行為についてみてみると、甲が無断で持ち出した本件バイクは、Aの占有下にあるものですが、甲が所有しているものです。「他人の財物」を他人が所有する財物と解釈すれば、本件バイクは「他人の財物」にあたりません。他方、「他人の財物」を他人が占有する財物と解釈すれば、本件バイクは「他人の財物」にあたります。「他人の財物」をどのように解釈するかは、奪取罪の保護法益と関連します。

2　各見解

　奪取罪全体において、保護法益をどのように解するかは、見解が分かれています。大まかな対立としては、保護法益を物に対する所有権（本権）とみる見解（本権説）と物の占有とみる見解（占有説）があります。

　さらに、占有説から派生して、平穏な占有、すなわちいちおう適法な外観を有する占有であるとする見解（平穏占有説）もあります。

3　判例

　　判例は、利用客と買戻約款付自動車契約を締結した貸主が、借主に無断で自動車を引き上げた事案で、「被告人が自動車を引き揚げた時点においては、自動車は借主の事実上の支配内にあったことが明らかであるから、かりに被告人にその所有権があったとしても、被告人の引揚行為は、刑法242条にいう他人の占有に属する物を窃取したものとして窃盗罪を構成するというべき」としており（最決平成元年7月7日刑集43巻7号607頁〔百選Ⅱ26事件〕）、占有説を前提としているといえます。

4　占有説を採用した場合の不都合

　　設問1のような自己物の取戻しの事案において、占有説を採用した場合、常に「他人の財物」にあたり、窃盗罪が成立すると解釈すると不都合な事案もあるでしょう。そこで、占有説を採ったうえで、自救行為として、一定の場合には違法性阻却がなされるとの見解もあります。

5　答案例

　　答案例では、占有説を採用しました。したがって、「他人の財物」は他人が占有する財物となりますから、設問1において、本件バイクは「他人の財物」にあたるという結論になります（詳しくは⑤参照）。また、占有説に立つとしても、一定の場合には違法性阻却がなされるとの見解を示したうえで、今回はそのような場合にあたらないとしました。

　　他方、本権説に立てば、本件バイクは「他人の財物」にあたらず、窃盗罪は成立しないとの見解に立つでしょう。

　　なお、設問2も占有説を前提としています。

④　占有の有無について

1　問題の所在

　　設問2の乙の行為についてみると、本件紙袋を占有していたBは、10分後に戻ってきてはいるものの、一度紙袋から離れています。そして、乙はBが本件紙袋から離れてから持ち去っています。そのため、乙が持ち去った時点でBは本件紙袋を占有しておらず、窃盗罪は成立しないのではないのかが問題となります。

　　したがって、財物を占有しているとはどのような状態をいうのかを検討する必要があります。

2　占有の有無の判断基準

　　占有は、占有の意思（主観的要素）と、占有の事実（客観的要素）から成り立ちます。

　　占有の意思とは、財物を事実上支配する意欲または意思をいいます。社会通念上、支配意思のないところに事実上の支配はないといえるため、占有の意思は、占有の有無を判断するにあたって重要な要素となります。占有の意思は、必ずしも個々の財物に対する個別的かつ具体的な支配意思であることを要せず、包括的・抽象的な意思で足ります。したがって、自宅内にある財物については一般的に占有の意思が認められ、外出中の間に自宅の郵便受に配達された郵便物などに対しても占有の意思が認められます。

　　占有の事実とは、占有の意思に基づき占有者が財物を事実上支配している状態をいいます。必ずしも占有者が排他的に管理支配している場所に財物が存在することを要せず、社会通念上、その支配者を推知しうる状態にある場合も含みます。

　　財物に対する支配の態様は物の形態その他の具体的事情によって一様ではないため、占有の有無は、占有の事実と占有の意思を総合考慮して、社会通念に従って判断すべきと解されています。

　　本問のような置き忘れた物に対する被害者の占有の有無を判断する考慮要素としては、❶時間的・場所的近接性、❷置き忘れ場所の見通し状況、❸置き忘れた場所の状況、❹被害者の認識、行動、❺財物の性質などがあります。

(1)　時間的・場所的近接性

　　置き忘れた財物に対する事実上の支配は、時間の経過とともに薄れていきます。また、被害者が置き忘れた場所から遠ざかるほど、被害者が当該財物に対する現実の支配を回復することは困難になります。したがって、被害者が財物を置き忘れた時点と、被害者の当該財物に対す

る事実上の支配の有無が問題となる時点が時間的・場所的に離れている場合には、占有が否定されやすいです。

(2) 置き忘れ場所の見通し状況

建物内で財物を置き忘れた部屋と異なる区画または階層に移動したとき、あるいは建物から外に出たり、更にほかの建物内に入ったりした場合には、被害者の位置から、置き忘れた場所を見とおすことができず、置き忘れたことに気づいても財物またはその付近の監視状態を回復するには相当の時間を要するため、占有は否定する方向にはたらきます。

(3) 置き忘れた場所の状況

公道上など日常多くの人が出入りする場所では、財物に対する支配は急速に失われるため、占有は否定する方向にはたらきます。

(4) 被害者の認識、行動

どこに置いたのかわからない場合には、すみやかに現実の支配を回復することが困難であるため、占有は否定する方向にはたらきます。

(5) 財物の性質

財物が小さいと、財物の移転が容易であり、現実の支配を回復することが困難であるため、占有は否定する方向にはたらきます。

3 答案例について

設問2の答案例では、占有の有無の判断を基礎づける要素として❶から❺までをあげました。そして、紙袋が小さい、Mデパートの地下1階と6階が離れていることなど、占有を否定する事情が多いため、占有がないとしました。

なお、占有が否定された場合には、遺失物横領罪（254条）の検討が必要なので、この点に注意してください。

⑤ 自己物の取戻しと窃盗罪について

権利の実現としてやむなく自己物を取り戻すような場合は、事実上の占有または所持を奪ったとしても、処罰対象から除外すべきと考えられています。

その法律構成は、ⓐ事実上の占有または所持という概念自体に絞りをかけ、構成要件該当性を検討するもの、ⓑ事実上の占有または所持という概念には絞りをかけず、違法性阻却されるか否かを検討するものの2つに大別されます。

前掲最決平成元年は、前述のように、窃盗罪の構成要件該当性を認め、かつ、「その行為は、社会通念上借主に受忍を求める限度を超えた違法なもの」であったとして違法性を肯定していることから、ⓑの構成をとっていることを明らかにしています。

そして、この構成に立つと、どのような場合に違法性阻却を認めるべきかが問題となります。本決定は、どのような場合に違法性阻却を認めるべきかについて一般的な判示はしていないものの、借主がもっていた事実上の所持の内容、被告人のもつ権利の内容、被告人の行為態様等の事実を重視して違法性は阻却されないと判断しています。

答案例においても、この判例と同じくⓑの構成をとっています。

【参考文献】
試験対策講座・刑法各論4章1節③、2節②【1】・【2】。判例シリーズ50事件。条文シリーズ2編36章総説③、235条②1。

第27問 A 窃盗罪(2)

各設例の事例を読み、甲および乙の罪責を論じなさい。

1 甲は、Aコンビニエンスストア（以下「コンビニ」という）でアルバイトとして働いていたが、店長Bとの間で給与をめぐり言い争いになった。甲は、Bを困らせる目的で、Bに無断でAコンビニで販売されている雑誌を10冊ほど持ち出し（以下「本件雑誌」という）、自宅で読まずに保管した。

　なお、甲は、Aコンビニの商品の品出しを行っていたものの、商品の仕入れや価格設定については、Bが行っており、商品の持ち出しについてはBの許可が必要であった。

　ただし、業務妨害罪について論じる必要はない。

2 乙は、乙の父Cが自宅近くの駐車場（以下「本件駐車場」という）に止めておいた自動車（以下「本件自動車」という）（時価120万円）に乗って、5キロメートルほど離れたDスーパーマーケット（以下「スーパー」という）で日用品を購入しようと考えた。なお、乙は、買い物後に本件自動車を返還する意思であり、本件駐車場を出発してからDスーパーで買い物を済ませて本件駐車場に戻すまで40分ほどかかると予想していた。

　乙は、Cに無断で本件自動車に乗り、Dスーパーに向かった。乙は予定どおり駐車場を出発してから40分ほどで駐車場に戻り、本件自動車を元の位置に戻した。なお、本件自動車は、Cが所有者である友人Eから預かっているものである。また、乙は本件自動車をCの所有物であると思っていた。

【解答へのヒント】

　本問は、甲および乙いずれについても窃盗罪の成否を問う問題です。甲がBを困らせる目的であったことや、乙が本件自動車を返還しようと考えていたことが窃盗罪の成否にどのような影響を与えるのかを考えてみましょう。

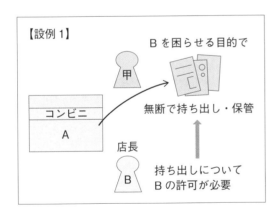

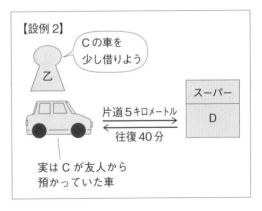

答案例

第1　甲の罪責について

1　甲が本件雑誌をAコンビニから持ち出した行為につき窃盗罪（刑法235条。以下法名省略）が成立しないか。

(1)　本件雑誌の品出しはアルバイトである甲が行っていた。そこで、甲は本件雑誌に対する占有を有しており、本件雑誌は「他人の財物」にあたらないのではないか。 ➡問題提起
論上下・主従関係における占有

ア　この点、占有は占有の意思と占有の事実から成り立つが、上下主従関係では通常は下位者の占有が上位者の占有の意思に従属すべき関係にあり、下位者には占有の意思が認められない。したがって、原則として、下位者は、独立の占有を有しないと解する。 ➡規範

もっとも、上位者と下位者の間に高度の信頼関係があり、下位者に財物について一定の処分権が委ねられている場合には、例外的に下位者に占有が認められる。

イ　これを本問についてみると、甲はAコンビニで、Bのもとで働くアルバイトであり、Bと甲は上位者と下位者の関係にあった。そして、商品の仕入れ、価格設定についてはBが行っており、商品の店外への持ち出しにはBの許可が必要であった。 ➡あてはめ

そうすると、甲にはAコンビニの商品に対する処分権が委ねられているとはいえず、下位者である甲に本件雑誌に対する占有は認められない。

ウ　したがって、本件雑誌は「他人の財物」にあたる。 ➡結論

(2)　甲は、本件雑誌をAコンビニから持ち出して自宅で保管しており、本件雑誌の占有をBの意思に反してBから自己のもとに移動させているから、本件雑誌を「窃取」した。また、故意（38条1項本文）も認められる。

(3)　もっとも、甲はBを困らせる目的で持ち出しているため、不法領得の意思が認められないのではないか。 ➡問題提起
論不法領得の意思の要否とその内容
➡規範

ア　この点、使用窃盗と区別するため、窃盗罪の成立には不法領得の意思が必要と解する。その内容としては、権利者排除意思と利用処分意思が必要と解する。

イ　これを本問についてみると、甲は、Bを困らせる目的で持ち出しており、また、最終的に本件雑誌を読まずに保管していたから、本件雑誌を読む意図はなかった。 ➡あてはめ

したがって、本件雑誌の効用を享受する意図はなかったため、利用処分意思がなく、不法領得の意思は認められない。

2　よって、甲の行為に窃盗罪は成立しない。 ➡結論

3　もっとも、器物損壊罪の「損壊」には物の隠匿行為も含まれ、甲が本件雑誌を持ち出して自宅に保管した行為は、本件雑誌の隠匿行為であるから、器物損壊罪（261条）が成立し、甲はその罪責を負う。

第2　乙の罪責について

1　乙が本件自動車を40分間利用した行為について、窃盗罪の罪責を負わないか。

(1)　本件自動車は、Cの占有する「他人の財物」であるし、本件自動車を40分間利用した行為は本件自動車の占有をCの意思に反してCから自己のもとに移動させる行為であり、「窃取」にあたる。また、故意もある。

　　もっとも、乙は本件自動車を本件駐車場に戻すつもりであったから、不法領得の意思が認められないのではないか。前述の基準により判断する。

ア　乙は、本件自動車を使用後、本件駐車場に戻す意図を有していたから、占有者たるCを排除する意図はないといえ、権利者排除意思を欠くとも思える。

　　しかし、乙は40分間という長時間にわたり使用する意図を有しており、また、往復10キロメートルという距離の離れたDスーパーまで利用しようと考えていて、その利用時間、利用距離はいずれも長い。さらに、本件自動車は時価120万円と高い。したがって、乙が予定していた本件自動車の利用は、Cの利用可能性を大きく阻害するもので、権利者排除意思が認められる。

イ　乙はDスーパーまでの移動のために本件自動車を利用しようと考えており、本件自動車の効用を利用する意図があったといえ、利用処分意思も認められる。

ウ　したがって、不法領得の意思が認められ、乙の行為に窃盗罪が成立する。

(2)　もっとも、本件自動車の所有者たるEと乙の間に親族関係はないが、占有者たるCとの間に親族関係がある。そこで、親族相盗例（244条1項）が適用され、刑が免除されるのではないか。

ア　244条1項は、「法は家庭に入らず」という政策的観点から定められた一身的処罰阻却事由であり、この趣旨が妥当するためには、所有者を含めたすべての関与者が家庭内にあることが必要である。そこで、同項が適用されるためには、窃盗犯人と占有者および所有者両方との間に親族関係が必要であると解する。

イ　そうすると、乙と所有者たるEとの間には親族関係はないから、親族相盗例は適用されない。

(3)　また、処罰阻却事由は故意の対象ではないから、乙が本件自動車の所有者をCと考え、処罰阻却事由を基礎づける事実に錯誤があったとしても、犯罪の成否には影響しないと解する。

　　したがって、この点からも乙の刑罰は免除されない。

2　よって、乙の行為に窃盗罪（235条）が成立し、乙はその罪責を負う。

以上

45

➡問題提起
論不法領得の意思の要否とその内容

55　➡あてはめ

60

65

70　➡問題提起
論親族相盗例の適用範囲

75

➡規範

80　➡あてはめ

論親族相盗例の錯誤

85

➡結論

本問の窃盗罪の論点は、司法試験2021（令和3）年、2017（平成29）年、2015（平成27）年など、繰り返し問われている論点であり、おさえることが必須である。このような論点について理解を深めてもらうべく本問を出題した。

■■ 論点 ■■

1　上下・主従関係における占有
2　不法領得の意思の要否とその内容
3　親族相盗例の適用範囲
4　親族相盗例の錯誤

■■ 答案作成上の注意点 ■■

1　はじめに

本問は、不法領得の意思を中心に窃盗罪の各論点を問う問題です。いずれの小問も典型的な事案ですから、どの論点を問うているかについては気づいてほしいところです。

気をつけてほしいのは、窃盗罪の各構成要件を必ず検討することです。今回、小問ごとにそれほど問題なく認められる構成要件がありますが、それらについても一言は触れてください。問題とならない構成要件についても、試験本番においては点数が振られている可能性が高いからです。ただし、問題とならない以上、長く論述する必要はありません。

2　小問1

1　上下・主従関係における占有
　(1)　問題の所在
　　　甲は、Aコンビニでアルバイトとして勤務しており、商品の品出しを行っていました。したがって、甲はAコンビニの商品を管理していたとして、甲にAコンビニの商品に対する占有が認められるとする考えもありえます。占有が認められた場合、「他人の財物」にはあたりませんから、窃盗罪は成立せず、業務上横領罪（253条）の成否について検討する必要がでてくるでしょう。
　　　他方、甲はAコンビニの店長Bに雇われて商品を管理していたため、甲はBの占有補助者にすぎず、甲に独立の占有がないから「他人の財物」にあたるとする考えもありえます。
　　　このように、雇われるなどして、財物を握持することになった場合に、雇われた者（下位者）に独立の占有が認められるのかについては議論があるところです。
　(2)　通説
　　　通説は、上下・主従関係については多種多様であり、下位者に独立の占有がない場合、双方に占有がある場合、下位者のみに占有がある場合の3つに分けられるとしています。
　　　ただし、通常であれば、下位者は上位者の占有補助者にすぎないでしょうから、下位者には占有がないとするのが原則でしょう。下位者に占有が認められるのは、上位者と下位者の間に高度の信頼関係が存在しており、下位者に処分権があるような場合といえます。
　(3)　判例
　　　判例は、店舗で物品を販売する店員が、店主に無断で商品を領得する行為は窃盗にあたるとしています（大判大正7年2月6日刑録24輯32頁）。また、倉庫係が倉庫に保管されている他人の物件を領得する行為は窃盗にあたるとする判例もあります（大判昭和21年11月26日刑集25巻50頁）。

(4)　答案例

　　答案例では、前述の内容をまとめて、原則として下位者に占有はないが、高度の信頼関係があり、下位者に一定の処分権が認められている場合には、下位者にも占有が認められるとの規範を立てました。そのうえで、仕入れや価格設定についてはBが行っており、商品の持ち出しにもBの許可が必要といった事情から、甲にそのような一定の処分権は認められていないとしました。

　　判例も同様の判断をしているため、店舗における店員の商品に対する占有は安易に認めないことが得策でしょう。

2　不法領得の意思

(1)　問題の所在

　　不法領得の意思とは、奪取罪の成立に必要とされている明文のない構成要件です。なぜ不法領得の意思は必要とされているのでしょうか。

　　窃盗罪を例に考えると、主観的要素として占有侵害行為を認識していることが必要です（占有説を前提にしています）。ところで、窃盗罪は財産上の利益を保護していません。したがって、使用利益を盗んでも不可罰となります。そのため、客観的に財物の占有を奪取しているとしても、返還する意思があるなど、使用利益のみを盗んでいるといえる場合には、不可罰とすべき場合があるといえるでしょう。そこで、可罰的な窃盗罪と不可罰的な使用窃盗を区別するために、不法領得の意思が構成要件として必要になります。

　　また、毀棄目的の占有侵害行為は毀棄隠匿罪として処理すれば足り、窃盗罪として重く処罰する必要はありません。したがって、毀棄目的の占有侵害についても窃盗罪の成立を否定する必要があり、不法領得の意思が構成要件として必要となります。

(2)　不法領得の意思の内容

　　不法領得の意思は、「権利者を排除し他人の物を自己の所有物と同様にその経済的用法に従いこれを利用し又は処分する意思」とされています（最判昭和26年7月13日刑集5巻8号1437頁、大判大正4年5月21日刑録21輯663頁・通説）。内容としては、権利者排除意思および利用処分意思の2つです。

　ア　権利者排除意思

　　権利者排除意思は、可罰的な窃盗罪と不可罰的な使用窃盗を区別するためのものです。例えば、単に物を短時間の間、借りる意思しか有せず、返還する意思があれば権利者排除意思が認められず、不可罰的な使用窃盗として処理されることになる可能性があります。

　　まず、返還意思がなければ、権利者排除意思は認められます。次に、返還意思があるとしても、相当程度の利用可能性を侵害する意思があれば、権利者排除意思は認められます。さらに、返還意思があり、相当程度の利用可能性を侵害する意思がないとしても、物に化体された価値の消耗・侵害を伴う利用意思があれば、権利者排除意思は認められます。このように、権利者排除意思は3段階で判断するとよいでしょう。

　イ　利用処分意思

　　利用処分意思は、窃盗罪と毀棄隠匿罪を区別するためのものです。利用処分意思については、財物から生じるなんらかの効用を享受する意思があれば足りるとされています。

(3)　甲の場合

　　甲で問題となるのは利用処分意思です。甲は、Bに嫌がらせをする目的で本件雑誌を持ち出しており、読まずに保管していることから、本件雑誌を読む意図はなかったと思われます。したがって、本件雑誌から生じる効用を享受する意思は有していなかったといえ、利用処分意思はなかったといえるでしょう。

3　器物損壊罪

　　窃盗罪が成立しないとしても、器物損壊罪が成立しないかについて検討しなければなりません。器物損壊罪における「損壊」には、隠匿行為も含まれるとされています。したがって、本件雑誌を自宅で保管していた行為についても器物損壊罪が成立するでしょう。

③ 小問2

1 不法領得の意思（乙の場合）

乙は本件自動車を返還する意思を有しています。したがって、権利者排除意思を欠くのではないかが問題となります。

返還する意思はあるので、相当程度の利用可能性を侵害する意図があるかを検討する必要があります。乙は、本件自動車を往復40分、約10キロメートル走らせることを目的として本件自動車を使用しようとしていました。40分はかなりの長時間ですし、約10キロメートルも長距離といえます。また、対象物が高額な場合には、利用可能性は高度に侵害されていると判断されやすくなります。本件自動車は時価が120万円と高価なので、排除意思があると判断されやすくなります。以上の事情を総合的に考慮すると、乙の本件自動車の使用目的は、相当程度の利用可能性を侵害する意図があったといえ、権利者排除意思はあるといえるでしょう。

2 親族相盗例の適用範囲

244条1項は、「配偶者、直系血族又は同居の親族との間で第235条の罪、第235条の2の罪又はこれらの罪の未遂罪を犯した者は、その刑を免除する」と規定しており、親族相盗例とよばれています。244条1項の趣旨は、法は家庭に入らずとの政策的観点から処罰を阻却するものとされています（通説）。

本問のように、窃取した財物の占有者と所有者が一致しない場合には、窃盗犯人とだれとの間に同項所定の親族関係が必要なのかが問題となります。通説は、占有者および所有者いずれとの間にも同項所定の親族関係が必要であるとしています。判例もそのように判断しています（最決平成6年7月19日刑集48巻5号190頁）。

本問では、占有者Cと乙との間に親族関係はありますが、所有者Eとの間に親族関係はありません。したがって、通説・判例に立てば、乙に親族相盗例は適用されないでしょう。

3 親族相盗例の錯誤

乙は、本件自動車の所有者が直系血族であるCであると考えていました。したがって、乙の主観からは、親族相盗例が適用される場面にあたるということになります。では、このように親族相盗例に関する事情に錯誤があった場合に、故意が阻却されることはないのでしょうか。

通説は、親族相盗例は「法は家庭に入らず」という政策的観点から定められた一身的処罰阻却事由であるから、故意の認識対象ではなく、親族相盗例の錯誤により故意は阻却されないとしています。したがって、本問でも罪責には影響を与えないということになります。

【参考文献】
試験対策講座・刑法各論4章1節④、2節②【2】(5)(b)・⑤。判例シリーズ53事件、55事件。条文シリーズ2編36章総説④、235条②2(2)、244条②。

第28問 A 強盗罪(1)

甲と乙は、甲が、乙がルビーの買い手となることを希望しているように装って、宝石商Vからルビーをだましとったあと、甲の合図で入れ替わりに乙がVを殺害することを計画し、ホテルの一室にVを呼びだした。そして、甲は事前の打合せどおり、「ルビーをほしがっている乙が隣室にいる。乙は、品物を受け取るまでは金は渡せないと言っている」と言ってVからルビーを受け取り、そのままホテルから逃走した。その後、甲の合図を確認した乙は、甲と入れ替わりでVがいる部屋に入った。Vは、「品物は受け取っただろう。金を渡せ。」と要求した。乙は、計画どおり拳銃でVに向かって発砲したが、Vは防弾チョッキを着ていたため、重傷を負うにとどまった。

甲および乙の罪責を論ぜよ。

【解答へのヒント】

本問のような多論点型の問題では、読み手が答案の流れを見失うことのないように体系的にわかりやすくまとめることが重要です。そのためには、条文の構成要件を1つひとつ丁寧に認定することが必要です。たとえば、本問の詐欺罪について「欺いて」「財物」「交付させ」といった構成要件の認定を欠いたまま犯罪を成立させないように注意しましょう。また、条文の構成要件を漏れなく検討すると、論点に気づきやすくなります。

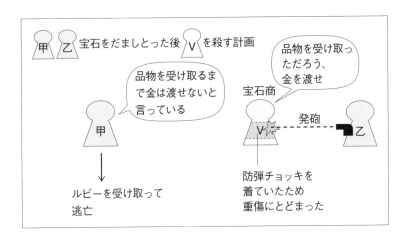

第1　甲が、「乙は、品物を受け取るまでは金は渡せないと言
　　っている。」と言ってVからルビーを受け取った行為につき、
　　詐欺罪（刑法246条1項。以下法名省略）と窃盗罪（235条）
　　のいずれが成立するというべきか。

■問題提起
■論 詐欺罪と窃盗罪の区別

　　1　詐欺罪と窃盗罪は、処分行為の有無によって区別される　5
　　　から、財物の占有移転が相手方の意思によって行われたの
　　　かを検討する。

■規範

　　　　Vは、乙に売るつもりで甲にルビーを交付しており、あ
　　　とで代金を受け取れるはずだという錯誤に陥っているとは
　　　いえ、みずからの意思で財物の占有を移転させている。　10
　　　　したがって、上記行為に窃盗罪は成立しない。

■あてはめ

■結論

　　2　そこで、以下、詐欺罪の成否を検討する。
　　⑴　甲の上記発言は、財物交付に向けてVを錯誤に陥らせ
　　　る行為であるから、「欺」く行為といえる。
　　　　そして、Vは錯誤に基づいてルビーを「交付」し、甲　15
　　　の手元に「財物」であるルビーが移転している。
　　⑵　以上より、甲の上記行為には詐欺罪が成立する。

第2　乙がVに向かって発砲した行為について、強盗殺人未遂
　　罪（243条、240条後段）が成立しないか。

　　1　乙は甲との計画どおり、Vを殺害しようと考えて上記行　20
　　　為をしている。そこで、強盗犯人が故意に人を殺害しよう
　　　とした場合も、240条後段を適用できるのかが問題となる。

■問題提起
■論 240条後段と殺意

　　　　同条には、結果的加重犯特有の「よって」という文言は
　　　なく、また、故意に人を死亡させて財物を奪うことは刑事
　　　学上典型的な事例である。　　　　　　　　　　　　　　25
　　　　そこで、強盗犯人に死亡結果への故意がある場合も、
　　　240条後段を適用できると解する。

■規範

　　　　したがって、本問において、同条が適用される。

■結論

　　2　以下、240条後段の構成要件を検討する。
　　⑴　本罪は、「強盗」が主体でなければならない。そこで、　30
　　　まず1項強盗罪（236条1項）の成立を検討する。

■問題提起
■論 1項強盗

　　　ア　強盗罪における、財物奪取の手段としての「暴行又
　　　　は脅迫」とは、相手方の反抗を抑圧するに足りる程度
　　　　の暴行または脅迫をいう。

■規範

　　　　　拳銃で撃つ行為は、相手方の生命を奪いうる行為で　35
　　　　あり、相手方の反抗を抑圧するに足りる程度の「暴
　　　　行」といえる。

■あてはめ

　　　イ　また、1項強盗罪は、暴行等が財物の占有を移転さ
　　　　せるために行われた場合だけでなく、占有を確保する
　　　　ために行われた場合にも成立する。　　　　　　　　40

■規範

　　　　　もっとも、本問では甲がホテルから逃走した時点で
　　　　すでに財物の占有は確保されているから、1項強盗罪
　　　　は成立しない。

■あてはめ

　　⑵　そこで、2項強盗罪（236条2項）の成否を検討する。

乙は、Vを殺害することで、ルビーの返還または代金
　の支払を免れようとしている。この乙の行為が「財産上
　不法の利益」を得るための「暴行」（236条2項、1項）
　である必要がある。
ア　乙の行為は、前述のとおり「暴行」にあたる。
イ　しかし、ほかの2項犯罪、すなわち詐欺利得罪や恐
　　喝利得罪では相手方の処分行為を要することから、こ
　　れらと統一的に解するために、2項強盗罪の成立にお
　　いても、被害者による処分行為が必要かが問題となる。

➡️問題提起
論 2項強盗における処分行為
　の要否

　　(ア)　同罪は被害者の意思を抑圧して財産上の利益を得
　　　る犯罪であり、被害者による任意の処分行為は予定
　　　されていないため、被害者の処分行為は不要である
　　　と解する。
　　　　もっとも、2項強盗における利益の移転を抽象的
　　　に考えると、処罰範囲が不当に広がってしまう。
　　　　そこで、暴行によって現実に財産上の利益を取得
　　　するか、少なくとも利益の取得を現実に可能にする
　　　ものであることを要すると解する。

➡️規範

　　(イ)　乙は、拳銃を撃ち、Vに重傷を負わせる行為によ
　　　って少なくともルビーの返還または代金の支払を免
　　　れる利益の取得を現実に可能にしたといえる。

➡️あてはめ

　　(ウ)　したがって、乙は「財産上の不法の利益」を得る
　　　ための「暴行」（236条2項、1項）といえる。
ウ　よって、乙は「強盗」（240条）といえる。

➡️結論

(3)　もっとも、乙は、財産上の利益は取得しているものの、
　Vに死亡の結果は発生していない。ここで、240条後段
　の罪の未遂の判断基準が問題となる。

➡️問題提起
論 強盗殺人罪の未遂

　　同条が重い法定刑を定めているのは、生命・身体を第
　一次的な保護法益とすることにあるから、未遂・既遂も
　殺害の点につき判断すべきである。
　　そこで、同条後段の未遂とは、殺人が未遂に終わった
　場合をいうと解する。

➡️規範

　　そうすると、乙は、Vに重傷を負わせているにすぎな
　いから、強盗殺人未遂罪が成立する。

➡️あてはめ
➡️結論

第3　以上より、甲と乙の各行為には、詐欺罪（246条1項）
　と強盗殺人未遂罪（243条、240条後段）が成立する。両罪は
　保護法益が同一であり、時間的・場所的接着性や犯意の連続
　性もあるから、甲と乙は、重い強盗殺人未遂罪の共同正犯の
　包括一罪の罪責を負う。

　　　　　　　　　　　　　　　　　　　　　　　　　以上

強盗罪は論点も多く、旧司法試験では2001（平成13）年度第2問、1994（平成6）年度第2問、1987（昭和62）年度第2問、新司法試験では2021（令和3）年刑事系第1問、2020（令和2）年刑事系第1問、2016（平成28）年刑事系第1問、2008（平成20）年刑事系第1問と、繰り返し出題されている重要犯罪である。本問は、最決昭和61年11月18日刑集40巻7号523頁（百選Ⅱ40事件）の事案をベースに、強盗罪の理解を確認するとともに、複雑な事例のなかから論点を抽出し、事例を処理する能力を試してもらう趣旨で出題した。

論点

1　詐欺罪と窃盗罪の区別
2　240条後段と殺意
3　1項強盗
4　2項強盗における処分行為の要否
5　強盗殺人罪の未遂

答案作成上の注意点

1　全体的な注意

本問は書くべきことが非常に多く、答案をまとめるのが大変だと思いますが、条文の構成要件を漏れなく検討していきましょう。当たり前のことですが、犯罪を成立させるためには当該行為が構成要件をすべてみたすことを認定しなければなりません。

論点を検討する際には、いかなる構成要件該当性の問題なのかを明確にすることが必要です。論点を抽象的に論じるのみで、構成要件あるいは条文との具体的な結びつきが明らかになっていない答案は、いくら論証部分が正確に論じられていても、高い評価を得ることができません。また、論点の抽出は、必ず問題文の事実を引用するかたちで行いましょう。これによって、なぜ本問の事案で当該論点を論じる必要があるのかが明らかになるからです。

2　窃盗罪と詐欺罪の区別について

「財物を交付させ（る）」（246条1項）とは、相手方が錯誤に基づいて処分行為をすることにより、行為者側が財物の占有を取得することをいいます。この処分行為は、瑕疵ある意思に基づく占有の移転を本質とする詐欺罪と、単純な盗取罪である窃盗罪とを区別する標識となるものであり、詐欺罪の成立に必須の要件です。

広島高判昭和30年9月6日高刑集8巻8号1021頁は、店の商品を試着したまま便所に行くと告げて逃走した事案について、「被害者が右のように上衣を被告人に交付したのは、被告人に一時見せるために過ぎないのであって、その際は未だ被害者の上衣に対する事実上の支配は失われていないものというべく、従って被告人が右上衣を着たまま表へ出て逃走したのは即ち同人の右事実上の支配を侵害しこれを奪取したものに外ならないと認むべきものである」として、窃盗罪の成立を認めています。

これに対し、東京高判平成12年8月29日判時1741号160頁は、「今若い衆が外で待っているから、これを渡してくる。お金を今払うから、先に渡してくる」と申し出て、商品であるテレホンカードを持って店外に出たあと逃走した事案で、店番が「被告人の言葉に注意を逸らした隙に、テレホンカードを盗まれたというのではなく、同人は、被告人が販売ケースの上のテレホンカードを手に取って店外に持ち出すのをその場で認識していたが、被告人がセカンドバッグを店内に残したままであることを見て取り、その際の被告人……の言葉を信じて、被告人の右の行動を了解・容認したと

いうにある。すなわち、同人は、欺かれて、テレホンカードを被告人に交付したものというべきである」として詐欺罪の成立を認めています。

本問のVは、あとで代金を受け取れると誤信し、所有権を終局的に移転させる意思で、先履行として売買契約の品物であるルビーを甲に渡しているので、交付の時点でルビーの占有は甲に完全に移転したといってよいでしょう。したがって、答案例では甲に詐欺罪の成立を認めています。他方で、ホテルの一室から持ち出しただけではいまだVのルビーへの占有は失われていないと考え、窃盗罪が成立するという結論をとった場合には、後述の乙に事後強盗が成立する可能性があります。

前掲最決昭和61年は、詐欺罪と窃盗罪のいずれも成立の余地があるとしています。

③ 240条後段は殺意ある場合も含むかどうかについて

240条後段の強盗致死罪に関しては、死亡結果について認識を欠く場合、すなわち結果的加重犯としての強盗致死罪が含まれることについては争いがありません。

問題となるのは、本問の乙のように死亡結果について認識がある場合、すなわち殺意がある場合も本条が適用されるのかという点です。判例・通説は、本罪は強盗の際には死傷結果が生じる場合が多いという刑事学的類型をもとに立法されたものですが、強盗に際して人を殺害して財物を奪うという強盗の類型的態様を立法者が本罪の適用範囲から除外したとは考えられないとして、殺意がある場合も240条後段のみ適用すれば足りるとしています（最判昭和32年8月1日刑集11巻8号2065頁）。

なお、本書では便宜上、殺意がある場合を強盗殺人、殺意がない場合を強盗致死と分けてよぶことにしています。

④ 1項強盗罪について

強盗罪が成立するための暴行・脅迫（236条1項）は、財物奪取の手段として行われなければなりません。ただし、最判昭和24年2月15日刑集3巻2号164頁は、「暴行脅迫を用いて財物を奪取する犯意の下に先づ財産を奪取し、次いで被害者に暴行を加えてその奪取を確保した場合は強盗罪を構成するのであって、窃盗がその財物の取還を拒いで暴行をする場合の準強盗〔238条、事後強盗〕ではない」として、暴行・脅迫が財物の占有を移転させるために行われた場合だけでなく、占有を確保するために行われた場合にも1項強盗罪の成立を認めています。

もっとも、本問の乙がVを拳銃で撃ったのは、甲がルビーを持って逃走したあとであり、すでに占有は確保されているため、1項強盗罪は成立しないでしょう。

⑤ 2項強盗罪における処分行為の要否について

1 処分行為の要否

2項強盗罪が成立するために利益の奪取が被害者の処分に基づくものであることを要するかどうかについては、たとえば財産上の利益を得ようとして暴行・脅迫を行ったものの、被害者が気絶してしまい処分行為をなしえなかったような場合に問題となります。ほかの2項犯罪である詐欺利得罪や恐喝利得罪においては、相手方の処分行為を要することから、これらと統一的に解するべきとも考えられるからです。

処分行為必要説は、1項の強盗罪が占有移転という外形的事実によって成立する以上、本罪の場合も処分行為という利益の移転を明確化するメルクマールが必要だと主張します。しかし、本罪は強盗罪の一種として、反抗を抑圧する程度の暴行・脅迫を手段とし、被害者の意思に反して財産上の利益を得ることを内容とするものなので、むしろ被害者が任意の処分行為をすることは想定されていないといえます。したがって、不要説が妥当でしょう。答案例も不要説を採っています。

2 利益の移転

被害者の処分行為は本罪の成立要件ではありませんが、処罰範囲の明確化の観点および1項強盗との均衡から、2項強盗が成立するためには、1項強盗と同程度の財産移転、すなわち現に行為者または第三者に財産上の利益が移転したといえなければなりません。財産上の利益が移転し

たかどうかの判断については、通説と裁判例で見解が異なっているものがあることに注意が必要です。

財産上の利益が債務を免れる内容である場合において、それが一時的な支払猶予のときでも財産上の利益の移転として認められるかが問題となります。具体的には、債権証書が存在し、債権者の相続人がいる場合において、債権者を債務免脱目的で殺害したときがあります。

債務を免れる目的で債権者を殺した場合であっても、債権証書が存在し、債権者に相続人がいるときには、債権者の地位を相続した相続人が債務者に対して履行を求めることができるため、債務を免れるという意味の財産上の利益が移転していないのではないかがポイントになります。

これについて、通説は、債務者は債権者の相続人により履行を請求される以上、1項強盗と同程度の財産移転があったとは評価できないとして、2項強盗の成立は否定されるとしています。

一方、大阪高判昭和59年11月28日判時1146号158頁は、「債務者が、履行期の到来し又は切迫している債務の債権者を殺害したときは、債権者自身による追及を絶対的に免れるだけでなく、債権の相続人等による速やかな債権の行使をも、当分の間不可能ならしめて、債権者による相当期間の支払猶予の処分行為を得たのと実質上同視しうる現実の利益を得ることになるのであって、かかる利益を、刑法236条2項にいう『財産上不法ノ利益』から除外すべき理由は見当らない……債務者が債務の支払いを免れる目的で債権者を殺害した場合においては、相続人の不存在又は証憑書類の不備等のため、債権者側による債権の行使を不可能もしくは著しく困難ならしめたときのほか、履行期の到来又は切迫等のため、債権者側による速やかな債権の行使を相当期間不可能ならしめたときにも、財産上不法の利益を得たと認めうる」と判示しました。要するに、債権者が殺害されている以上、相続人による債権行使は一時的とはいえ行うことができないため、それは財産上の利益が移転しているということです。

本問では、Vを殺害した場合、甲と乙はルビーの返還債務を免れることができるため、拳銃の発砲は、財産上の利益が移転する危険性のある行為といえます。

6 強盗殺人罪の未遂について

243条は、強盗殺人罪の未遂を処罰する旨を規定していますが、いかなる場合がこれにあたるかについては、①強盗自体が未遂に終わった場合とする説と、②殺意をもってした強盗殺人罪の場合に殺人が未遂に終わった場合とする説(通説)とが対立しています。

本罪は結果的加重犯のみを規定したものであるとする①の見解からは、結果的加重犯の未遂というものはありえないため、基本犯である強盗が未遂に終わった場合が本罪の未遂であることになります。

これに対して、本罪は結果的加重犯のほかに故意犯も含むとする 3 で述べた通説は、本罪の刑がきわめて重いのは生命・身体を第一次的な保護法益とするためであるから、本罪の既遂・未遂の区別も殺傷の点について考えるべきであるとしています。大判昭和4年5月16日刑集8巻251頁(百選Ⅱ45事件)も同様です。このように考えると、結果的加重犯としての強盗致死罪には未遂は観念しえないことになります。

答案例では、後者の判例・通説に従い、乙はVに重傷を負わせているにすぎないため強盗殺人未遂罪が成立するとしました。

7 罪数

乙に成立する詐欺罪と強盗殺人未遂罪は被害法益が同一であり、時間的・場所的接着性や犯意の連続性もあることを考慮すると、重い強盗殺人未遂罪の共同正犯の包括一罪となるでしょう。前掲最決昭和61年も、2項強盗殺人未遂罪の包括一罪として処理しています。

【参考文献】

試験対策講座・刑法各論4章3節 2【2】(2)(b)・ 3【2】(1)・ 3【2】(2)・ 4【2】・ 6【3】(5)(b)・【4】(1)、4節 2【2】(4)(a)。判例シリーズ56事件、57事件。条文シリーズ236条、240条 2 2(3)、246条 2 2(3)(a)。

第29問 A 強盗罪⑵

　　甲はAの留守宅に侵入し、現金500万円が保管されている金庫のダイヤルに手をかけ開錠したところで、ちょうど帰宅したAに見つかった。甲は護身用に持ち歩いていた刃渡り10センチメートルの果物ナイフを上着のポケットから取りだしてAに突きつけ、「けがをしたくなければ、おとなしく金を渡せ。」とAに迫った。Aには格闘技経験があり、剛胆な性格であったことから、反抗を抑圧されるにいたらなかったが、「相手は刃物を持っているので、もみ合いになればけがをするかもしれない。ここはいったん素直に金を渡して、タイミングを見計らって取り返そう。」と冷静に判断し、甲が持参したバッグに現金500万円を詰めるのを黙って見ていた。甲は現金500万円が詰めこまれた同バッグを持ってA宅から逃げ出した。Aもすぐに甲を追いかけ、「強盗だ、だれかそいつを捕まえてくれ。」と叫んだ。たまたま付近を通りかかったBが、Aの声を聞いて甲の腕をつかんだ。甲はこのままではBに捕まってしまうと考え、Bの顔面を殴打し、加療2週間程度の打撲傷を負わせた。甲の腕を離してその場に倒れこんだBのズボンのポケットからBの財布が転がったのを見た甲は、Bの財布を拾ってバッグに詰め、逃走した。
　　甲の罪責を論ぜよ（特別法違反の点は除く）。

【解答へのヒント】

　　甲の1つひとつの行為を丁寧に拾い、論点を落とさないように注意してください。また、甲の行為が多いため、甲のどの行為をさして論じているのかがわかるように、問題文の事実を使って指摘するように心掛けてください。

　　また、問題文の事実は、論点の発見のきっかけになったり、結論を左右するあてはめの際に役立ちます。なぜその事実が書かれているのか、その事実が何を意味しているのかについて、敏感になりましょう。

　　成立する罪が多い問題では、罪数処理の検討も丁寧に行い、できるかぎり理由も書けるとよいでしょう。

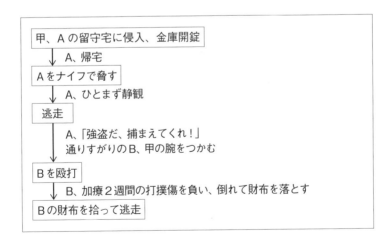

1　まず、甲はAの留守宅という「人の住居」に「侵入」して
いるから、甲の侵入行為には住居侵入罪（刑法130条前段。
以下法名省略）が成立する。

2　甲が金庫を開錠した行為に窃盗未遂罪（243条、235条）が
成立するか。実行の着手時期の判断基準が問題となる。　　　　　5

  ➡️問題提起
  論窃盗の実行の着手時期

(1)　実行行為とは、構成要件的結果発生の現実的危険性を有
する行為をいう。そこで、このような危険性を有する行為
の開始の時点が実行の着手時期であると解する。

  ➡️規範

(2)　本問では、甲は、現金500万円が保管されている金庫の
開錠まで終了させており、すぐに中の現金を盗める状況に　　　10
あったのだから、他人の財物の占有取得という窃盗罪の構
成要件的結果発生の現実的危険性を有する行為をしたとい
える。

  ➡️あてはめ

したがって、甲は窃盗罪の実行行為に着手したといえる。

  ➡️結論

(3)　よって、甲の行為には窃盗未遂罪が成立する。　　　　　15

3　次に、甲がAに対して果物ナイフを突きつけ、「けがをし
たくなければ、おとなしく金を渡せ。」とAに迫った行為に、
強盗罪（236条1項）が成立するか。

(1)　まず、「暴行又は脅迫」とは、相手方の反抗を抑圧する
に足りる程度の暴行または脅迫をいうところ、Aは、現実　　　20
に反抗を抑圧されることはなく、けがをすることがないよ
うに、甲が現金をバッグに詰めることを容認したにすぎな
い。

そこで、相手方の反抗を抑圧するに足りる程度の脅迫を
加えたが、相手方は反抗を抑圧されないで財物を交付した　　　25
場合にも、「強取した」といえるかが問題となる。

  ➡️問題提起
  論強盗罪の「暴行又は脅迫」

ア　強盗罪にいう暴行・脅迫は、当該暴行・脅迫がその性
質上社会通念により客観的に判断して相手方の反抗を抑
圧するに足りると認められることを要し、かつそれで足
りると解する。そして、反抗の抑圧とは、被害者側が完　　　30
全に反抗の能力を失うことあるいは抵抗の意思を完全に
喪失することを必要としないと解すべきである。

  ➡️規範

イ　甲の上記行為は、現実に果物ナイフという鋭利な刃物
を突きつけたうえで相手方の身体に危害を加える旨を告
げるものであり、社会通念により客観的に判断して、相　　　35
手方の反抗を抑圧するに足りる程度の害悪の告知である
から、「脅迫」といえる。

  ➡️あてはめ

そして、甲は、上記の脅迫によってAの抵抗を防ぎ、
現金500万円という「他人の財物」をバッグに詰めて占
有を取得しているから、「強取した」といえる。　　　　　40

(2)　したがって、甲の行為には強盗罪が成立する。

  ➡️結論

なお、甲は同一機会において同じ被害者Aから現金500
万円を窃取しようとし、引き続いて強取したから、同一機
会・同一法益に対する侵害であり、前述の窃盗未遂罪は重

い強盗罪に吸収される。 45

4　さらに、甲が、Bによる逮捕を免れようと、Bの顔面を殴
　打して傷害を負わせた行為につき、強盗致傷罪（240条前
　段）が成立するか。
（1）　まず、前述のように、甲には強盗罪が成立するので、甲
　　は「強盗」にあたる。 50
（2）　そうだとしても、Bの傷害の結果は、強盗の手段として
　　の暴行・脅迫から生じたものではない。
　　　そこで、甲はBを「負傷させた」といえるか、強盗致死 ➡問題提起
　　傷罪の原因行為の範囲が問題となる。 論強盗の機会

　　ア　同罪は、強盗の機会に人の死傷結果が多い点に着目し 55 ➡規範
　　　た犯罪類型である。そこで、死傷結果の原因行為は強盗
　　　の機会に生じていれば足りると解する。具体的には、犯
　　　罪の継続性、強取行為との時間的・場所的継続性を考慮
　　　して判断する。

　　イ　甲のBに対する暴行は、強盗の現場であるA宅で行わ 60 ➡あてはめ
　　　れたわけではないが、A宅から至近距離で、強取行為の
　　　直後に行われている。そして、同暴行は、Aの「強盗だ、
　　　だれかそいつを捕まえてくれ。」という叫びを聞いて、
　　　甲を捕まえようと腕をつかんできたBから逃れて先の強
　　　盗を完全に達成するために行われたものであり、犯罪の 65
　　　継続性もある。

　　ウ　したがって、甲がBに傷害を負わせた行為は、強盗の ➡結論
　　　機会に行われたといえるから、「負傷させた」といえる。
（3）　よって、甲の行為には強盗致傷罪が成立する。

5　最後に、甲がBの財布をバッグに詰めた行為に強盗罪が成 70 ➡問題提起
　立するか。甲はBへの暴行行為時に財布を奪取する意思を有 論事後的奪取意思
　していなかったところ、暴行行為後に財物奪取する意思が生
　じた場合の強盗罪の成否が問題となる。

（1）　強盗罪は、暴行を手段として財物を奪取する犯罪である
　　から、「暴行」は、財物奪取に向けられている必要がある。 75 ➡規範
　　そこで、暴行後に財物奪取意思が生じた場合は、新たな暴
　　行が行われないかぎり、「暴行」は認められない。

（2）　甲は、Bから逃れるためにBの顔面を殴打する暴行を加
　　えたのであって、もともと財物奪取意思を有していたわけ
　　ではなく、新たな暴行も行われていない。 80
（3）　したがって、甲にはBに対する強盗罪が成立せず、窃盗 ➡結論
　　罪が成立する。

6　以上より、甲は、①住居侵入罪（130条前段）、②強盗罪
　（236条1項）、③強盗致傷罪（240条前段）、④窃盗罪（235
　条）の罪責を負う。 85
　　　①と②は手段と結果の関係にあるから、牽連犯（54条1項
　後段）となり、これと③、④は、併合罪（45条前段）となる。
　　　　　　　　　　　　　　　　　　　　　　　　　　以上

論文式試験では、多論点型の事例問題が出題されることがある。そこで、財産罪における最重要分野であり、新旧司法試験において頻出である強盗罪を素材に多論点型の事例問題を出題した。すべての論点をバランスよく時間内で書ききることが求められている。どの論点を厚く書くべきか、問題文を読んだあとの答案構成の段階ですばやく判断できるようにしたい。

■■ 論点 ■■

1　窃盗の実行の着手時期
2　強盗罪の「暴行又は脅迫」
3　強盗の機会
4　事後的奪取意思

■■ 答案作成上の注意点 ■■

① 住居侵入罪について

住居侵入罪（130条前段）の客体は、他人の住居、他人の看守している邸宅・建造物・艦船です。

そして、同罪の実行行為は「侵入」することです。「侵入」の意義は、保護法益の理解の相違により異なり、判例（最判昭和58年4月8日刑集37巻3号215頁〔百選Ⅱ16事件〕）・通説である新住居権説は住居権者の意思に反する立入りと解しています。

本問では問題文に「甲はAの留守宅に侵入し」とあるため、甲がA宅という「人の住居」に「侵入」していることは明らかです。論点の数やほかに論じる必要性からしても、ここを詳細な事実認定をして時間や行数を費やすべきではなく、簡潔に住居侵入罪が成立することを述べましょう。

② 窃盗の実行の着手時期について

窃盗罪は、予備を処罰せず、未遂を処罰するため（243条）、実行の着手時期がどの時点で認められるかは重要な問題であり、本問でも問題となっています。

これについては、実行の着手一般についてとる立場によって結論が異なりますが、通説である実質的客観説によると占有侵害の現実的危険性を含む行為を開始した時点ということになります。そして、現実的危険性の有無は、財物の性質、形状および行為の態様を総合して判断する必要があります。

具体的には、通常は物色行為をもって実行の着手ありとすべきです。これは答案でも認定によく使うので覚えておきましょう。これに対して、財物の存在を確かめるだけの目的でポケットの外側に手を触れる行為（アタリ行為）については実行の着手を認めないのが一般的です。しかし、内部に財物を保管する土蔵・倉庫へ侵入し、盗む場合には、侵入行為だけで占有侵害の現実的危険性が認められるので、その時点で実行の着手が肯定できます。

大判昭和9年10月19日刑集13巻1473頁は、一般論として、他人の財物に対する事実上の支配を侵すにつき密接なる行為をした時点に実行の着手を認めていますが、これは通説の立場に符合するものと評価されています。

こうした窃盗罪の着手時期の問題は、事後強盗になるか否かの判断の分かれ目となるのでその意味でも重要です。窃盗罪に着手していたと判断されると、その後の暴行によって事後強盗罪（238条）が成立する可能性がでてくるからです。下記の判例を読み、感覚をつかんでおきましょう。

実行の着手を認めた例
①侵入盗を企て、家宅に侵入し、金品物色のためにタンスに近寄った時点（前掲大判昭和9年）。

②犯人が被害者の店舗内で真っ暗な店内を懐中電灯で照らしたところ、電気器具が積んである
　のがわかったが、なるべく金を盗りたいと思い、店内タバコ売場のほうに行きかけた時点
　　（最決昭和40年3月9日刑集19巻2号69頁〔百選Ⅰ61事件〕）。ここでは事後強盗殺人罪になるか
　が問題になった。
③被害者のズボンのポケットから現金をスリ盗る目的で、ポケットに手を差し伸べ、触れた時
　点（最決昭和29年5月6日刑集8巻5号634頁）。
④土蔵内の物品を盗む目的で、土蔵に侵入しようとして壁の一部を破壊したり外側の錠を破壊
　した時点（名古屋高判昭和25年11月14日高刑集3巻4号748頁）。

③　1項強盗罪と事後強盗罪の区別について

1　問題の所在

　甲に窃盗未遂罪が成立すると、その後甲が果物ナイフをAに突きつけ、「けがをしたくなけれ
ば、おとなしく金を渡せ。」と脅迫した行為に、1項強盗罪（236条1項）だけでなく、事後強盗
罪（238条）も成立する可能性がでてくるため、問題となります。

2　1項強盗罪と事後強盗罪の区別

　事後強盗罪の行為は、財物を取り返されることを防ぎ、逮捕を免れ、または罪跡を隠滅する目
的をもって行われることを要する目的犯です。ただし、これらの目的を現に達成したか否かは本
罪の成立とは関係がありません。財物奪取の目的があると、いわゆる居直り強盗（財物を奪取し
た後に発見されて、更に財物を強取すること）となり、本罪ではなくなります。

　財物の取り返しを防ぐとは、被害者等の財物の取り返し行為を妨害することをいいます。「逮
捕を免れ」とは、犯人を追跡する者から逮捕を免れ、あるいは現行犯としていちおう逮捕され、
警察官に引き渡されるまでの間に被逮捕状態を脱しようとすることをいいます。「罪跡を隠滅す
る」とは、犯罪を証明すべき物を奪取するとか、証人となるべき者を殺害することなどをいいます。

　本問の甲は、窃盗の実行に着手はしているものの、現金500万円を確保しておらず、上記の脅
迫は、現金500万円の占有を手に入れるために行っています。したがって、事後強盗の目的のい
ずれにも該当せず、事後強盗罪は成立しません。

　そうすると、次に、1項強盗罪の成否が問題となります。

④　強盗罪の「暴行又は脅迫」について

　強盗罪の成否を検討するなかで、犯人が「暴行又は脅迫」をしたといえるのかを判断する必要が
あります。本罪における暴行・脅迫は、相手方の反抗を抑圧するに足りる程度のものであることを
要しますが、本問のAには格闘技経験があり、剛胆な性格であったことから、実際に反抗を抑圧さ
れるまでにはいたっていません。そこで、甲はAに対して「脅迫」をしたといえるのでしょうか。

　相手方の反抗を抑圧するに足りる程度の判断基準については、原則として、一般人を基準に社会
通念上、被害者が反抗すればただちにそれを抑圧して財物を奪取しうると感じられる程度のものか
否かで判断すべきであるとするのが判例・通説です（最判昭和23年11月18日刑集2巻12号1614頁〔百
選Ⅱ38事件〕）。その具体的な判断においては、①被害者の人数・年齢・性別・性格などの被害者側
の事情、②犯行の時刻・場所などの行為の状況、および、③行為者の体格、暴行・脅迫自体の強
度・態様、凶器の有無などの行為者の事情を総合して、通常一般に相手方の反抗を抑圧するに足り
る程度のものかどうかを判断する必要があるとされます。

　本問は、Aの主観的には反抗を抑圧されるにいたっていません。しかし、留守中に侵入してきた
見知らぬ人が、単なる果物ナイフとはいえ刃渡り10センチメートルの鋭利な刃物を、格闘技経験が
あるとはいえ帰宅してきたばかりで何も武器を持たない被害者にいきなり向けながら、「けがをし
たくなければ」と身体に危害を加える旨を告知すれば、一般的には反抗を抑圧されるといえるでし
ょう。したがって、甲は「脅迫」をしたと認められます。

　それでは、本問とは逆に、一般人ならば反抗が抑圧されない程度の暴行・脅迫が加えられたが、

被害者が特に臆病な者であったため結果的に反抗が抑圧されたという場合、これが強盗罪における暴行・脅迫にあたるのでしょうか。通説は、行為者が被害者の臆病な性質を知って暴行・脅迫を加えれば相手方の反抗を抑圧することは類型的に可能であるとして、本罪の暴行・脅迫にあたるとしています。

⑤ 強盗の機会について

強盗致死傷罪（240条）の死傷結果について、被害者の反抗を抑圧する手段としての暴行・脅迫行為から直接生じたものでなければならないとする見解（手段説）と、強盗行為に着手後、その強盗の機会に他人に死傷を生じさせたものであればよいとする見解（機会説）とが対立しています。本問では、Bの顔面を殴打した行為は、現金500万円を奪取する手段としての暴行ではないため、採る説によって結論が異なり、問題となります。この論点は、手段たる暴行・脅迫から死傷の結果が生じた事案でないときには必ず書くことになる重要論点です。

通説は、本罪は強盗の機会に生じがちな致死傷の結果を防止するために設けられたものなので、反抗抑圧手段たる暴行・脅迫から生じたものにかぎる必要はないとして、機会説を支持しています。

最判昭和24年5月28日刑集3巻6号873頁は、240条後段の罪は、強盗の機会に他人を殺害することにより成立するという一般論を述べたうえで、被告人が追跡してきた被害者2名を日本刀で突き刺し、死亡させた場合は同罪が成立するとしています。他方で、最判昭和32年7月18日刑集11巻7号1861頁は、前夜岡山県下で強盗によって得た盗品を船で運搬し、翌晩神戸で陸揚げしようとする際に巡査に発見され、暴行を加えて同巡査を負傷させた場合は本罪にはあたらないとしています。

本問は、Bへの暴行が行われた現場は、Aに対する強盗行為の現場であるA宅ではないものの、Aは逃走する甲をすぐに追いかけて付近の人に助けを求めており、時間的にも場所的にも接着していると考えられます。そして、甲の暴行は、強盗被害者であるAの叫び声を聞いて甲を捕まえようとしたBに対して行われており、Aに対する強盗を達成するため、Aへの強盗の機会になされたといってよいでしょう。以上より、機会説を採った場合には、甲に強盗致傷罪が成立します。

なお、Aに対する行為に成立する1項強盗罪とは被害者を異にするので、1つの強盗罪として包括されず、別個に成立します。

⑥ 事後的奪取意思について

甲は、Bから逃げるためにBに対して暴行を行いましたが、その結果、その場に倒れこんだBのズボンのポケットから財布が転がるのを見て、財布を手に入れる意思が生じ、財布を拾って逃走しています。このように、単なる暴行・脅迫の意思でこれを行ったが、その結果として相手方が反抗不能な状態になった後に財物奪取の意思（事後的奪取意思）が生じて財物を奪った場合に、強盗罪は成立するのかが問題となります。

通説は、強盗罪における暴行・脅迫の手段性という類型性を重視し、あくまでも暴行・脅迫は財物奪取の手段として行われることを要するため、強盗罪は成立しないとしています。

本問の、甲のBに対する暴行は、Bから逃れるために行ったのであって、Bの財布を奪取するための手段ではないため、通説に従うと財布を拾った行為には窃盗罪が成立し、先の強盗致傷罪とは併合罪になります。

なお、この説に立ったとしても、奪取意思を生じた後に新たな暴行・脅迫が加えられたと認定できる場合には強盗罪が成立します。その場合、新たな暴行・脅迫であると認められるためには、自己の先行行為によって作出した反抗抑圧状態を継続させるに足りる暴行・脅迫があれば十分であり、それ自体反抗抑圧状態を招来するに足りると客観的に認められる程度のものである必要はありません（大阪高判平成元年3月3日判タ712号248頁）。

【参考文献】

試験対策講座・刑法各論2章5節②、4章2節③【2】、3節②【2】(1)(a)・(b)・④【5】・⑥【3】(2)。判例シリーズ46事件、59事件。条文シリーズ130条、235条②3(3)、236条②1(2)(a)、240条②2(3)。

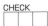
第30問 A　強盗罪⑶

> 　甲は、日頃、覚醒剤の密売人であるAから覚醒剤を購入している。甲は、めぼしい財産がなかったことから、次の取引の際に力づくで覚醒剤を奪取しようと考えた。
>
> 　Aは、取引当日、取引予定場所であるB公園のベンチ近くでビニール袋に入った覚醒剤（以下「本件覚醒剤」という）を手からぶら下げ、甲を待っていた。B公園は、約2キロメートル四方の広い公園である。甲は、Aを確認すると、Aに気づかれないように後ろから徒歩で近づき、Aが持っていた本件覚醒剤を強引に引っ張り、本件覚醒剤を奪うと、走ってその場を立ち去った。
>
> 　Aは甲を見失う前に慌てて甲を追い掛けはじめた。甲は、ベンチから約500メートルほど走ると、B公園内のトイレに逃げ込み、本件覚醒剤の中身を確認していた。甲に本件覚醒剤をひったくられてから約5分後、B公園内のトイレに甲が入っていくのを見たAは、トイレに入った。Aは、そこで本件覚醒剤を物色する甲を見付けた。甲は、Aに気がつくと、Aから逃げるために、護身用に持っていたナイフでAの腹部を刺した。Aは間もなく腹部の傷を原因として、失血死した。なお、甲に傷害の意図はあったが、殺意はなかった。
>
> 　甲は、Aが死亡して間もなく、Aが高価な腕時計（以下「本件腕時計」という）をしていることに気づき、本件腕時計を外して、自分のポケットに入れてその場を立ち去った。
>
> 　甲の罪責を論じなさい（特別法違反を除く）。

【解答へのヒント】

　甲は、Aから覚醒剤を奪っています。覚醒剤は法律上、原則として所有・占有が禁止されていますから、この点が罪責に影響を与えないかについて検討してください。また、本件腕時計が盗まれた時期についても注意して論述しましょう。

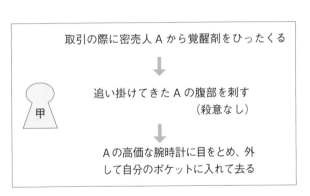

答案例

第1　甲が本件覚醒剤を奪い、Aの腹部をナイフで刺し、失血
　　死させた行為について、強盗致死罪（240条後段。以下法名
　　省略）が成立しないか。
　1　前提として、甲が事後強盗罪（238条）にいう「窃盗」
　　　にあたるのかを検討する。　　　　　　　　　　　　　　　　5
　　⑴　まず、覚醒剤は、法律上所有および占有が禁止されて
　　　　いる金製品であるから、「財物」（238条）にあたらない
　　　　のではないか。

➡️問題提起
論禁制品の財物該当性

　　　　ア　この点、財産関係の複雑化した現代社会では、現に
　　　　　　財物が占有されているという財産的秩序の保護を図る
　　　　　　必要があるから、窃盗罪の保護法益は事実上の占有で　　10
　　　　　　ある。そして、法律上の返還請求権は否定されている
　　　　　　としても、事実上の占有を侵害されていることに変わ
　　　　　　りはない。
　　　　　　　したがって、禁制品であっても、「財物」にあたる　　15
　　　　　　と解する。

➡️規範

　　　　イ　そうすると、本件覚醒剤は、「財物」にあたる。

➡️結論

　　⑵　また、本件覚醒剤を奪った行為は、「財物」を「窃取」
　　　　する行為である。
　　⑶　さらに、甲には、窃取の故意（38条1項本文）および　　20
　　　　不法領得の意思も認められる。
　　⑷　したがって、甲は、「窃盗」にあたる。
　2　次に、甲は、本件覚醒剤を奪った後、Aの腹部をナイフ
　　　で刺しているところ、これは「暴行又は脅迫」（238条）に
　　　あたるのかを検討する。　　　　　　　　　　　　　　　　25
　　⑴　238条の「暴行又は脅迫」は、窃盗の機会になされた
　　　　犯行を抑圧するに足りる程度の暴行・脅迫である必要が
　　　　あると解する。
　　　　　甲がAの腹部という人体の枢要部をナイフで刺す行為
　　　　は、相手を負傷させる可能性が高い行為であり、犯行を　　30
　　　　抑圧するに足りる程度の暴行・脅迫とはいえるものの、
　　　　窃盗の機会になされたといえるか。

➡️問題提起
論窃盗の機会

　　　　ア　この点、窃盗の機会といえるか否かは、窃盗行為と
　　　　　　暴行・脅迫との時間的・場所的接着性や、被害者によ
　　　　　　る追跡の有無などにより判断すると解する。　　　　　35

➡️規範

　　　　イ　これを本問についてみると、甲がAの腹部をナイフ
　　　　　　で刺したのは、甲が本件覚醒剤を奪ってから約5分し
　　　　　　か経っていない時点である。また、Aを刺したトイレ
　　　　　　は、本件覚醒剤を奪ったベンチから約500メートルし
　　　　　　か離れていない。また、ベンチとトイレは同じB公園　　40
　　　　　　内にある。このように、本件覚醒剤の奪取行為とAの
　　　　　　腹部を刺した行為は、時間的場所的接着性が大きい。
　　　　　　　また、Aは本件覚醒剤をひったくられてから、甲を
　　　　　　B公園内のトイレまで追跡しており、追跡は途絶えて

➡️あてはめ

いない。 45
　　　以上から、時間的場所的近接性は大きく、追跡も継
　　続しているから、Aを刺した行為は、窃盗の機会にな
　　されたといえる。
　⑵　したがって、Aを刺した行為は「暴行又は脅迫」にあ
　　たる。 50
　⑶　加えて、この行為は「財物を……取り返されることを
　　防」ぐために行われている。
3　したがって、甲の上記一連の行為は、「強盗として論ず
　る」ことになる。
4　そして、甲は強盗の機会にAを失血死させているから、 55
　甲の行為には強盗致死罪（240条後段）が成立する。

第2　甲が本件腕時計を自分のポケットに入れた行為について、
　窃盗罪が成立しないか。
1　本件腕時計はAが身に着けていたものであるところ、腕
　時計を外した時点でAは死亡している。そのため、本件腕 60
　時計をAは占有しておらず、本件腕時計は「他人の財物」
　にあたらないのではないか。
　⑴　この点、死者には占有の意思も事実も認められず、占
　　有は認められない。しかし、被害者が生前有した占有は、
　　被害者を死亡させた犯人との関係では、規範的にみてい 65
　　まだ刑法的保護に値すると評価できる。
　　　そこで、被害者を死亡させた犯人との関係では、死亡
　　と財物奪取との間に時間的場所的近接性が認められるか
　　ぎり、一連の行為を全体として評価して被害者の生前の
　　占有に対する侵害があると解する。 70
　⑵　これを本問についてみると、甲はAを死亡させた犯人
　　である。また、甲はAが死亡して間もなく、殺害現場で
　　本件腕時計を外しているから、時間的場所的近接性も認
　　められる。したがって、甲との関係では、甲の一連の行
　　為はAの生前の本件腕時計の占有を侵害するものといえ 75
　　る。
　　　よって、本件腕時計は「他人の財物」にあたる。
2　また、甲は、Aの本件腕時計を外して自分のポケットに
　入れたことで「窃取」している。さらに、故意も不法領得
　の意思もある。したがって、上記行為に窃盗罪が成立する。 80
第3　以上より、甲の行為にはAに対する①本件覚醒剤の強盗
　致死罪（240条後段）、②本件腕時計の窃盗罪（235条）が成
　立し、①、②はそれぞれ別個の行為によるから、併合罪（45
　条前段）となり、甲はその罪責を負う。
　　　　　　　　　　　　　　　　　　　　　　　　以上 85

→結論

→問題提起
論 死者の占有

→規範

→あてはめ

→結論

出題趣旨

本問は、事後強盗罪を中心に奪取罪の重要論点を幅広く扱った問題である。本問で出題された論点は、2017（平成29）年、2008（平成20）年の司法試験で出題がなされており、今後も出題が予想される。本問を機にしっかりと学習を進めていってほしい。

論点

1 禁制品の財物該当性
2 窃盗の機会
3 死者の占有

答案作成上の注意点

① はじめに

本問は、ひったくりおよびそれに続く傷害行為などについて甲の罪責を検討する問題です。甲の行為において検討することが期待される行為は、①本件覚醒剤を奪ったうえ、Aの腹部をナイフで刺した行為、②本件腕時計を外して甲のポケットに入れた行為の2つです。

② ①の行為に成立する罪責について

①の行為は、本件覚醒剤をひったくったうえ、Aの腹部をナイフで刺した行為です。このうち本件覚醒剤を引っ張るという行為のみを切り取って強盗罪（236条1項）にあたるのではないかと考えたかもしれませんが、ひったくり事案において単に覚醒剤などを引っ張っただけでは、強盗罪における「暴行又は脅迫」にはあたらず、窃盗罪が成立しうるのが通常です。

かりに被害者に抵抗されて、それを振り払うために殴ったなどの事情があれば、反抗の抑圧に向けられた暴行が認められるため、強盗罪にあたるでしょうが、今回そのような事情はありません。したがって、①の行為に関しては、ひったくり行為に焦点をあてた場合には窃盗罪が成立することを前提として、事後強盗罪の成否を検討するのが望ましいでしょう。

③ 禁制品の財物該当性について

1 問題の所在

①の行為について事後強盗罪を検討するうえで論点となるのが、覚醒剤は財物かどうかということです。事後強盗罪が認められるにはまず甲が「窃盗」にあたる必要があります。この「窃盗」該当性については、単純に235条の窃盗罪が成立するかという問題と同じです。本件で甲が窃取したものは覚醒剤であるところ、覚醒剤は法律で所有も占有も原則として禁止されている禁制品（法禁物）です。第26問解説記載の本権説に立てば、適法な所有権が認められないことから、Aの覚醒剤は「財物」（238条）にあたらないことになります。他方、占有説に立てば、違法であったとしてもAは覚醒剤を事実上占有しているので、「財物」（238条）にあたるということになります。

2 答案例

本問の答案例では、第26問と同様に占有説を採ったうえで、禁制品である覚醒剤も「財物」にあたりうるとしました。いずれの見解に立ってもよいですが、答案全体で矛盾がないようにしてください。たとえば、前半部分では占有説に立ったが、後半部分では本権説に立つといったような答案は矛盾しています。

4 窃盗の機会について

1 問題の所在

238条は、「窃盗が、財物を得てこれを取り返されることを防ぎ、逮捕を免れ、又は罪跡を隠滅するために、暴行又は脅迫をしたときは、強盗として論ずる」と規定しています。すなわち、「窃盗」が被害者から逃げるなどするために「暴行又は脅迫」をした場合には、事後強盗罪にあたるということです。

Aの腹部をナイフで刺した行為は、ひったくり行為の後にAから逃げるために行われていますから、事後強盗罪にあたる可能性があるということになり、さらに殺意はないもののAは死亡していることから、強盗致死罪（240条後段）を検討する必要があるということになります。

ここで問題となるのは、ナイフで刺した行為が窃盗の機会になされたものであるかということです。事後強盗罪の「暴行又は脅迫」は、財物が取り返されることを防ぎ、逮捕を免れるために行われるものであるから、窃盗の機会になされること、および財物奪取に向けられた反抗を抑圧するに足りる程度のものであることが必要です。Aが本件覚醒剤を窃取してから、Aの腹部を刺すまで時間的に約5分経っていますし、場所も異なります。そのため、窃盗の機会になされたのかについて検討する必要があるのです。

2 考慮要素

窃盗の機会といえるか否かについては、窃盗行為と暴行・脅迫行為との場所的・時間的接着性の大小を考慮しつつ、窃盗犯人に対する追及が継続していたか否かがひとつの基準となるとされています。たとえば、ある程度時間的場所的に離れたとしても、引き続き追及がなされていたような場合には、窃盗の機会の継続性を肯定しやすくなります。

判例は、窃盗犯人が他人の居宅で財物を窃取した後もその天井裏に潜み、犯行の約3時間後に駆けつけた警察官に対して逮捕を免れるために暴行を加えた事案において、「犯行後も、犯行現場の直近の場所にとどまり、被害者等から容易に発見されて、財物を取り返され、あるいは逮捕され得る状況が継続していた」として、窃盗の機会の継続中に行われたとしています（最決平成14年2月14日刑集56巻2号86頁）。この判例は窃盗の機会の判断に追及可能性を考慮したものといえるでしょう。

3 あてはめ

本問について、上記考慮要素をみると、本件覚醒剤を窃取したベンチとAの腹部を刺したB公園内のトイレは約500メートルしか離れておらず、場所的間隔は近いといえます。また、Aの腹部を刺したのは窃取から約5分経った後であり、時間的間隔も近いです。したがって、場所的・時間的接着性は小さいと考えられます。

また、Aは本件覚醒剤をひったくられてから甲を追跡した結果、甲をB公園内のトイレで発見しています。したがって、追及も途絶えていません。

以上の点からすれば、甲がAの腹部を刺した行為は窃盗の機会になされたといえ、①行為全体について強盗致死罪が成立することになります。

5 本件腕時計の奪取について

1 想定される罪責

甲がAの腹部を刺した行為および②行為の2つの行為をみて、強盗致死罪と構成するのは誤りです。

強盗罪における「暴行又は脅迫」は、財物奪取に向けられている必要がありますが、甲がAの腹部を刺した行為は、本件腕時計の奪取に向けられていません。したがって、当該行為は「暴行又は脅迫」にあたらず、強盗罪は成立しないのです。

よって、②行為については、単独で窃盗罪について検討する必要があります。

2 死者の占有

(1) 問題の所在

②行為について窃盗罪の成否を検討するうえで論点となるのが、本件腕時計についてAの占有は認められるのかという点です。Aは②行為の時点ですでに死亡しています。死者は財物を占有することができません。したがって、本件腕時計を占有する者がおらず、本件腕時計は「他人の財物」にあたらないとも思えます。「他人の財物」にあたらない場合、窃盗罪は成立せず、占有離脱物横領罪（254条）が成立する可能性があるという結論になるでしょう。

しかし、財物奪取を目的とせずに他人を殺害した犯人が、被害者の死亡後に財物奪取の意思を生じて被害者が占有していた財物を奪った場合に、窃盗罪が成立しないのは、国民の法感情に反するのではないでしょうか。そこで、このような場合にも窃盗罪が認められないかが問題となります。

(2) 判例

判例は、犯人が被害者を財物奪取の目的なく殺害した後、被害者の腕時計を自己の占有に移した事例において、「被害者が生前有していた財物の所持はその死亡直後においてもなお継続して保護するのが法の目的にかなうものというべきである」としたうえで、「被害者からその財物の占有を離脱させた自己の行為を利用して右財物を奪取した一連の被告人の行為は、これを全体的に考察して、他人の財物に対する所持を侵害したものというべき」として、「他人の財物」にあたると判示しています。（最判昭和41年4月8日刑集20巻4号207頁〔百選Ⅱ29事件〕）。

注意すべき点は、死亡した被害者（死者）に占有があるとするのではなく、被害者の生前の占有を侵害したと規範的に評価した結果、「他人の財物」にあたるとしていることです。ここは、誤解をしやすいところなので気をつけてください。

このように、判例は、被害者を殺害した犯人との関係で、殺害から財物奪取までの時間的・場所的接着性が認められれば「他人の財物」にあたると解しています。

(3) 本間について

甲は、Aを殺害していますから、被害者を殺害した犯人にあたります。次に、甲が本件腕時計を外したのはAを殺害したB公園内のトイレです。Aは甲が腹部を刺してから「間もなく」死亡し、甲はAが死亡してから「間もなく」本件腕時計を外していますから、A死亡と本件腕時計を外した行為の間に時間的間隔もそれほどありません。したがって、時間的場所的接着性も認められるでしょう。以上のとおり、判例の考え方を参考にすれば、本件腕時計は「他人の財物」にあたるといえます。

答案例もおおむねこのような流れで論述しました。

6 罪責・まとめ

以上のとおり、①の行為に強盗致死罪、②の行為に本件腕時計に対する窃盗罪が成立することになります。

本問は、論点も多く、注意すべき点も多い、複雑な事案です。もっとも、予備試験・司法試験では、より複雑な事案を扱うことになります。本問で複雑な事案を扱うスキルを伸ばしてください。

【参考文献】

試験対策講座・刑法各論4章1節②【2】(2)・③、2節②【2】(4)(b)、3節②【2】(1)(c)・④【3】(2)。判例シリーズ52事件、58事件。条文シリーズ36章総説③、235条②1(3)、238条②2。

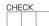
各設問の事案を読んで、甲および乙の罪責を検討しなさい。

1　甲は、手軽にお金を稼ぐ方法はないかと考え、知人のAに相談したところ、Aから「甲名義の銀行預金通帳等を譲ってくれれば、2万円を支払う」と言われた。

　そこで、甲は、令和4年12月9日、B銀行C支店に赴いた。店舗内の壁面には、「口座売買等の禁止について」という表題のポスターが提示されており、そこには、「口座を売買することや譲渡を目的として口座を開設することは法律で禁止されています。刑事罰の対象となることもございますので、ご注意ください。」と表記されていた。甲は、この表記を読んだが、お金欲しさから、同支店行員Dに対し、預金通帳等を第三者に譲渡する目的を秘して、自己名義の普通預金口座の開設と同口座開設に伴う自己名義の預金通帳およびキャッシュカードの交付を申し込み、Dから同口座開設に伴う甲名義の普通預金通帳1通の交付を受け、さらに、同月15日、甲方への送付により、Dから上記甲名義のキャッシュカード1枚の交付を受けた。

　甲は、その後、通帳およびキャッシュカードを銀行届出印とともにAに譲渡し、対価として2万円を受け取った。

　なお、B銀行の総合口座取引規定およびキャッシュカード規定（以下「規定」という）は、預金契約者に対して、名義人以外の第三者に預金契約に関するいっさいの権利および通帳等の譲渡または質入れをすることを禁止しており、B銀行の行員も規定の遵守を徹底して業務を遂行していた。また、同趣旨の規定は、一般的に金融機関で設けられていた。

2　宗教的組織の主宰者であり、かつ、薬局を経営していた乙は、病気などによる悩みを抱えて同薬局を訪れた客に対し、病気などの原因が、いわゆる霊障（霊の取り憑きによって起こる傷害）によるものであり、「釜焚き」と称する儀式にこれを治癒させる効果があるかのように装って、釜焚き料名下に金員の支払を受けることを計画した。

　ある日、乙は、難病を患い薬局を訪れた客Aに対し、釜焚きをすれば確実に病気が治るとの虚偽の事実を告げ、釜焚き料として200万円を要求したところ、これを信じたAは、釜焚きを行ってもらうために200万円を支払うことにした。しかし、Aには手持ちの金がなかったため、乙にその旨を告げたところ、乙はAに対し、Aが乙の経営する薬局から商品を購入したように仮装し、その購入代金につき信販会社とクレジット契約（立替払契約）を締結し、これに基づいて信販会社に立替払をさせる方法により、釜焚き料を支払うように勧めた。

　Aはこれを承諾し、上記薬局から商品を購入したように仮装して、B信販会社とクレジット契約を締結した。その後、B信販会社は、クレジット契約に基づいて、乙が管理する普通預金口座へ200万円を振り込んだ。

【解答へのヒント】

1　甲が、預金口座の開設と預金通帳、キャッシュカードの交付を申し込んだ行為は、詐欺罪の欺罔行為にあたるでしょうか。B銀行C支店に提示されたポスターや、B銀行の規定にも着目して考えてみましょう。

2　Aが、商品を購入したように仮装し、B信販会社とクレジット契約を締結し、乙の口座へ200万円を振り込ませた行為は、詐欺罪の処分行為にあたるでしょうか。200万円が、Aを介さずにB信販会社に直接支払われていても、乙の詐欺罪の処分行為といえるのか、考えてみましょう。

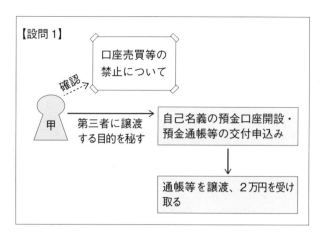

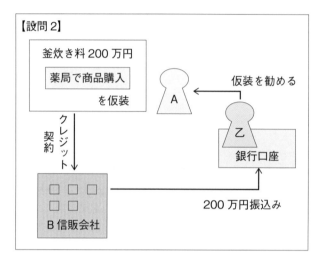

答案構成用紙

第1　甲の罪責について

1　甲が、Aに通帳等を譲渡する目的を秘して、Dに対して、自己名義の口座開設および通帳等の交付を申し込み、Dから通帳等の交付を受けたことにつき、B銀行に対する詐欺罪（刑法246条1項。以下法名省略）が成立しないかを検討する。　5

2(1)　まず、預金通帳およびキャッシュカードは、これを利用して、預金の預入れ、払戻しを受けられるなどの財産的価値を有しているから、「財物」にあたる。

(2)　次に、甲の行為が「欺」く行為にあたるかどうかが問題となる。　10　　➡問題提起

ア　「欺」く行為とは、相手の交付の判断の基礎となるような重要な事実を偽る行為をいう。　　➡規範　論欺罔行為（「欺」く行為）の意義

イ　これを本問についてみると、たしかに、甲は、口座開設の目的が第三者に譲渡することにあることについて述べておらず、事実を偽っていないとも思える。　15　　➡あてはめ

しかし、B銀行をはじめ金融機関では一般的に預金契約者に対して、名義人以外の第三者に通帳等の譲渡または質入れをすることを禁止する規定が設けられており、預金口座や預金通帳等を名義人本人が利用すべきことが社会通念として要請されていたといえる。そ　20うだとすれば、甲が口座申込みを行ったこと自体が、開設した口座や預金通帳等をみずから利用し続ける意思を表示したものと認められる。他方、甲は第三者Aに預金通帳等を譲渡する意思を有しているため、この　25表示は事実を偽るものである。

そして、B銀行が預金契約者に対して、名義人以外の第三者に通帳等の譲渡または質入れをすることを禁止する規定を設け、行員も規定を遵守して業務を行っていたこと、同趣旨のポスターを呈示していたことか　30らは、B銀行が顧客と預金契約を締結するか否かを判断するにあたり、当該口座が名義人自身によって利用されるか否かは重要な要素であったといえる。

したがって、甲は取引の相手方が真実を知っていれ　　➡結論
ば財産的処分行為を行わないような重要な事実を偽っ　35たといえ、甲の行為は「欺」く行為にあたる。

(3)　そして、甲の「欺」く行為により、Dは、甲が通帳等を甲自身において利用する意図であるとの錯誤に陥り、その錯誤に基づいて、財産的処分行為として通帳等を甲に交付している。　40

(4)　また、甲には故意と不法領得の意思も認められる。

3　よって、甲の上記行為にはB銀行に対する詐欺罪（246条1項）が成立し、その罪責を負う。

第2　乙の罪責について

1　乙は、Aに対して虚偽の事実を告げ、Aにクレジット契 45
約に基づきB信販会社をして立替払をさせて金員を交付さ
せている。そこで、乙にAに対する詐欺罪（246条1項）
が成立しないか。
(1)　まず、乙は、難病を患い薬局を訪れた客Aに対し、釜
焚きをすれば確実に病気が治るとの虚偽の事実を告げ、 50
釜焚き料として200万円を要求しているところ、病気が
治らないとわかっていればAは200万円を支払うことは
なかったのであるから、乙の上記行為は、処分行為に向
けられた「欺」く行為にあたる。
(2)　そして、乙の発言を信じ、200万円を支払うことにし 55
たAは、上記欺罔行為に基づき錯誤に陥り、処分意思を
有するにいたっている。
(3)　そうだとしても、本問において、釜焚き料の200万円
は、直接的には、Aではなく、Bから乙に対して支払わ
れている。そこで、乙はAに「交付させた」といえるか。 60　➡️問題提起
📖処分行為（交付行為）の意義
➡️規範

> ア　「交付」が処分意思の実現と評価される場合、また
> は、「交付」が処分者の意を受けたといえるような場
> 合であれば、処分行為により交付されたといえる。

イ　本問で、Aは乙の提案を承諾し、みずからの意思で ➡️あてはめ
BとクレジットＢ契約を締結し、Bは当該クレジット契 65
約に基づいて立替払をしている。
そうだとすれば、Aは、Bをして立替払させるとい
う処分行為を行ったといえ、Aの処分意思の実現、あ
るいは、その意を受けた財物の交付があったと評価で
きる。 70
したがって、「財物」を「交付させた」といえる。 ➡️結論
(4)　また、Aは、200万円を直接乙に支払っているわけで
はないものの、上記クレジット契約に基づき、最終的に
は200万円を負担することになるのであるから、Aには
財産上の損害が生じているといえる。 75
2　よって、乙の上記行為にはAに対する詐欺罪（246条1
項）が成立し、乙はその罪責を負う。
以上

80

85

欺罔行為の意義および処分行為の意義は、詐欺罪でもっとも基本的な論点であり、予備試験・司法試験の両方で繰り返し出題されており、今後も出題される可能性がある。また、詐欺罪について、より応用的な論点を扱った問題を解くうえでも、理解しておくことが必須である。詐欺罪の構成要件に関する基礎的な論点をしっかりと理解してほしいと考え、出題した。

論点

1 欺罔行為（「欺」く行為）の意義
2 処分行為（交付行為）の意義

答案作成上の注意点

① 詐欺罪の概説

1 保護法益

詐欺罪の保護法益は、個人の財産であるとするのが通説です。国家的法益に対する詐欺的行為に詐欺罪が成立するかについては争いがありますが、判例（最決昭和51年4月1日刑集30巻3号425頁〔百選Ⅱ47事件〕）・通説は、国家的法益を侵害する場合でも、それが同時に詐欺罪の保護法益である財産的利益を侵害するものである以上、詐欺罪は成立するとしています。

また、そもそも民事上保護されない利益を侵害したとしても詐欺罪が成立するのかについても争いがあります。

まず、欺く行為によって不法原因給付がなされる場合について考えてみましょう。民法708条本文は、「不法な原因のために給付をした者は、その給付したものの返還を請求することができない」と定めるので、たとえば、殺し屋甲に対して支度金を交付した依頼者乙は、その返還を請求することはできません。では、この場合、甲の側にまったくその気がないのにもかかわらず、殺しを請け負うと装って金銭の交付を受けた場合には詐欺罪を構成するでしょうか。この問題は、奪取罪の保護法益に関する争いが反映される一場面とみることもできます。本権説的見地からは、この場合の交付者の利益は法の保護の範囲外にあるとして、詐欺罪の成立が否定されるのが素直ではあります。しかし、欺く行為によって不法原因給付がなされる場合には、依頼者は欺かれなければ財物を交付しなかったという関係にあるから、欺く行為が向けられる前の段階における財物の所持は何ら違法ではないとして、詐欺罪の成立を認めるのが一般的です。他方で、占有説的見地からは必ずしも民法的権限にとらわれる必要はなく、刑法独自の要保護性を論じることができ、所持を侵害した以上は詐欺罪の成立を肯定しうることになります。

では、殺し屋甲に依頼した乙が甲を欺いて報酬請求を放棄させた場合はどう考えればいいでしょうか。この場合には、欺かれる前の段階ですでにその利益は法の保護に値しないのですから、本権説的見地からは詐欺罪は成立しないことになります。これに対して、占有説的見地からは、本設例においても、民事上の保護とは独立に刑法上の保護を検討することになり、先のケースと同様に詐欺罪の成立が認められることになります。しかし、占有説の論者も、「明らかに公序良俗に反する契約に基づく債務の刑法上の要保護性はかなり低い」として、詐欺罪の成立を認めない場合があることを認めていることには注意しましょう。

2 1項詐欺罪

詐欺罪には246条1項で定められている1項詐欺罪と、246条2項で定められている2項詐欺罪があります。1項詐欺罪の客体は、他人の占有する他人の財物です。そして、1項詐欺罪の行為は、人を欺いて財物を交付させることです。この行為を分解すると、次のようになります。

①欺く行為

　人を錯誤に陥らせる行為で、③の処分行為に向けられていることが必要です。

②錯誤

　①によって相手方が現実に錯誤に陥ることを要します。錯誤に陥らない場合には、未遂となります。

③処分行為（交付行為）

　②に基づいて相手方が財物を処分する行為をいいます。

④財物の移転

　③に基づいて財物が交付され、行為者または第三者が財物を領得することです。

　上記のように、詐欺罪は①から④までの要素から成り立っています。これは、どのような複雑な事例についてもあてはまります。詐欺罪を検討するときには、自分がどの要素を検討しているのかをしっかり意識しましょう。

3　2項詐欺罪

　2項詐欺罪の行為は、人を欺いて財産上不法の利益を得ること、または他人にこれを得させることです。客体が財物ではなく財産上不法の利益であること、また、これとの関連で、処分行為によって財物の移転を受けるのではなく、財産上の利益を取得することが1項詐欺罪と異なる点です。財産上の利益とは、財物以外の財産的価値のある利益のいっさいをいいます。たとえば、債務の免除を承諾させる行為のほか、債務の弁済の猶予、役務の提供を受け、あるいは担保を取得することも財産上の利益にあたります。「不法の」とは、利益が不法なのではなく、獲得手段が違法であるためにその利益が不法なものになるという意味です。

2　欺罔行為について

1　欺罔行為の意義

(1)　態様

　小問1の答案を作成するうえでは、主に甲の行為が欺罔行為にあたるかを検討することになりますから、「欺」く行為（欺罔行為）の意義について詳しく学習しておきましょう。

　欺罔行為とは、交付の判断の基礎となる重要な事項を偽る行為をいいます。欺罔行為の手段・方法には制限がありませんが、1つ重要な要件があります。それは、欺罔行為は、相手方の処分行為に向けられていなければならないということです。詐欺罪は、財産罪であり、財産的損害に向けられていなければなりません。単に相手方を錯誤に陥らせるだけでは足りないことになります。したがって、はじめから錯誤に陥らせて財産的な処分行為をさせるつもりがなかったなら、詐欺罪の実行行為性もないことになります。これは詐欺罪のひとつの重要なポイントですから、しっかり確認しておきましょう。

(2)　程度

　欺罔行為は、たとえ相手方の処分行為に向けられていたとしても、相手方を錯誤に陥れる行為一般をいうのではありません。具体的状況において経験則上一般に人を錯誤に陥らせ、相手方をして行為者の意とする財産上の処分行為をさせる性質のものであることを要します。

　この点については、特に商取引における駆け引きや誇大広告が問題となります。多少の誇張や事実の歪曲であっても、取引慣行上許されている範囲内の行為であれば本罪の欺く行為にはあたりません。しかし、取引上の重要事項、すなわち相手方が真実を言ったならば取引しないであろうというような事項に関して、具体的に人を錯誤に陥れるための方策が講じられ、それが相手方の購買意思の決定に影響を与えたような場合には欺く行為となります。

(3)　相手方

　欺罔行為は、相手方の錯誤を生じさせ、その錯誤によって財産上の処分行為をさせるための手段ですから、欺罔行為の相手方は事実上または法律上被害財産の処分をなしうる権限または地位を有する者であることが必要です。すなわち、処分行為に向けられた欺罔行為であるためには、処分行為をなしうる者を欺かなければなりません。

2 あてはめ
(1) 態様
　　甲は、口座開設の目的が第三者に譲渡することにあることについて述べておらず、事実を偽っていないようにも思えますが、上記のように欺罔行為の手段・方法には制限がありませんから、甲が口座申込みを行ったこと自体を欺罔行為と評価することも可能です。そして、B銀行をはじめ金融機関では、一般的に預金契約者に対して、名義人以外の第三者に通帳等の譲渡または質入れをすることを禁止する規定が設けられていたのですから、預金口座や預金通帳等を名義人本人が利用すべきことは社会通念として要請されていたといえます。そうだとすれば、甲が口座申込みを行ったこと自体、開設した口座や預金通帳等をみずから利用し続ける意思を表示したものと認められます。一方で、甲は、第三者Aに預金通帳等を譲渡する意思を有していますから、この表示は事実を偽るものです。そして、甲の意思表示は、Dが通帳等の交付をするという処分行為に向けられており、甲ははじめからそのために口座開設の申込みをしています。預金通帳およびキャッシュカードは、これらを利用して、預金の預入れ、払戻しを受けられるなどの財産的価値を有しているので、「財物」にあたります。したがって、甲は財産的処分行為に向けられた欺罔行為をしたといえます。
(2) 程度
　　本問の問題文からは、B銀行が預金契約者に対して、名義人以外の第三者に通帳等の譲渡または質入れをすることを禁止する規定を設け、行員も規定を遵守して業務を行っていたこと、同趣旨のポスターを呈示していたことがわかります。これらの事実関係からすれば、B銀行が顧客と預金契約を締結するかを判断するにあたっては、当該口座が名義人自身によって利用されるか否かは重要な要素であり、銀行としては甲が通帳等を譲渡することを知っていれば預金契約を締結しなかったといえるので、甲は取引の相手方が真実を知っていれば財産的処分行為を行わないような重要な事実を偽ったといえます。
(3) 相手方
　　Dは、B銀行C支店の行員ですから、口座開設の申込みをした者に対して通帳等の交付をするという処分行為をする権限を有しています。

③　処分行為について

1　処分行為の意義
　　小問2の答案を作成するうえでは、主に甲がAに処分行為をさせたといえるかを検討することになるので、処分行為の意義についても詳しく学習しておきましょう。処分行為とは、相手方が錯誤に基づいて財物を交付することをいいます。処分行為は、①処分する行為、②処分する意思、③処分権限から成り立っています。財物を交付する者は、通常は被詐欺者（被欺罔者）・処分行為者ですが、交付とは被詐欺者の処分行為によって財物の占有を行為者に移転することをいうので、必ずしも交付者は処分行為者であることを要せず、被詐欺者の処分行為によって拘束される地位、状態にある者も含まれると解するのが通説です。つまり、被詐欺者に処分権限さえあれば他人に交付させることができるのです。クレジットカード詐欺に関する判例（最決平成16年2月9日刑集58巻2号89頁〔百選Ⅱ55事件〕）については、第32問を参照してください。

2　あてはめ
　　本問では、甲の欺罔行為によって錯誤に陥ったAは、みずからの意思でBとクレジット契約を締結し、Bは当該クレジット契約に基づいて立替払をしています。そうだとすれば、Aは、Bをして立替払をさせるという処分行為を行ったといえます。Aは、Aの処分行為によって拘束される地位にあるBに交付させたといえますから、A自身が交付したわけでなくても、Aが処分行為をしたといえるでしょう。

【参考文献】
試験対策講座・刑法各論4章4節①・②【1】、【2】(1)・(2)・③【1】(1)。条文シリーズ246条②1・2。

第32問 A　クレジットカード詐欺

　　甲は、信販会社Aが発行する名義人Bのクレジットカードを不正に取得し、Xが個人経営する家電量販店Y（以下「Y店舗」という）において、30万円のパーソナルコンピュータ（以下「パソコン」という）1台の購入を申し込む際に、これを同店舗の商品管理その他業務全般を統治する店長乙に対し、正当な使用権があるかのように装って呈示して、B名義で売上票に署名し、これを引き渡した。

　　乙は、売上票を受け取った後、甲がBとは別人であって甲に同カードを使用する正当な権限がないことに気づいた。しかし、乙は、低迷しているY店舗の販売実績をあげるとともに店長としての地位を保とうと思い、甲に対する売上げを同カードによる正規の売上げとして処理することに決め、そのパソコンを甲に引き渡した。そして、乙は信販会社Aの担当者Cに対し、B名義の署名のある売上票を送付して、甲に対する売上げは同カードを使用する正当な権限のない者に対する売上げであるのに、同カードを使用する正当な権限のある者に対する売上げであるように装い、代金の立替払を請求し、その旨誤信したCをして、信販会社A名義の普通預金口座からX名義の普通預金口座に30万円を振り込ませた。

　　甲および乙の罪責を論ぜよ（ただし、特別法違反の点は除く）。

【解答へのヒント】

1　甲がクレジットカードを呈示してパソコンの購入を申し込んだことは、詐欺罪の欺罔行為といえるでしょうか。また、いえるとしてどのような理由づけをすればよいか、注意して論じましょう。

2　上記行為が欺罔行為といえるとしても、乙は錯誤に陥っていないにもかかわらず、詐欺罪が成立するでしょうか。

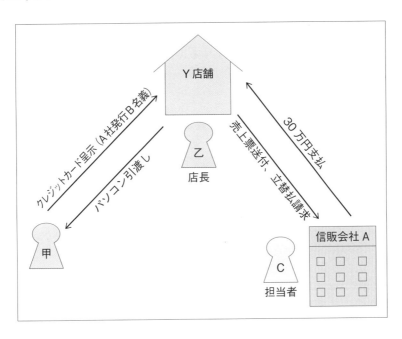

答案例

第1　甲の罪責について

1　B名義のカードを利用し、乙にパーソナルコンピュータ
（以下「本件パソコン」という）を引き渡させた行為につ
いて、詐欺罪（刑法246条1項。以下法名省略）が成立す
るか。　　　　　　　　　　　　　　　　　　　　　　　5

(1)　まず、甲は「欺」く行為をしたといえるか。　　　　　　➡問題提起

　ア　「欺」く行為とは、交付の判断の基礎となる重要な　　　論クレジットカード詐欺
　　事実を偽る行為をいう。クレジットカードシステムは　　　➡規範
　　名義人に対する信用を基礎とするので、カード使用者
　　が名義人本人であるかは重要な要素といえるから、加　　　10
　　盟店はカード使用者が名義人でないと知っていれば、
　　信義則上商品の交付を拒絶すべきである。
　　　したがって、本問のように名義人を装ってクレジッ
　　トカードを使い、商品の交付を申し込む行為は、取引
　　の相手方が真実を知っていれば処分行為を行わないよ　　　15
　　うな重要な事実を偽る行為といえる。

　イ　また、乙が名義人でない甲にクレジットカードの使　　　➡あてはめ
　　用を許した場合、加盟店とカード会社の規約違反にあ
　　たり、信販会社から支払を受けられないリスクを負う
　　ので、加盟店に財産上の損害を生じうるといえ、甲の　　　20
　　上記行為は財産的損害にも向けられている。

　ウ　したがって、甲の行為は「欺」く行為にあたる。　　　➡結論

(2)　もっとも、甲が名義人たるBとは別人であることに気
　づいた乙には、錯誤は生じておらず、上記行為には詐欺
　未遂罪（250条、246条1項）が成立するにとどまる。　　　25

2　また、乙に渡す「行使の目的」で「権利、義務……に関
する文書」たる売上票にB名義で「署名」し、作成者甲と
名義人Bの人格の同一性を偽り売上票を「偽造」した行為
に、有印私文書偽造罪（159条1項）が成立する。

3　さらに、売上票を乙に渡した行為は、他人の認識しうる　　　30
状態において「行使」したといえ、偽造有印私文書行使罪
（161条1項）が成立する。

4　以上より、甲の各行為に①詐欺未遂罪（250条、246条1
項）、②有印私文書偽造罪（159条1項）、③偽造有印私文
書行使罪（161条1項）が成立し、②と③、①と②③は手　　　35
段と目的の関係にあり牽連犯（54条1項後段）となり、甲
はその罪責を負う。

第2　乙の罪責について

1　甲に本件パソコンを引き渡した行為に、業務上横領罪　　　➡問題提起
（253条）が成立するか。背任罪（247条）の成否も問題と　　　40　論横領と背任の区別
なるが、両罪は法条競合の関係にあるので、業務上横領罪
の成否をまず検討する。

(1)　自己の名義・計算で処分行為がなされれば、目的物は
　処分者に帰属し、処分者の領得行為が認められるため横

領罪が成立すると解されるところ、本問において、乙は、自己の名義・計算で本件パソコンを引き渡してはいない。

　(2)　したがって、乙の行為に業務上横領罪は成立しない。

2　それでは、上記行為に背任罪が成立するか。

　(1)　まず、乙はXの経営する店舗の業務統括という「他人のためにその事務を処理する者」にあたる。

　(2)　「任務に背く行為」とは、本人からの信任委託の趣旨に反する行為をいうところ、甲が名義人でないと認識しつつ本件パソコンを引き渡す行為は、Y店舗の確認義務を懈怠するものであり、本人の信任委託の趣旨に反するといえ、「任務に背く行為」といえる。

　(3)　次に、「財産上の損害」があるか。

➡️問題提起
論背任罪の「財産上の損害」の判断

　　ア　背任罪は全体財産に対する罪であるから、「財産上の損害」を法的見地から判断すると不都合が生じるため、経済的見地から判断すべきと解する。

➡️規範

➡️あてはめ

　　イ　本問では、AからXに代金相当額30万円が振り込まれているが、無権限のカード使用を許した場合、信販会社は確認義務違反を理由に支払を拒めるから、XはAから30万円について不当利得（民法703条）として返還を請求されうる。そうだとすると、経済的見地からXに「財産上の損害」が認められるといえる。

➡️結論

　(4)　次に、「自己……の利益を図る」目的があるか。

➡️問題提起
論背任罪の図利加害目的
➡️規範

　　ア　図利加害目的は、本人図利目的がないことを裏側から規定したものであり、目的が併存する場合は、2つの目的の主従によって判断するべきである。

➡️あてはめ

　　イ　本問では、乙はY店舗の販売実績をあげるという本人図利目的を有するが、かかる目的は決定的な動機ではなく、店長たる地位の保全が主たる目的と考えられ、「自己……の利益を図る」目的がある。

➡️結論

　(5)　よって、上記行為には背任罪が成立する。

3　また、偽造された売上票をA社に送付した行為に、偽造有印私文書行使罪（161条1項）が成立する。

4　A社の担当者Cに30万円を振り込ませた行為につき、詐欺罪が成立するか。乙は、名義人Bによる売上げを装うという「欺」く行為をなし、Cは錯誤に陥っている。また、CはXの口座に30万円を振り込んでおり、口座に振り込まれた金銭は、名義人が自由に処分しうるから、処分行為が認められる。よって、上記行為に詐欺罪が成立する。

➡️問題提起
論背任罪と詐欺罪の関係

5　以上より、上記各行為に①背任罪（247条）、②偽造有印私文書行使罪（161条1項）、③詐欺罪（246条1項）が成立する。②と③は手段と目的との関係にあるため牽連犯（54条1項後段）となり、これと①とは併合罪（45条前段）となり、乙はその罪責を負う。

以上

本問は、2006（平成18）年度旧司法試験第2問を題材とした問題である。クレジットカード詐欺は、詐欺罪のなかでも特に重要な論点のひとつであり、新司法試験でも2017（平成29）年に出題されている。そのほかにも、詐欺罪・横領罪・背任罪の重要論点が多く含まれている問題であるから、本問を通じて理解を深めてほしいと考え、出題した。

■ 論点 ■

1　クレジットカード詐欺
2　横領と背任の区別
3　背任罪の「財産上の損害」の判断
4　背任罪の図利加害目的
5　背任罪と詐欺罪の関係

■ 答案作成上の注意点 ■

① クレジットカード詐欺について

1　クレジットカードによる取引のしくみと不正使用

　　クレジットカードによる取引は以下のようなしくみをとっています。まず、信販会社が会員を募り、会員契約を締結し会員に会員カード、すなわちクレジットカードを発行します。一方、信販会社には加盟店があり、会員がこの加盟店から商品を購入するときは、会員は加盟店にクレジットカードを呈示して、売上票に署名するだけで足ります。そして、信販会社は、この加盟店に対して購入代金を加盟店の預金口座に振り込むことによって立替払を行い、後日、その金額を会員の預金口座から取り立てます。

　　クレジットカードの不正使用には、自己名義のクレジットカードの不正使用（クレジット会員が代金支払の意思も能力もないのに、自己名義のクレジットカードを使用して、加盟店から物品を購入する行為）と、他人名義のクレジットカードの不正使用（盗取または遺失物として取得するなど不正に入手した他人のクレジットカードを不正に使用した場合）とがあります。本問は、他人名義のクレジットカードの不正使用の事例にあたります。

　　不正使用は、通常の詐欺とは異なり、欺く行為の直接の相手方である商品を引き渡した加盟店は契約に基づき信販会社から売上代金の立替払を受けられることから、加盟店が経済取引上何ら損害を被らず、経済上の被害者とはなりにくい点に特色があるとされます。

　　クレジットカードの不正使用の問題は、短答式・論文式試験において頻出の重要なテーマなのでしっかり理解をしましょう。

2　自己名義のクレジットカードの不正使用

　　自己名義のクレジットカードを不正に使用した場合における詐欺罪の成立について、学説上は否定説と肯定説に分かれます。

　　否定説は、加盟店はクレジットカード自体の有効性と署名の同一性を確認すれば足り、したがって上記の不正使用において加盟店に対する詐欺行為および加盟店側の錯誤は存在しないから、クレジットカードを提示して物品を買い受ける行為は詐欺罪にあたらないとします。

　　これに対して、肯定説は、1項詐欺罪を認める説と2項詐欺罪を認める説に分かれます。

　　1項詐欺罪を認める説は、被詐欺者・処分者・被害者はいずれも財物を交付した加盟店であると構成します。かりに加盟店が客に代金支払意思も能力もないことを知りながら物品を販売した場合には、信販会社との関係で信義則上、立替代金の請求ができなくなる可能性があります。このことは、加盟店も客の代金支払意思や能力について重大な利害関係と関心を有していることを

意味します。つまり、客の本心を知ったならその申出を断るはずであり、欺く行為によってその本心を知ることができなかった場合には、錯誤に陥ったと評価することができます。また、損害については、信販会社からの立替払を受けられたとしても、詐欺罪を個別財産に関する罪とする以上は物品の交付自体を加盟店の損害と認定できます。

2項詐欺罪を認める説は、加盟店を被詐欺者・処分者、信販会社を被害者とし、損害を代金債務とする2項詐欺が成立すると構成します。この説は、加盟店は信販会社のためにその財産を処分する地位にあり、その処分行為により、信販会社が立替払をして行為者の加盟店への支払を免れたところに2項詐欺の既遂を認めうることを理由としています。

下級審（福岡高判昭56年9月21日判夕464号178頁、東京高判昭和59年11月19日判夕544号251頁）は、1項詐欺罪の成立を認める説を採っています。

3　他人名義のクレジットカードの不正使用

本問のように、他人のクレジットカードを不正使用した場合にも、自己名義のクレジットカードを不正使用した場合と同様の理論で、1項詐欺罪の成立を認める見解に争いはありません。また、判例は、「仮に、被告人が、本件クレジットカードの名義人から同カードの使用を許されており、かつ、自らの使用に係る同カードの利用代金が会員規約に従い名義人において決済されるものと誤信していたという事情があったとしても、本件詐欺罪の成立は左右されない」としています（最決平成16年2月9日刑集58巻2号89頁〔百選II55事件〕）。

なお、他人名義のクレジットカードの不正使用の事案においては、加盟店において犯人が売上票に署名することになりますが、この行為について、会員を作成名義とする有印私文書偽造罪および偽造有印私文書行使罪が成立することになります。

4　あてはめ

1項詐欺罪の成立を認める見解に従えば、本問では、被詐欺者・処分者・被害者はいずれも財物を交付した加盟店であるY店舗と考えることができます。Y店舗は、カード使用者が名義人でないと知っていれば信義則上商品の交付を拒絶すべきであるので、本問のように名義人を装ってクレジットカードを使い、商品の交付を申し込む行為は、Y店舗が真実を知っていれば処分行為を行わないような重要な事実を偽る行為といえます。

また、乙が名義人でない甲にクレジットカードの使用を許した場合、Y店舗とカード会社の規約違反として信販会社から支払を受けられないリスクを負うので、Y店舗に財産上の損害を生じうるといえ、甲の行為はY店舗の財産的損害に向けられているといえます。したがって、甲の行為は詐欺罪の「欺」く行為にあたります。

甲は、B名義で売上票に署名し、これを乙に渡していますから、偽造有印私文書行使罪（161条1項）についても忘れずに検討しましょう。

② 錯誤に基づかない交付行為について

詐欺罪は、欺く行為によって相手方が現に錯誤に陥る場合にのみ成立します。欺く行為は行われたけれども、相手方がそれを見抜いて錯誤に陥らなかった場合には、詐欺未遂罪にとどまります。本問では、Y店舗の商品管理その他業務全般を統括する店長である乙は、甲が名義人たるBとは別人であることに気づいており、錯誤に陥ったとはいえないので詐欺罪は成立せず、詐欺未遂罪（250条、246条1項）が成立するにとどまります。

③ 横領と背任の区別について

乙の罪責について、まず横領と背任のいずれを検討すべきかが問題となります。背任の本質は背信的権限濫用にありますが、横領とは、不法領得の意思の発現であり、権限を逸脱する場合に認められます。よって、権限濫用が背任罪であり、権限逸脱が横領罪であると解します。そして、権限内であるかどうかについては原則として一般的・抽象的範囲内であるか否かによって判断すべきです。両罪は法条競合の関係に立ち、より重い横領罪の成否をまず検討し、それから背任罪について検討すればよいでしょう。

横領罪は、自己の名義・計算で処分行為がなされた場合に成立しますが、本問において、乙は自己の名義・計算で本件パソコンを引き渡しているわけではないので、乙の行為に業務上横領罪は成立しません。そこで、背任罪が成立するかを検討することになります。

④ 自己図利目的と本人図利目的の併存について

背任罪が成立するためには、主観的要件として故意があるだけでは足りず、①自己もしくは第三者の利益を図る目的（図利目的）、または、②本人に損害を与える目的（加害目的）を必要とします。自己図利目的と、本人図利目的が併存した場合にも背任罪の成立は認められるでしょうか。

判例（最決平成10年11月25日刑集52巻8号570頁〔百選Ⅱ73事件〕）は、相互銀行の役員らが、土地の購入資金等の融資にあたり、一方の土地の売買に対しては売掛代金をただちに入手できるなどの利益を与えるとともに、地方の融資先に対しては、大幅な担保不足にもかかわらず多額の融資を受けられる利益を与えることになると認識しつつ、あえて融資を実行したという事案について、相互銀行と密接な関係にある土地の売主に所有の資金を確保させることにより、ひいては相互銀行の利益を図る、という動機があるとしても、それが融資の決定的な動機ではなかったという事情のもとでは、役員らに特別背任罪における第三者図利目的を認めることができるとしています。

また、最決平成17年10月7日刑集59巻8号779頁も、中堅総合商社の代表取締役の地位にあった被告人が、共犯らと共謀のうえ、ゴルフ場開発資金名目で、いずれも十分な担保を徴求することなく本件各融資を実行し、会社に損害を与えた事案について、被告人が本件融資を実行した動機は、会社の利益よりも自己や不動産業等を目的とするBの利益を図ることにあったと認められ、また、会社に損害を加えることの認識・認容も認められるのであるから、被告人には特別背任罪における図利目的はもとより加害目的をも認めることができるとしました。

図利加害目的という要件は、当該任務違背行為が本人のためにする意思で行われたものではないという要件を裏側から設定したものですから、目的が併存する場合、2つの目的の主従により判断して、本人図利目的が優位である場合には背任罪は成立しないと考えられます。

本問において、乙は、低迷しているY店舗の販売実績をあげることも目的として、甲に対する売上を同カードによる正規の売上げとして処理することに決めていますが、主な目的は、店長としての地位を保とうとすることにあったのですから、自己図利目的が主といえ、背任罪は成立すると解するのが妥当でしょう。

⑤ 背任罪と詐欺罪の関係について

背任行為が詐欺罪の手段として行われた場合、判例は、任務懈怠行為は詐欺罪の概念中に包含され、詐欺罪のみが成立するという見解によっています（最判昭和28年5月8日刑集7巻5号965頁）。しかし、詐欺行為は、相手方の一般的な信頼を破るものではあっても、背任罪の信任関係はそれとは異質のものであるので、両罪は基本的に性格を異にすることから、詐欺罪と背任罪の観念的競合とする見解が通説です。答案例でも、背任罪とは別に詐欺罪を検討し、成立を認めています。

【参考文献】
試験対策講座・刑法各論4章4節②【2】(3)(a)・④【6】、7節②【3】・【5】(1)・(2)。判例シリーズ67事件、76事件。条文シリーズ246条②5(6)・8(2)(b)、247条②4・6。

乙は、仕向銀行Aに対して、Bの口座に振り込むべき75万円を、手違いにより被仕向銀行C
の甲の口座に振り込むよう依頼してしまった。甲は、これを奇貨としてC銀行の窓口において
入金分を含む88万円の払戻しを受けた。その後、Bに確認して手違いを知った乙は、甲に返金
を迫ったが、甲が返金しようとしないため、甲宅へ赴き、「このまま返さんと、どうなっても
知らんぞ。俺にはやくざもんの知り合いもぎょうさんおるし。」と言った。困った甲は、乙に
返金するため、高利貸しDとの間で甲を借主とする消費貸借契約を締結することにしたが、そ
の際、知人で資産家のEの信用を利用しようと考え、Eに無断で、Eを上記消費貸借契約の保
証人とする「E代理人甲」名義の保証契約の契約書を作成した。そして、甲はこれを見せてD
から75万円を借り乙の口座に振り込んだが、実はEはその3か月前にすでに死亡していた。し
かし、このまま75万円を取られるのが悔しくなった甲は、乙に脅された旨を警察に通報した。
そのため、警察が銀行に連絡し、乙の口座から現金を引き出せないよう指示し、乙は結局75
万円を引き出すことができなかった。
　　甲および乙の罪責を論ぜよ。

【解答へのヒント】

1　甲が、C銀行の窓口において払戻しを受けた行為は、詐欺罪の欺罔行為といえるでしょうか。

2　甲が「E代理人甲」名義の保証契約の契約書を作成したことについて、犯罪は成立するでしょ
　うか。代理人名義であること、Eがすでに死亡していることにそれぞれ注目して考えましょう。

3　乙が甲に返金を迫った後、「このまま返さんと、どうなっても知らんぞ。俺にはやくざもんの
　知り合いもぎょうさんおるし。」と言っています。乙は甲に対して実際に75万円の債権を有して
　いますが、乙に犯罪が成立するでしょうか。

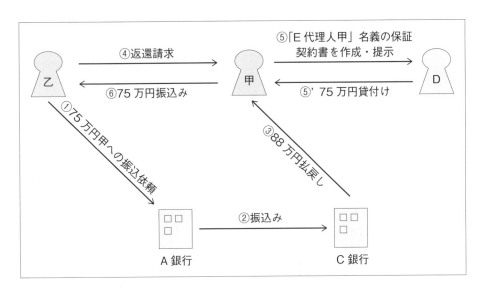

第1　甲の罪責について

1　甲が、手違いにより自己の銀行口座に振り込まれた75万
　　円を奇貨としてC銀行の窓口で払戻しを受けた行為につき、
　　詐欺罪（刑法246条1項。以下法名省略）が成立するか。

　⑴　誤振込みの状態は、名義人甲の占有下におかれたとは　　5
　　　いえない。甲の行為は、払戻請求権がないのにあるかの
　　　ように装い引き出す行為であり、「欺」く行為にあたる。

　⑵　次に、Cは錯誤に基づき75万円を「交付」し、甲の手
　　　元に「財物」が移転している。

　⑶　したがって、甲にCに対する詐欺罪が成立する。　　　　10

2　次に、甲が、Dとの間で消費貸借契約を締結に際して、
　　「E代理人甲」名義の保証契約の契約書を作成している行
　　為につき、有印私文書偽造罪（159条1項）の成否を検討
　　する。

　⑴　まず、甲とDとの間の消費貸借契約を内容とする保証　　15
　　　契約の契約書は、「権利、義務……に関する」ものとい
　　　える。

　⑵　次に、後述のように名義人とされるEは3か月前にす
　　　でに死亡しているので、死者名義の文書も「文書」とい
　　　えるかが問題となる。　　　　　　　　　　　　　　　　20

➡️問題提起
🔴死者名義の文書が「文書」と
　いえるか

　　　ア　文書偽造罪の保護法益は、文書に対する公衆の信用
　　　　にあるところ、死者名義であっても、公衆の信用を危
　　　　うくする。そこで、一般人にEが実在していると誤信
　　　　させるおそれがあるかぎり、名義人の実在性は不要で、
　　　　死者名義の文書も「文書」といえると解する。　　　　25

➡️規範

　　　イ　そうすると、一般人に実在していると誤信させるお
　　　　それがあるかぎり、本件文書は「文書」といえる。

➡️結論

　⑶　さらに、甲は代理資格を有しないのに「E代理人甲」
　　　と表示して代理形式の文書を作成しているので、代理名
　　　義の冒用の場合の名義人はだれかが問題となる。　　　　30

➡️問題提起
🔴代理名義を冒用する場合の
　名義人

　　　ア　文書偽造罪の保護法益にかんがみ、名義人は、公衆
　　　　は何を信用するかという点を基礎に決する。そして、
　　　　代理名義の文書は、本人に私法的効果が帰属する形式
　　　　の文書であるから（民法99条1項）、公衆は本人の意
　　　　思が表示された文書として信用する。そこで、代理名　35
　　　　義の冒用の場合の名義人は、本人であると解する。

➡️規範

　　　イ　そうすると、本件文書の作成者は甲であるのに対し
　　　　て、名義人は本人Eである。

➡️あてはめ

　　　　　したがって、本件文書は、名義人Eと作成者甲の同
　　　　一性を偽っているので、「偽造」にあたる。　　　　　　40

➡️結論

　⑷　さらに、「E代理人甲」名義の作成は、自署であり、
　　　特定人Eを表章する仕方で署名しているから、「他人」
　　　の「署名」を「使用」したといえる。

　⑸　そして、甲は資産家Eの信用を利用しようと考えてお

り、これは他人をして偽造文書を真正文書と誤信させよ　45
うとする目的であるから、「行使の目的」もある。
　(6)　よって、甲の行為には有印私文書偽造罪が成立する。
3　さらに、甲がこれをDに見せた行為は、偽造にかかる文
書を真正文書として他人に認識させたといえるから、「前
2条の文書」を「行使」(161条1項)したといえる。　50
　　よって、甲の行為には偽造有印私文書行使罪が成立する。
4　最後に、甲が上記文書の作成によりDから75万円を借り
ている行為は、甲の「欺」く行為によりDが錯誤に基づき
「交付」し、甲に「財物」が移転したといえる。
　　したがって、甲にDに対する詐欺罪が成立する。　55
5　以上より、甲は、C銀行に対する詐欺罪(246条1項)、
Dに対する詐欺罪(246条1項)、有印私文書偽造罪(159
条1項)、偽造有印私文書行使罪(161条1項)の罪責を負
い、後3者は手段・結果の関係にあるから牽連犯(54条1
項後段)となり、前者とは併合罪(45条前段)となる。　60
第2　乙の罪責について

1　乙が、甲に対してなした発言行為につき、恐喝罪(249　　➡問題提起
条1項)の成否を検討する。本問について、乙は甲に対し　　論 権利行使と恐喝
75万円の債権を有しているが、正当な債権を有する者が恐
喝手段によって弁済を受ける場合も、「恐喝」といえるの　65
かが問題となる。

(1)　自己の財物であっても、他人が平穏に占有している以　　➡規範
上、その占有はいちおう保護されるべきである。そこで、
この場合も「恐喝」といえると解する。

　　そうすると、乙の発言行為は、75万円を返さなければ　70　➡あてはめ
甲の生命や身体に危険が及ぶことを示唆し、甲を畏怖さ
せるから、「恐喝」といえる。

(2)　もっとも、①権利の行使という正当な目的があり、②　　➡規範
権利の範囲内で、③手段が社会的相当性の範囲内にある
と認められるときは、違法性が阻却されると解する。　75

　　本問では、①乙に権利の行使という正当な目的があり、　➡あてはめ
②75万円の返還という権利の範囲内である。しかし、
「俺にはやくざもんの知り合いもぎょうさんおるし。」
との発言は、③その手段が社会的相当性の範囲にあると
認められない。したがって、乙の上記行為は違法性が阻　80　➡結論
却されない。

2　また、警察が甲の通報を受けて、銀行に連絡して、乙が
口座から現金を引き出せないように指示しているものの、
甲が乙の口座に75万円を振り込んだ時点で、乙は自由に払
い戻しうる状態にあり、占有を取得したといえるから、　85
「財物を交付させた」といえる。

3　以上より、乙の行為には、恐喝罪(249条1項)が成立
し、乙はその罪責を負う。　　　　　　　　　　　　以上

誤振込みによる預金の払戻しと詐欺罪の成否については、1999（平成11）年旧司法試験第2問で出題されている。新司法試験では現在まで出題がないが、詐欺罪における重要な論点であるから、今後の出題が予想される。権利行使と恐喝罪の成否は、司法試験2007（平成19）年刑事系第1問、2020（令和2）年で出題されている。そこで、これらの典型論点を組み合わせて基本的理解を確認してもらいたく出題した。

■ 論点 ■

1　死者名義の文書が「文書」といえるか
2　代理名義を冒用する場合の名義人
3　権利行使と恐喝

■ 答案作成上の注意点 ■

① 誤振込み預金の払戻しについて

本問のように、自己の口座に誤振込みされた預金の払戻しを受ける行為が、欺く行為にあたり、詐欺罪が成立するでしょうか。判例は、被告人に民事上正当な預金の払戻権限があるとしても、「銀行にとって、払戻請求を受けた預金が誤った振込みによるものか否かは、直ちにその支払に応ずるか否かを決する上で重要な事柄である」ので、被告人には「誤った振込みがあった旨を銀行に告知すべき信義則上の義務」があり、誤振込みであることを秘して預金の払戻しを請求することは、詐欺罪の欺く行為にあたる（最決平成15年3月12日刑集57巻3号322頁〔百選Ⅱ52事件〕）として、詐欺罪の成立を認めています。

この問題については、学説上は、預金による金銭の占有を否定して詐欺罪の成立を認める見解と、預金による金銭の占有を認めたうえで占有離脱物横領罪が成立するという見解が対立しています。

答案例では、上記判例と同様の立場から論じています。C銀行にとって、払戻請求を受けた預金が誤った振込みによるものか否かは、ただちにその支払に応ずるか否かを決するうえで重要な事柄です。そうだとすれば、甲には誤った振込みがあった旨を銀行に告知すべき信義則上の義務があり、誤振込みであることを秘して預金の払戻しを請求することは、詐欺罪における欺く行為にあたります。そして、Cは錯誤に基づいて75万円を交付し、甲に財物が移転しているといえるので、甲にはCに対する詐欺罪が成立すると解します。

② 死者名義の文書も「文書」（159条1項）といえるか

文書偽造罪の文書というためには、名義人が実在の人物であることを要するかが問題となります。架空人には、意思や観念が存在しないから、名義人が実在しない場合には文書として保護に値しないこと、偽造罪の各類型における「公務員」や「他人」の文言も、架空人や死者を想定しているとは考えられないことを理由として、生存中の日付で作成された死者名義の文書を除き、名義人は実在の人物であることを要するという説があります。この説に対しては、文書偽造罪は名義人の意思内容そのものを保護するものではないという批判があります。

判例・通説は、文書偽造罪の文書というためには、名義人が実在の人物であることを必ずしも要しないとしています（最判昭和28年11月13日刑集7巻11号2096頁）。したがって、だれが見ても一見して実在しないとわかる場合を除いて、死者、架空人を名義人とする場合でも文書偽造罪は成立すると考えます。この説は、文書偽造罪の保護法益は文書に対する公共の信用であるところ、一見実在しそうな人物が名義人とされた場合には当該文書に対して公共の信用が生じること、名義人が実在しない場合のほうが、文書を得た者が名義人に責任を追及することができない点で法益侵害性が大

きいことを理由としています。

　答案例では、判例・通説の立場を採用し、Eは3か月前にすでに死亡しているとはいえ、一般人にEが実在していると誤信させるおそれがあるかぎり、本件文書は「文書」といえると解しています。

③　代理名義を冒用する場合の名義人について

　本問において、甲は、代理資格を有しないのにもかかわらず、「E代理人甲」と表示して代理形式の文書を作成しています。ここで、代理名義の冒用の場合、名義人はだれかが問題となります。

　代理名義の冒用の場合、代理名義が名義人となるとし、有形偽造とはならず、文書の内容たる肩書の齟齬をもって無形偽造となると考える説（代理人説）があります。代理名義を冒用している者が、当該文書に自己の意思を表示している主体なのですから、その者が名義人にほかならないと考えることを理由としています。代理人説のなかには、代理名義の冒用の場合にかぎって有形偽造に準ずる無形偽造であるとして私文書の場合にも私文書偽造罪は成立すると考える説がありますが、この場合にかぎり159条3項が有形偽造を含む趣旨であるとする根拠が薄弱であると批判されています。

　次に、代理人と本人を一体とする「A代理人X」という人格が名義人であり、そのような人物は存在しないため、架空人名義の文書となり、一般人がそのような名前の人物が存在すると誤信しうる範囲で偽造罪が成立すると考える説（一体説）があります。代理・代表名義の文書では、代理人自身の名前のみならず、代理人という資格も重要であり、たとえば「A代理人X」という場合、代理人の名前であるXのみならずAの代理人であるという点も重視すべきであるから、この資格をもった「A代理人X」という一体の名義をXとは別個の人格として捉え、そのような架空名義の文書と解すべきであることを理由としています。しかし、架空人名義を想定するのは技巧的にすぎること、虚偽の肩書を冒用する場合についてもことごとく偽造とされてしまい、有形偽造の範囲が広がりすぎることが批判されています。

　判例・通説は、効果帰属主体である本人が名義人であり、代理名義を冒用する場合は有形偽造となると解しています（最決昭和45年9月4日刑集24巻10号1319頁〔百選Ⅱ93事件〕）。文書偽造罪は文書に対する公共の信用を保護するものであり、名義人の認定にあたっても公衆は何を信用するかという観点から考えるべきであるところ、文書に対する公共的信用は、文書の効果帰属主体である本人が実際に文書の内容どおりの意思・観念を有しているという点に向けられるから、本人を名義人と考えるべきであることを理由としています。

　答案例では、判例・通説の考え方に基づいて、本件文書の作成者が甲であるのに対して名義人は本人Eであると解しています。そうだとすれば、本件文書は、名義人Eと作成者甲が異なり人格の同一性を偽っていることになるので、「偽造」にあたるといえます。

④　権利行使と恐喝について

　乙の甲に対する発言行為について、乙は甲に対して75万円の債権を有していますが、その弁済を受けようとする発言について恐喝罪（249条1項）が成立するでしょうか。

　権利者が自己の権利を行使する場合に、正規の民事手続を経ることなく、自力で権利を実現する行為が財産罪を構成するかという問題があります。本問のように、債権者が債務者に対して弁済を強要する場合、喝取する目的物の所有権および占有権がともに債務者にあります。しかし、たとえその権利実現手段に問題があろうとも、民事上の権利行使である以上、不可罰になるのではないかという点が問題になります。

　この問題については、判例は恐喝罪から犯罪不成立説、そして脅迫罪説へと変遷し、再び恐喝罪説に落ち着いています。学説上は、犯罪不成立説はほとんどみられず、主に財産上の権利の行使であるかぎり、財産犯としての恐喝罪は成立しない等とする脅迫罪（強要罪）説と、人を恐喝して財物を交付させることは恐喝罪として構成要件に該当するとする恐喝罪説とに分かれます。

　恐喝罪説は、更に用いられた脅迫手段が正当行為（35条後段）として違法性が阻却するかどうか

を検討すべきとします。違法性阻却事由の判断要素としては、①権利の範囲内であり、かつ、②その方法が社会通念上一般に忍容すべきものと認められる限度を超えないこととする判例の基準が参考になります（最判昭和30年10月14日刑集9巻11号2173頁〔百選Ⅱ61事件〕）。ただし、判例は、35条によって違法性が阻却されるとは明言していません。

　本問において、乙は甲に対し75万円の債権を有していますから、乙には権利の行使という正当な目的があり、75万円の返還という権利の範囲内であるといえます。もっとも、「このまま返さんと、どうなっても知らんぞ。俺にはやくざもんの知り合いもぎょうさんおるし。」という発言は、75万円を返さなければ甲の生命や身体に危険が及ぶことを示唆する発言であり、甲を畏怖させるものであり、手段として社会的相当性の範囲内にあるとはいえず、違法性が阻却されません。

　最後に、本問では、警察が銀行に連絡し、乙の口座から現金を引き出せないよう指示し、乙は結局75万円を引き出すことはできなかった点ですが、これでは占有を取得したとはいえない、「財物を交付させた」といえない、すなわち恐喝未遂罪にとどまるのではないかとの疑問があるかもしれません。しかし、振り込め恐喝（詐欺）の場合には、財物の意義が広く捉えられており、預金を自由に払い戻しうる状態になれば占有（事実上の支配）を取得したといえるため、振込送金がなされた時点で1項恐喝罪（1項詐欺罪）は既遂に達することになります。ですので、本問でも「財物を交付させた」といえることになり、恐喝既遂罪が成立することになります。ただし、かりに、甲が振込みをする前に乙の犯行（恐喝）が発覚しており、甲が振込みをする前に乙の払戻しに応じない措置がとられていたような事例では、乙が預金を自由に払い戻すことができないため、1項恐喝罪は未遂にとどまることになります（浦和地判平成4年4月24日判時1437号151頁）。

【参考文献】

試験対策講座・刑法各論4章4節④【2】、5節②【4】、6章4節②【3】(1)・③【2】(1)(a)。判例シリーズ60事件、68事件、88事件。条文シリーズ2編17章総説④2(3)(a)・⑥4、246条②5(2)、249条②2。

第34問 A 横領罪⑴

　画商をしている甲は、友人乙から、「家のリビングに絵画を掛けたいんだが、100万円で絵画を仕入れてくれないか。」と依頼された。甲はその依頼を受けて、乙から100万円を受け取った。数日後、甲は、以前に絵画を仕入れた画家Aへの代金支払期日が本日中であることに気づいた。持ち合わせの現金だけでは100万円不足していたものの、甲は自己名義の口座に100万円の預金を有していた。そこで、甲は、翌日にその預金から埋め合わせをしようと考え、乙から預かった100万円を画家Aへの代金支払にあてた。

　また、乙は、Bとの間で、自己の所有する自己名義の建物（以下「乙建物」という）を1000万円でBに売却する旨の契約を締結し、Bから代金全額を受け取った。しかし、乙は仮想通貨の投資に失敗して資金が必要になったので、Bに対する所有権移転登記手続前に、C銀行から、乙建物に抵当権を設定して500万円の融資を受け、その旨の登記手続をした。その後、乙は、更に仮想通貨の投資に失敗して資金が必要になったので、Dとの間で、乙建物を1200万円でDに売却する旨の契約を締結し、Dに対する所有権移転登記手続をして、Dから代金全額を受け取った。

　甲および乙の罪責を論ぜよ。

【解答へのヒント】

1　甲は埋め合わせをしようと考えていますが、甲に犯罪は成立するのでしょうか。

2　乙がDに対して乙建物を売却する前に、乙建物に抵当権を設定していますが、乙のDに対する乙建物の売却行為に犯罪は成立するのでしょうか。

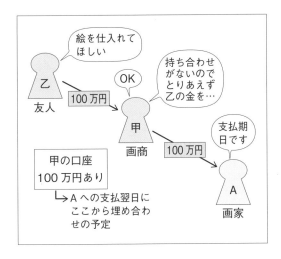

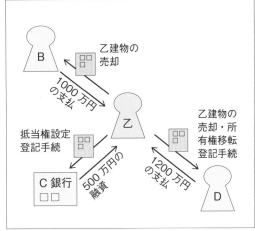

答案例

第1　甲の罪責について
　1　甲が乙から預かった100万円を画家Aへの代金支払にあ
　　てた行為について、乙に対する業務上横領罪（刑法253条。
　　以下法名省略）が成立するか。

　　　　　　　　　　　　　　　　　　　　　　　　　　5　⏩問題提起
　（1）民法上金銭の所有と占有は一致するので、甲が乙から
　　　預かった100万円は「他人の物」にあたらないのではな
　　　いか。

　　　　ア　この点、流用してはならないという寄託者の意思は
　　　　　なお刑法上保護されるべきであるので、使途を定めて
　　　　　寄託された金銭は寄託者の所有に属し、「他人の物」
　　　　　にあたると解する。

　　　　イ　本問では、甲は、乙から「100万円で絵画を仕入れ
　　　　　てくれないか。」と依頼されており、その依頼を受け
　　　　　て、乙から100万円を受け取っている。

　　　　ウ　したがって、上記100万円は、使途を定めて寄託さ
　　　　　れた金銭であり、「他人の物」にあたる。

　（2）また、甲は乙から100万円を受け取っており、この100
　　　万円は「自己の占有」に属している。
　　　　さらに、甲は乙の依頼を受けて、乙から100万円を受
　　　け取っているので、この100万円の占有は、乙との委託
　　　信任関係に基づくものである。
　　　　加えて、この占有は、画商という委託を受けて他人の
　　　物を占有・保管する職業に基づくので、「業務上」の占
　　　有といえる。

　（3）そうだとしても、甲は自己名義の口座の100万円で埋
　　　め合わせをしようと考えているので、上記行為は「横
　　　領」にあたらないのではないか。

　　　　ア　確実な補填の意思と能力がある場合には、金銭の一
　　　　　時流用は、不法領得の意思を発現するいっさいの行為
　　　　　とはいえず、「横領」にあたらないと解する。

　　　　イ　本問では、甲は、自己名義の口座に、乙から預かっ
　　　　　た額と同額の100万円の預金を有していたので、確実
　　　　　な補填の意思が認められる。
　　　　　　そして、甲は、翌日にその預金から埋め合わせをし
　　　　　ようと考えているので、確実な補填の意思も認められ
　　　　　る。

　　　　ウ　したがって、上記行為は「横領」にあたらない。

　2　よって、上記行為に業務上横領罪（253条）は成立せず、
　　甲は何らの罪責も負わない。

第2　乙の罪責について
　1　乙が、乙建物に抵当権を設定してその旨の登記手続をし
　　た行為に、Bに対する横領罪（252条1項）が成立するか。
　（1）乙は、Bとの間で、自己の所有する乙建物を1000万円
　　　でBに売却する旨の契約を締結し、Bから代金全額を受

右欄注記:

- 5　⏩問題提起
- 論　使途を定めて寄託された金銭
- ⏩規範
- ⏩あてはめ
- 15　⏩結論
- 20
- 25　⏩問題提起
- 論　金銭の一時流用
- ⏩規範
- 30
- ⏩あてはめ
- 35
- ⏩結論
- 40

け取ったので、乙建物は「他人の物」にあたる。 45

　「占有」とは、事実上の支配のみならず法律上の支配を含むと解する。本問では、Bに対する所有権移転登記手続はまだなされておらず、乙建物の所有権の登記名義人は乙であるので、法律上の支配が乙に認められる。ゆえに、乙建物は「自己の占有」に属している。 50

　乙は、Bに対し、売買契約に基づき、登記協力義務を負っているので、乙の占有は、Bとの委託信任関係に基づくものである。

　乙が、仮想通貨の投資に失敗し、資金が必要になり行われた上記行為は、委託の任務に背いて、権限がないのに所有者でなければできないような処分をする意思たる 55
不法領得の意思の発現行為といえ、「横領」にあたる。

⑵　したがって、上記行為に横領罪が成立する。

2　さらに、乙が、Dとの間で、乙建物を1200万円でDに売却する旨の契約を締結し、Dに対する所有権移転登記をし 60
た行為に、Bに対する横領罪が成立するか。

⑴　上述した抵当権設定行為の場合と同様、乙は「自己の占有する他人の物」たる乙建物を「横領」したといえる。

　また、抵当権設定行為により委託信任関係が破壊されたとも思えるが、乙は、Bに対し、売買契約に基づき乙 65
建物の登記を備えさせる義務を依然として負うので、乙建物の占有は、乙との委託信任関係に基づくものである。

⑵　もっとも、上述した抵当権設定行為に横領罪が成立しているため、乙建物の売却行為は不可罰的事後行為にとどまり、別個に横領罪が成立しないのではないか。 70

┌───┐
│ ア　抵当権設定行為と売却行為とでは、所有権侵害の度 │
│ 合いが異なるので、先の抵当権設定行為によって所有 │
│ 権侵害が評価し尽されているとはいえない。そこで、 │
│ 後の売却行為により新たに所有権侵害があったとして、 │
│ 当該売却行為は不可罰的事後行為にあたらず、別個に 75 │
│ 横領罪が成立すると解する。 │
└───┘

　イ　したがって、乙建物の売却行為は不可罰的事後行為にあたらず、別個に横領罪が成立する。

3　よって、乙は、先の抵当権設定行為と後の売却行為それぞれについて、Bに対する横領罪（252条1項）の罪責を 80
負う。両者は、同一法益に向けられた行為であり、包括一罪となる。

以上

85

➡ 問題提起
論 横領後の横領

➡ 規範

➡ 結論

　本問は、具体的事案における横領罪の成否を問うものである。使途を定めて寄託された金銭は、司法試験2009（平成21）年および予備試験2018（平成30）年に出題され、横領後の横領は、旧司法試験2004（平成16）年第２問および司法試験2012（平成24）年で問われているため、今後の出題も想定される。また、金銭の一時流用は、これまで出題されていないものの、重要論点である。解けなかった部分はそのままにせず、必ず復習しておいてほしい。

　　　論点　　　

1　使途を定めて寄託された金銭
2　金銭の一時流用
3　横領後の横領

　　　答案作成上の注意点　　　

①　甲の罪責について

　甲は乙から預かった100万円を画家への代金支払にあてているので、この行為に横領罪が成立するかが問題となります。また、甲は画商をしているので、「業務」性が問題となり、業務上横領罪（253条）の成否を検討することに注意してください。「業務」とは、社会生活上の地位に基づいて反復継続して行われる事務をいいますが、本罪においては、質屋、倉庫業、運送業など、他人の者を占有・保管する性質のものをいいます。答案作成上、「業務」の定義にあてはめて認定すると好印象です。

　その他の構成要件要素（「他人の物」、「自己の占有する」、財物の占有が委託信任関係に基づくことおよび「横領」）についても、論点であるかどうかにかかわらず、問題文の事実を使って認定しましょう。特に、委託信任関係を破るところに横領罪の本質があるので、財物の占有が委託信任関係に基づくことは、法文上に規定されていないものの、構成要件要素として必要です。認定のし忘れに注意しましょう。

②　使途を定めて寄託された金銭について

　「他人の物」とは、行為者以外の自然人または法人の所有に属する物を意味します。甲が乙から預かったのは金銭であるので、「他人の物」該当性が問題となります。民法上金銭の所有権は占有とともに移転し、占有と所有権の所在とは常に一致するものと解されています。この民法理論を刑法にもそのままあてはめるとすれば、金銭を客体とする場合には「他人の物」とはいえず横領罪が成立しないことになってしまうので、刑法的解釈が加えられます。

　甲は、絵画の仕入れという乙の依頼を受けて、乙から100万円を受け取っているので、この100万円は使途を定めて寄託された金銭です。使途を定めて寄託された金銭については、その所有権は寄託者に属し、「他人の物」といえるので、それを受託者が費消する行為は横領罪を構成すると解するのが判例・通説です（最判昭和26年５月25日刑集５巻６号1186頁〔百選Ⅱ64事件〕）。なぜなら、刑法では委託の趣旨に従って財物を保管することに力点がおかれるべきところ、使途を定めて寄託されたものである以上、ほかに流用してはならないという寄託者の意思を尊重すべきだからです。

③　金銭の一時流用について

　「横領」とは、不法領得の意思の発現するすべての行為をいいます（判例・通説）。そして、「不法領得の意志とは、他人の物の占有者が委託の任務に背いて、その物につき権限がないのに所有者でなければできないような処分をする意志」をいいます（最判昭和24年３月８日刑集３巻３号276頁〔百

選Ⅱ66事件〕）。甲が埋め合わせをしようと考えている事情がなければ、甲が乙から預かった100万円を画家への代金支払にあてた行為は、委託の任務に背いて、権限がないのに所有者でなければできないような処分をする意思たる不法領得の意思の発現行為といえ、「横領」にあたります。

　もっとも、甲は埋め合わせをしようと考えているので、金銭の一時流用が「横領」にあたるかが問題となります。判例は、「後日に補填する意志が行為当時にあったからとて横領罪の成立を妨げるものでもない」としています（前掲最判昭和24年）。もっとも、有力な学説は、確実な補填の意思と能力がある場合には、金銭の一時流用は、不法領得の意思を発現するいっさいの行為とはいえず、「横領」にあたらないと解します。もともと金銭自体には、高度の代替性があるので、委託された金銭を一時的に流用したとしても、必要なときにはいつでも自己の金銭で代替でき、行為者にもその意思があるという場合にまで横領罪の成立を認めるのは明らかに妥当でないでしょう。そこで、そのような場合には、金銭の一時流用は、不法領得の意思を発現するいっさいの行為とはいえず、「横領」にあたらないとするのです。ただし、このように一時流用が不可罰となるのは、費消した以上の金銭を自宅に所有している場合やその金額の預金を有する場合にかぎられます。したがって、たとえば有価証券を所持しているだけではだめです。また、月末に給料が入るからそれで穴埋めしようと思っていた場合、このように後日補填する意思があり、実際にその資力を有したとしても、すぐに補填できないかぎり横領罪が成立してしまいます。

　本問について検討すると、甲は、自己名義の口座に、乙から預かった額と同額の100万円の預金を有しており、翌日にその預金から埋め合わせをしようと考えているので、確実な補填の意思が認められるとともに、確実な補填の能力も認められます。したがって、甲が乙から預かった100万円を画家Aへの代金支払にあてた行為は、「横領」にあたらず、甲は何らの罪責も負いません。答案作成上重要なのは、単に事実を羅列するだけでなく、甲の預金が乙から預かった額と同額であるなどと適切に評価したうえで、確実な補填の意思と能力があることを結論づけることです。

④　乙の罪責について

　乙は、Bとの間で、自己の所有する自己名義の乙建物を1000万円でBに売却する旨の契約を締結し、Bから代金全額を受け取ったにもかかわらず、Bに対する所有権移転登記手続前に、C銀行から、乙建物に抵当権を設定して500万円の融資を受け、その旨の登記手続をしています。この抵当権設定行為に横領罪が成立するかが問題となります。①で述べたとおり、構成要件（「他人の物」、「自己の占有する」、財物の占有が委託信任関係に基づくことおよび「横領」）についても、論点であるかどうかにかかわらず、問題文の事実を使って認定しましょう。

⑤　横領罪における「占有」について

　乙は、Bとの間で、自己の所有する自己名義の乙建物を1000万円でBに売却する旨の契約を締結しているところ、乙が乙建物を「占有」しているか否かが問題となります。

　占有とは、一般に、物に対する事実上の支配をいいますが、横領罪における「占有」とは、事実上の占有のみならず法律上の占有も含みます。その理由は、奪取罪における占有は、侵害の対象であることから物に対する支配の排他性が重要となるのに対し、横領罪における占有は、行為者と被害者の信頼関係を導き出し、かつ、行為者の犯行を促す基盤となるものであるため、濫用のおそれのある支配力が重要となるからです。このような観点からすれば、不動産に関する登記簿上の名義人は横領罪の占有者にあたることになります（大判昭和7年3月11日刑集11巻167頁）。法律上の支配が肯定された例として、抵当権設定のために他人の土地の登記済証、白紙委任状を預かり保管している者（福岡高判昭和53年4月24日判時905号123頁）および預金の名義人もおさえておきましょう。

　本問においては、Bに対する所有権移転登記手続はまだなされておらず、乙建物の所有権の登記名義人は乙であるので、法律上の支配が乙に認められ、乙建物は「自己の占有」に属しているといえます。

6 横領後の横領について

　抵当権設定後に、乙は、Dとの間で、乙建物を1200万円でDに売却する旨の契約を締結し、Dに対する所有権移転登記手続をしているので、乙建物の売却行為に横領罪が成立するかについても検討します。この売却行為が横領罪の構成要件に該当することを端的に論じておきましょう。

　ここで、上述した抵当権設定行為に横領罪が成立しているため、乙建物の売却行為は不可罰的事後行為にとどまり、別個に横領罪が成立しないのではないかが問題となります。かつては、横領行為の後に同一物に対して行為者がなした処分行為は、新たに法益を侵害しないかぎり、不可罰的事後行為として別罪を構成しないとされてきました。この点で、二重譲渡における第2譲受人の罪責を、ただちに横領の共犯としなかった従来の判例も、同様の立場に立っていたと解されています（最判昭和31年6月26日刑集10巻6号874頁）。しかし、最高裁は判例を変更して、先に抵当権設定による横領行為が存在することが、後の所有権移転による横領罪の成立を妨げないと判断するにいたりました（最大判平成15年4月23日刑集57巻4号467頁〔百選Ⅱ69事件〕）。というのも、抵当権設定行為と売却行為とでは、所有権侵害の度合いが異なるため、先の抵当権設定行為によって所有権侵害が評価し尽されているとはいえず、後の売却行為により新たに所有権侵害があったといえるからです。この立場に立って論じればよいでしょう。

　また、委託信任関係について、先行する抵当権設定行為に横領罪が成立するので、その時点で委託信任関係が破壊されたのではないかも問題となります。この点については、「一度横領がなされても、委託を基礎づける関係（委任等）と財物の管理状態に変動がない限り、委託関係の存続を認めるべき」（百選Ⅱ141頁）と解されています。本問では、乙は、Bに対し、売買契約に基づき、乙建物の登記を備えさせる義務を依然として負うので、乙建物の占有は、乙との委託信任関係に基づくものであるといえます。これは細かい論点であるので、答案作成上、端的に論じれば十分でしょう。

　最後に、乙は、先の抵当権設定行為と後の売却行為それぞれについて、Bに対する横領罪の罪責を負います。両者は、同一法益に向けられた行為であるので、包括一罪となります。

【参考文献】
試験対策講座・刑法各論4章6節②【2】・【3】・③【2】・④【1】。判例シリーズ42事件。条文シリーズ252条②2。

第35問 A 横領罪(2)

甲は、Aとの間で、自己の所有する自己名義の土地（以下「本件土地」という）を2500万円でAに売却する旨の契約を締結し（以下「第1売買」という）、売買代金の一部としてAから2000万円を受け取った。この事案について、以下の問いに答えよ。なお、各問は、独立した問いである。

1 甲は、借金を返済するために、第1売買の存在を知らない友人Bに、「本件土地を2200万円で買ってくれないか。」ともちかけた。Bは、本件土地はマイホームを建築するのに適したよい土地だと考え、これを承諾した。甲は、Aに対する所有権移転登記手続前に、Bとの間で、第1売買の事実を秘して本件土地を2200万円でBに売却する旨の契約を締結し（以下「第2売買」という）、Bに対する所有権移転登記手続をした。その後、Bは、甲に対して、代金全額を支払った。しかし、AはBの勤務先の得意先だったので、Bは、第1売買の存在およびその買主がAであることを知るとすぐに、Bの勤務先とAの信頼関係が損なわれるのを恐れて、甲に対して、第2売買の解除を申し出た。甲の罪責を論ぜよ。

2 甲は、Aに対する所有権移転登記手続前に、乙からその土地を2200万円で買い受けたい旨の申入れを受けた。甲は、2200万円があれば借金全額を返済できると考えて、乙との間で、申入れどおりの売買契約を締結し（以下「第3売買」という）、乙に対する所有権移転登記手続をした。なお、第2売買の時点で、乙は、第1売買の存在を知っていたが、Aを害する意図はなかった。甲および乙の罪責を論ぜよ。

【解答へのヒント】
1 甲が、Bとの間で、第1売買の事実を秘して第2売買の締結等をしていますが、この行為に犯罪は成立するのでしょうか。
2 第2売買の時点で、乙は、第1売買の存在を知っていましたが、Aを害する意図はありませんでした。このとき、乙に犯罪は成立するのでしょうか。

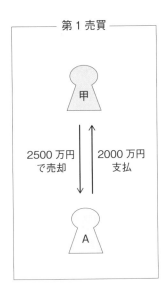

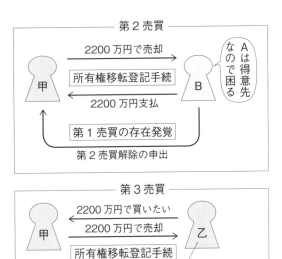

答案例

第1　小問1について

1　まず、甲が、第2売買を締結し、Bに対する所有権移転登記手続をした行為（以下「第2売買の締結等」という）について、Aに対する横領罪（刑法252条1項。以下法名省略）が成立するか。

(1)　甲は、Aとの間で、自己の所有する本件土地をAに売却する旨の契約を締結し、その所有権はAに移転している（民法176条）。そして、「他人の物」といえるためには、代金の全額または大部分の支払が必要であると解するところ、甲は、Aから代金2500万円の8割にあたる2000万円を受け取っており、代金の大部分の支払があるので、本件土地は「他人の物」にあたる。

　　また、「占有」とは、法律上の支配も含むと解するが、Aに対する所有権移転登記手続はなされておらず、依然甲が所有権移転登記を有するので、法律上の支配は甲にあり、本件土地は「自己の占有」に属している。

　　さらに、甲はAに対し売買契約に基づき登記協力義務を負っているので、甲の占有は、Aとの委託信任関係に基づくものである。

　　また、甲が借金を返済するために第2売買の締結等をした行為は、委託の任務に背いて、権限がないのに所有者でなければできないような処分をする意思の発現行為といえ、「横領」にあたる。

(2)　したがって、上記行為に横領罪が成立する。

2　次に、甲が、Bとの間で、第1売買の事実を秘して第2売買の締結等をした行為について、Bに対する詐欺罪（246条1項）が成立するか。

(1)　上記行為は、「欺」く行為にあたるか。

> ア　欺く行為とは、相手方の処分行為に向けられた交付の判断の基礎となる重要な事項を偽る行為をいうところ、第2譲受人は悪意であっても登記を経ることにより完全な所有権を取得するので（民法177条）、財産上の損害は認められず、第2譲受人への告知義務はない。そこで、第1売買を告知しなかったことは、第2譲受人が事前に知っていたならば売買契約を結ばなかったであろうという特段の事情がないかぎり、「欺」く行為にあたらないと解する。

> イ　本問では、Aは、Bの勤務先の得意先だったので、Bは、第1売買の存在およびその買主がAであることを知るとすぐに、Bの勤務先とAの信頼関係が損なわれるのを恐れて、甲に対して、第2売買の解除を申し出た。したがって、上記の特段の事情があったからこそ、Bは、第2売買の解除を申し出たといえるので、第2売買の時点で、上記の特段の事情があったことが

5

10

15

20

25　論 二重売買と詐欺

➡問題提起

30

➡規範

35

➡あてはめ

40

➡結論

推認され、上記行為は「欺」く行為にあたる。　　　　　45
　（2）　上記行為により、Bは第1売買の事実はないという錯
　　　誤に陥り、これに基づき代金全額を甲に対して支払うと
　　　いう交付行為を行い、代金全額は甲に移転している。
　（3）　したがって、上記行為に詐欺罪が成立する。
　3　よって、甲は横領罪（252条1項）と詐欺罪（246条1　50
　　項）の罪責を負い、両者は観念的競合（54条1項前段）と
　　なる。
第2　小問2について
　1　甲の罪責について
　　　甲が、乙との間で第3売買を締結し、乙に対する所有権　55
　　移転登記手続をした行為（以下「第3売買の締結等」とい
　　う）には、第1の1と同様に、Aに対する横領罪（252条
　　1項）が成立し、甲はその罪責を負う。
　2　乙の罪責について
　（1）　乙が本件土地を甲から買い受けた行為に、横領罪の共　60
　　　同正犯（60条、252条1項）が成立するか。
　　　ア　乙は何ら実行行為を行っていないが、①正犯意思に
　　　　基づく共謀、②共謀に基づく他の共犯者の実行行為が
　　　　認められる場合には、共同正犯が成立すると考える。
　　　　　本問では、甲乙間で、第3売買の締結等について共　65
　　　　謀がある。そして、乙は、甲に対して、本件土地の買
　　　　受けを申し込んでおり、重要な役割を果たしている。
　　　　また、第3売買の締結等によって、乙は財産的価値の
　　　　高い本件土地の所有権を完全に取得しているので（民
　　　　法177条）、正犯意思が認められる（①充足）。さらに、70
　　　　第2の1のとおり、②は充足する。ゆえに、横領罪の
　　　　共同正犯が成立しうる。

　　　イ　また、横領罪は、他人の物の占有者という一定の身　　　　➡規範
　　　　分がなければ成立しない真正身分犯である。65条1項　　　　論 真正身分犯の共同正犯
　　　　は、文言上、真正身分犯の共犯の成立と科刑につき規　75
　　　　定したと解される。そして、非身分者であっても身分
　　　　者を通じた法益侵害が可能であるので、同項の「共
　　　　犯」には、共同正犯も含まれると解する。

　　　　　したがって、他人の物の占有者という身分のない乙　　　　➡結論
　　　　にも、横領罪の共同正犯が成立しうる。　　　　　　　80

　　　ウ　もっとも、単純悪意者の譲受けであれば、民法上自　　　　論 買主の罪責
　　　　由競争の範囲内の取引といえ、有効に対抗要件を備え
　　　　ることにより完全な所有権を取得するから（民法177
　　　　条）、同罪は成立しないと解する。

　　　　　本問では、第2売買の時点で、乙は、第1売買の存　85　➡あてはめ
　　　　在を知っていたが、Aを害する意図はなく、乙は単純
　　　　悪意であるので、横領罪の共同正犯は成立しない。　　　　➡結論
　（2）　よって、乙は不可罰である。　　　　　　　　以上

　本問は、不動産の二重売買における関与者、すなわち、売主および第２譲受人の罪責を問うものである。不動産の二重売買と横領は、旧司法試験2004（平成16）年第２問および司法試験2012（平成24）年で問われており、今後も出題が想定される。したがって、本問を出題した。

論点

1　二重売買と詐欺
2　真正身分犯の共同正犯
3　買主の罪責

答案作成上の注意点

① 二重売買と売主の罪責について

　売主である甲は、Aとの間で、自己の所有する本件土地を2500万円でAに売却する旨の契約を締結し、Aから2000万円を受け取ったにもかかわらず、Aに対する所有権移転登記手続前に、Bとの間で、本件土地を2200万円でBに売却する旨の契約を締結し、Bに対する所有権移転登記手続をしているので、この行為にAに対する横領罪（252条１項）が成立するかが問題となります。

　まず、「他人の物」とは、行為者以外の自然人または法人の所有に属する物を意味します。本問では、甲は、Aとの間で、自己の所有する本件土地をAに売却する旨の契約を締結しており、その所有権はAに移転しているので（民法176条）、本件土地は「他人の物」にあたりそうです。ただ、意思表示があっただけで代金が支払われていない場合でも、「他人の物」とすべきかが問題となります。この点について、刑法上保護に値する所有権が移転したというためには、少なくとも代金の大部分の支払が必要であると解されています。本問では、甲はAから、代金2500万円の８割にあたる2000万円を受け取っており、代金の大部分の支払がなされているといえます。そのため、本件土地は「他人の物」にあたります。答案作成上のポイントは、甲がAから代金2500万円のうち2000万円を受け取っているという事実を指摘すること、および、この事実を自分なりに評価して代金の大部分の支払がなされていることを導くことです（本問では、「代金2500万円の８割にあたる」という記載が評価にあたります）。

　次に、「占有」とは、濫用のおそれのある支配力をさすため、事実上の支配のみならず法律上の支配も含むと解されています。本問では、Aに対する所有権移転登記手続はまだなされておらず、本件土地の所有権の登記名義人は甲であるので、法律上の支配は甲に認められます。したがって、本件土地は「自己の占有」に属しているといえます。

　委託信任関係については、売主である甲は、買主たるAに対して、売買契約に基づき登記協力義務を負っており（不動産登記法60条）、それまでの間はその登記名義を買主のために保存する義務があるので、甲の占有は、Aとの委託信任関係に基づくものであるといえます。

　最後に、「横領」とは、委託の任務に背いて、権限がないのに所有者でなければできないような処分をする意思たる不法領得の意思の発現行為をいいます。本問において、甲が、借金返済のために第２売買を締結し、Bに対する所有権移転登記手続をした行為は、委託の任務に背いて、権限がないのに所有者でなければできないような処分をする意思たる不法領得の意思の発現行為といえ、「横領」にあたります。ここで注意してほしいのは、判例は、不動産の売却については、売買契約時ではなく、移転登記が完了した場合に、横領罪が成立するとしていることです（最判昭和30年12月26日刑集９巻14号3053頁）。答案作成上、行為者が、売買契約を締結し、所有権移転登記手続をした行為が「横領」にあたると論じましょう。なお、本問とは関係ありませんが、「動産の二重売買の場合であれば意思表示のときに直ちに既遂に達する」（井田・各論342頁）ので、動産の場合は、

行為者が売却する意思表示をした行為が「横領」にあたると論じることになります。

② 二重売買と詐欺罪について

売主である甲は、第2譲受人であるBとの間で、第1売買の事実を秘して第2売買を締結し、Bに対する所有権移転登記手続をしています。このとき、Bは、第1売買の存在を知らなかったので、二重売買であることを知りませんでした。そのため、売主である甲に詐欺罪が成立するのではないかが問題となります。

第2譲受人は、善意であっても移転登記を経ることにより、第1譲受人に優先してその不動産の完全な所有権を取得し（民法177条）、財産上の損害を被ることがないので、第2譲受人に売却済みであることを告知する義務は売主にありません。そのため、売主が第1売買を告知しなかったことは、原則として「欺」く行為にあたりません。しかし、第2譲受人が事前に知っていたならば売買契約を結ばなかったであろうという特段の事情がある場合には、第1売買を告知しなかったことは、例外的に「欺」く行為にあたると考えられます。

本問では、Aは、Bの勤務先の得意先だったので、Bは、第1売買の存在およびその買主がAであることを知るとすぐに、Bの勤務先とAの信頼関係が損なわれるのを恐れて、甲に対して、第2売買の解除を申し出ています。この特段の事情があったからこそ、Bは、第2売買の解除を申し出たといえます。そのため、第2売買の時点で、第2譲受人が事前に知っていたならば売買契約を結ばなかったであろうという特段の事情があったことが推認できるでしょう。したがって、甲が、Bに対して、第1売買の事実を秘した行為は、「欺」く行為にあたります。

この論点はやや応用的な論点ですので、知らなかったかもしれません。そうであっても、詐欺罪における「欺」く行為は、財産的損害の発生に向けられていなければならないという詐欺罪の基本的知識と、民法177条に関する基本的知識をふまえて答案を作成できれば、一定の評価はされます。

甲は、Aに対する横領罪とBに対する詐欺罪の罪責を負いますが、両者は1個の行為によりなされているので、観念的競合（54条1項前段）となります。

③ 共同正犯と狭義の共犯の区別について

乙が、甲に対して本件土地の買受けを申し込んだ行為は実行行為ではないところ、この行為に、教唆犯が成立するにとどまるのか、それとも共同正犯が成立するのかが問題となります。この場合には、まずは共謀共同正犯の要件を検討し、その要件を充足しないときは教唆犯が成立することになります。

本問では、甲は、乙から本件土地の買受けの申入れを受けて、乙との間で第3売買を締結し、乙に対する所有権移転登記手続をしているので、第3売買の締結および乙に対する所有権移転登記手続について共謀があります。また、乙から、甲に対して本件土地の買受けを申し込んでおり、重要な役割を果たしていること、第3売買の締結および乙に対する所有権移転登記手続によって、乙は、高い財産的価値を有する本件土地の所有権を完全に取得していること（民法177条）をふまえると、正犯意思が認められ、正犯意思に基づく共謀の要件が充足します。さらに、甲が、乙との間で第3売買を締結し、乙に対する所有権移転登記手続をした行為に、Aに対する横領罪が成立するので、共謀に基づく他の共犯者の実行行為も認められます。したがって、共同正犯が成立しえます。

なお、後述するように、第2譲受人が単純悪意の場合には、横領罪の共犯は成立しません。そのため、答案作成上、教唆犯が成立するにとどまるのか、それとも共同正犯が成立するのかという論点は、正犯意思等のあてはめで使える事実が問題文にあるときを除いて、答案で触れなくてもよいでしょう。その一方で、第2譲受人が背信的悪意者の場合には、横領罪の共犯が成立するので、この論点に必ず触れましょう。

④ 真正身分犯の共同正犯について

横領罪は、他人の物の占有者という一定の身分がなければ成立しない真正身分犯であるため、真正身分犯の共同正犯が認められるかが問題となります。答案作成上、まずは、①当該犯罪が真正身

分犯であることを認定し、次に、②65条の趣旨を論じ、最後に、③65条1項の「共犯」に共同正犯も含まれるかを論じるのがポイントです。

　②65条の趣旨については、65条1項は真正身分犯についてと成立と科刑について規定しており、同条2項は不真正身分犯の成立と科刑について規定しているというのが、判例（最判昭和31年5月24日刑集10巻5号734頁）・通説です。65条は1項で、「犯人の身分によって構成すべき犯罪」と規定し、2項で「身分によって特に刑の軽重があるとき」と規定していますが、この文言からは1項は真正身分犯、2項は不真正身分犯について規定しているものと読むのが自然だからです。本問では、横領罪は真正身分犯であるため、65条1項を適用し、乙に横領罪の共犯が成立しえます。

　近年の司法試験では、反対説からの検討を求められることもあるので、判例・通説と一緒に反対説もおさえておきましょう。有力な反対説としては、罪名従属性を重視し、65条1項は、真正身分犯および不真正身分犯を通じて身分犯における共犯の成立について規定し、2項は特に不真正身分犯の科刑について個別的作用を認める旨を規定しているという学説があります。本問では、判例・通説と同様に、65条1項を適用し、乙に横領罪の共犯が成立しえます。その一方で、業務上横領罪などの不真正身分犯については、判例・通説と結論を異にします。たとえば、単なる占有者であるAが業務上占有者Bに対して横領を教唆した場合を考えてみましょう。業務上横領罪（253条）は、「業務」者という身分が刑の加重の要素となる不真正身分犯です。判例・通説によると、65条2項により、非身分者であるAには、単純横領罪の教唆犯（61条1項、252条1項）が成立します。他方で、上記の反対説によると、65条1項により、非身分者であるAには業務上横領罪の教唆犯（61条1項、253条）が成立し、65条2項により、科刑は単純横領罪の限度となります。

　③65条1項の「共犯」に共同正犯も含まれるかについては、含まれるというのが、判例・通説です。なぜなら、非身分者であっても身分者を通じた法益侵害が可能であるからです。したがって、本問では、乙に横領罪の共同正犯が成立しえます。

⑤　二重売買と第2譲受人の罪責について

　かりに、第2譲受人乙が善意者の場合には、横領罪の故意がなく、横領罪の共犯は成立しません。

　本問では、第2売買の時点で、乙は、第1売買の存在を知っていましたが、Aを害する意図はなかったので、第1売買の存在につき単純悪意です。この場合には、乙に横領罪の共犯が成立するかが問題となります。この点については、横領罪の共犯は成立しないというのが裁判例・通説です。なぜなら、単なる悪意者の譲受けであれば、民法上自由競争の範囲内の取引として是認され、有効に対抗要件を備えることにより完全な所有権を取得するので（民法177条）、それを刑法上違法と評価することは整合性を欠くからです。

　本問とは関係ありませんが、第2譲受人が、民法上保護される正常な取引の範囲を逸脱する信義則違反の背信的悪意者の場合もおさえておきましょう。この場合には、横領罪の共同正犯または教唆犯が成立するというのが、裁判例（福岡高判昭和47年11月22日判タ289号292頁〔百選Ⅱ65事件〕）・通説です。なぜなら、第2譲受人が背信的悪意者である場合には、第2譲受人の行為は、民法上保護される正常な取引の範囲を逸脱しており刑法上も可罰的違法性を有するからです。

　なお、動産の二重売買の場合には、注意が必要です。第二譲受人に横領罪の共同正犯が成立しうるのでしょうか。答えは、ありえません。①で解説したとおり、「動産の二重売買の場合であれば意思表示のときに直ちに既遂に達する」ので（前掲井田・各論342頁）、第二譲受人は「横領罪の既遂後に関与したことになり、横領罪の共犯が成立する余地はな」（基本刑法Ⅱ306頁）く、盗品等有償譲受罪（256条2項）が成立しうることになります。

【参考文献】

試験対策講座・刑法総論19章2節⑤、20章2節⑥、21章1節②・③。試験対策講座・刑法各論4章6節②【2】・【3】・【4】・【5】。判例シリーズ72事件。条文シリーズ65条③1・2、252条②2・3。

CHECK □□□

　A信用金庫は、B社に対して融資を行っていたが、Bは経営状態が悪化し、倒産の危機に陥った。Aは多額の融資を行っていたため、Bが倒産すればAの経営状態に重大な影響が及ぶものであった。また、Aの理事長甲については、Bが倒産することにより、融資の際に行うべき慎重な審査を怠っていたことが明らかとなり、その経営責任を問われるおそれも生じた。そこで、甲はみずからに対する責任追及を回避し、保身を図るとともに、Aの経営状態に重大な影響が及ぶことを回避しようと考え、貸金債権回収の見込みがないことを認識したうえで、Bに対し、更に無担保で貸付け（以下「本件貸付行為」という）を行った。なお、Bの代表取締役である乙は、本件貸付行為がAの内規に反すること、Bが倒産すればAの経営状態に重大な影響が及び、甲が自己の保身のため本件貸付行為をする可能性があることを十分に認識したうえで、その状況を利用する意図で貸付けをするよう甲に申し入れていた。
　甲および乙の罪責を論ぜよ。

【解答へのヒント】
1　背任罪における「財産上の損害」とはどのような損害をいうか検討してみましょう。
2　本件貸付行為の相手方である乙も背任罪の共犯としての罪責を負うかどうかを、検討してみましょう。

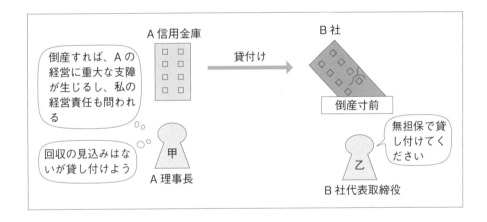

第1 甲の罪責について

1 甲が行った本件貸付行為に背任罪（刑法247条、以下法名省略）が成立しないか。

(1) まず、A理事長甲は、他人であるAの事務をその本人Aのために行う者であるから、「他人のためにその事務を処理する者」にあたる。　5

(2) 次に、会社と役員との間には委任契約（民法643条）が存在し、甲はAとの関係で善管注意義務（民法644条）を負っているところ、本件貸付行為は倒産の危機に陥っているBに対する無担保貸付けであるから、社会通念上　10 本人の事務を処理する者として当然に行うべき法律上の義務に違反する行為であり、「任務に背く行為」といえる。

(3) そうだとしても、AはBに対して貸金債権を有することになるから、「財産上の損害」が認められないのではないか。「財産上の損害」（全体財産の減少）の有無の判　15 断が問題となる。

ア この点、法律上債権を取得しても、弁済の見込みがない以上は財産的に無価値となるから、債務の履行前であっても損害が発生したとみるべきである。　20
　そこで、回収の見込みや担保がない場合、経済的に評価して、「財産上の損害」は貸付けなどの段階ですでに発生していると解する。

イ これを本間についてみると、Bは倒産の危機に陥っており、AのBに対する債権は回収の見込みがない。　25 また、本件貸付行為にあたり、担保は設定されていない。
　そうだとすると、回収の見込みや担保がない以上、経済的に評価して、損害は本件貸付行為の時点ですでに発生している。　30

ウ したがって、Aには「財産上の損害」があるといえる。

(4) そして、甲は、Aの経営状態に重大な影響が及ぶことを回避しようと考えてはいるものの、主としてみずからに対する責任追及を回避し、保身を図るという「自己　35 ……の利益を図」る目的（図利目的）があるといえる。

2 以上より、甲の行為には背任罪（247条）が成立し、甲はその罪責を負う。

第2 乙の罪責について

1 乙が、本件貸付行為がAの内規に反し、Aに財産上の損害を加えるものであることを十分に認識したうえで、本件　40 貸付行為をするよう甲に申し入れた行為について、背任罪の共同正犯（60条、247条）が成立しないか。

(1) この点、背任罪は事務処理者のみが犯しうる真正身分

→ 問題提起
論 背任罪の「財産上の損害」の判断

→ 規範

→ あてはめ

→ 結論

犯であるところ、乙は、甲と異なり、Aの事務処理者で 45
はなく、非身分者である。

　そこで、非身分者が身分者の行為に加功した場合、65
条1項が適用されるのかが問題となる。

➡️問題提起

　この点、65条1項は、「身分によって構成すべき」と 50
規定しているから、真正身分について身分の連帯的作用
を規定したものと解する。

　そして、非身分者も身分者の行為に加功することによ
って法益を侵害することができるので、「共犯」（65条1
項）には共同正犯を含むと考える。 55

　そこで、この場合、65条1項が適用されると解する。

➡️規範

(2)　そうだとしても乙は本件貸付行為の相手方Bの代表取
締役であり、貸し手であるAとBとの間には利害関係の
対立があるため、背任罪の共同正犯は成立しないのでは
ないか。

➡️問題提起
🔲背任罪の共犯

　ア　たしかに、貸し手と借り手との間には利害対立があ 60
り、借り手が融資を申し込むことは自社の利益を追求
する経済活動として許容され、共同正犯が成立しない
とも思える。

　しかし、借り手側において、貸し手に背任行為を行
わせることまでして自社の利益を追求することは、経 65
済活動として許容されるとはいえない。

　そこで、①借り手側が融資担当者の任務違背、融資
による財産上の損害について高度の認識を有していた
こと、②借り手側が融資担当者の自己保身等の図利目
的を認識して、融資担当者が融資に応じざるをえない 70
状況にあることを利用したこと、③借り手側が迂回融
資の手順をとることに協力するなどして融資の実現に
加担した等の事情により、経済活動として許容される
範囲を逸脱している場合には、背任罪の共同正犯が成
立すると解する。 75

➡️規範

　イ　これを本問についてみると、迂回融資の手順をとる
ものではなく、③は妥当しない。

➡️あてはめ

　もっとも、乙は、本件貸付行為がAの内規に反する
こと、Bが倒産すればAの経営状態に重大な影響が及
び、甲が自己の保身のため本件貸付行為をするであろ 80
うことを認識し、その状況を利用する意図で甲に対し
て貸付けをするよう申し入れていることからすれば、
①、②が認められ、経済活動として許容される範囲を
逸脱しているといえる。

2　よって、乙の行為に背任罪の共同正犯（60条、247条） 85
が成立し、乙はその罪責を負う。

➡️結論

以上

　本問は最決平成15年2月18日刑集57巻2号161頁（百選Ⅱ74事件）を素材とした、背任罪の成否についての理解を問う問題である。背任罪は、2012（平成24）年度の司法試験で出題されており、今後も出題が予想されるため、出題した。

論点

1　背任罪の「財産上の損害」の判断
2　背任罪の共犯

答案作成上の注意点

1　背任罪の構成要件について

1　「他人のためにその事務を処理する者」

　　本罪の主体は「他人のためにその事務を処理する者」であり、事務処理者のみが犯しうる真正身分犯です（真正身分犯については第35問参照）。「事務」の範囲については、財産的な事務にかぎるべきかどうかという点に争いがありますが、本罪が「財産上の損害」を加えることを要件としていることから、財産的な事務にかぎるとする限定説が通説となっています。

　　本問で、甲はA信用金庫の理事長であるため、甲は「他人」であるA信用金庫の「ために」、Aの財産的な「事務を処理する者」であり、本罪の主体となります。

2　「自己若しくは第三者の利益を図り又は本人に損害を加える目的」

　　本罪は、主観的要件として故意があるだけでは足りず、①自己もしくは第三者の利益を図る目的（図利目的）、または、②本人に損害を加える目的（加害目的）を必要とする目的犯です。この図利・加害目的がどの程度まで認められれば本罪が成立するかという点について、いくつかの説の対立があります。多数説は、加害目的の場合に未必的認識で足りるとすれば、加害目的が本罪の故意と重複し、本罪があえて故意とは別の目的を要求した趣旨に反すること、および意欲や積極的認容まで要求するとすれば本罪の成立を限定しすぎてしまうことから、図利・加害の点について確定的認識を有していれば、図利・加害目的の要件をみたすと考えます。判例も、特別背任罪が問題となった事案ではありますが、「図利加害の点につき、……意欲ないし積極的認容までは要しないものと解するのが相当」であるとしており（最決昭和63年11月21日刑集42巻9号1251頁）、これは通常の背任罪でも同様であると解されています。

　　また、自己の利益や第三者の利益をはかる目的と本人の利益をはかる目的とが併存している場合であっても、主として本人の利益をはかったものといえないかぎり、この要件をみたすと考えるのが判例（最決平成10年11月25日刑集52巻8号570頁〔百選Ⅱ73事件〕）です（第32問参照）。

　　本問で、甲は、本件貸付行為にあたって、Aの経営状況に重大な影響が及ぶことを回避するという本人図利の目的を有している一方で、みずからに対する責任追及を回避し、保身を図ろうと考えており、主として本人の利益をはかったものとはいえません。したがって、この要件もみたします。

3　「任務に背く行為」（背任行為）

　　背任行為とは、本人との信任関係を破る行為、すなわち、本人の事務を処理する者として当然に行うべき法律上の義務に違反する行為をいいます。義務に違反したか否かは、具体的事情に照らして当該事務について定める法令、官公署における通達・内規、一般の組織体における業務執行に関する規定・定款、業務内容、その他委任の趣旨などを総合して信義則に従い社会通念に照らして判断する必要があります。

　　本問では、甲はA信用金庫の理事長であるところ、Aと甲との関係は会社と役員の関係であり、

両者間には委任契約（民法643条）があると考えることができます。そうだとすれば、甲はAとの関係で善管注意義務（民法644条）を負っているといえ、債権回収の見込みがないことを認識しながら、無担保で融資を行うことは、かかる義務に対する違反があるといえます。したがって、背任行為は認められます。

4　「財産上の損害」

　本罪は、背任行為があっただけでは成立せず、「財産上の損害」があってはじめて成立します。そして、ここにいう「損害」は、物の所有権や占有といった個々の財産権が侵害されたことを意味するのではなく、本人の財産状態全体に侵害が加えられたこと（全体財産の減少）を意味します。したがって、一面において損害が認められても他面においてこれに対応する反対給付がなされていれば、全体財産には損害は生じていないといえますから、本罪は成立しません。

　全体財産の減少が「損害」であるとして、では、全体財産が減少したかどうかをどのように判断すべきでしょうか。

　この点、事実的・経済的には損害が生じていても、それに相当する債権を取得した場合には「損害」の発生が認められないとする法律的損害説という考え方があります。たとえば、資産状態の悪化している会社に無担保で貸付けを行っても、本人の側はその分の貸金債権を取得する以上損害の発生は認められないと考えます。この考え方によれば、本問では背任罪は成立しないこととなります。

　もっとも、たとえ額面が同額であったとしても、不良債権と現金の価値はまったく異なるものです。こうした見地から、判例・通説は、事実的・経済的見地から損害が生じたといえるならば財産上の損害は発生したと考える経済的損害説に立っています（最決昭和58年5月24日刑集37巻4号437頁〔百選Ⅱ72事件〕）。この立場に立って本問を検討すると、本件貸付行為は倒産の危機に陥っているBに対する無担保の貸付けですから、AのBに対する貸金債権は不良債権といえ、事実的・経済的見地から損害が生じているといえ、「損害」が認められることとなります。

２　背任罪の共犯について

　本問で、本件貸付行為の相手方であるBの代表取締役乙は、本件貸付行為が不正融資であることを認識したうえで、Aの理事長甲に対し、本件貸付行為をするよう申し入れています。そこで、この申入れについて、乙が背任罪の共犯とならないか検討する必要があります。

　背任罪は上述のとおり「他人のためにその事務を処理する者」のみが主体となる真正身分犯です。乙は、本件貸付行為の相手方ですので、本件貸付行為の決定等に直接関与することはできません。したがって、乙は「他人のためにその事務を処理する者」とはいえず、非身分者となります。そこで非身分者が身分者の行為に加功した場合、65条1項が適用されるかが問題となります。

　この点について、65条1項は、「身分によって構成すべき」と規定していることから、真正身分について身分の連帯的作用を規定したものと解されます。そして、非身分者も身分者の行為に加功することによって法益を侵害することができるため、「共犯」（65条1項）には共同正犯が含まれると考えられます。したがって、この場合、65条1項が適用されます。

　この考え方によれば、本問でも、乙に65条1項の適用があります。

　もっとも、65条1項の適用があるとしても、融資の場面では貸し手と借り手は利害が対立する関係にあり、それぞれが自己の会社の利益を追求することは通常の経済活動といえますし、借り手側には貸付行為についての決定権限もないため、借り手側を背任罪の共同正犯とすることができるかが問題となります。

　この点、前掲最決平成15年の調査官解説によれば、①借り手側が融資担当者の任務違背、融資による財産上の損害について高度の認識を有していたこと、②借り手側が融資担当者の自己保身等の図利目的を認識して、融資担当者が融資に応じざるをえない状況にあることを利用したこと、③借り手側が迂回融資の手順をとることに協力するなどして融資の実現に加担したことをあげて、特別背任罪の共同正犯の成立を肯定しています。①から③の点は、成立要件ではなく、背任罪の共同正犯が成立するか否かを検討する際の考慮要素と考えられます。

本問は迂回融資の事案ではなく、③の考慮要素はあてはまりませんが、乙は本件貸付行為がAの内規に反すること、Bが倒産すればAの経営状態に重大な影響が及び、甲が自己の保身のため本件貸付行為をする可能性があることを認識し、その状況を利用する意図で甲に対して貸付けをするよう申し入れていることからすれば、①、②の考慮要素はあてはまり、共同正犯の成立を認めることができると思われます。

【参考文献】
試験対策講座・刑法各論4章7節②【1】～【4】・【6】。判例シリーズ76事件、77事件。条文シリーズ247条。

第37問 A 盗品等に関する罪

> 1　Aは、宝石店から指輪を盗みだした後、古物商甲に盗品であることを秘して、10万円で指輪を売却したいと告げた。甲は盗品であることに気づいたが、Aから指輪を買い取った。甲の罪責を論ぜよ。
> 2　Bは、Cから指輪を盗みだした後、乙に対し、盗品であることを秘して、指輪を50万円で買ってくれる買主を探すよう依頼し、指輪を預けた。乙は、預かって3日後に、指輪がCから盗みだしたものであると気づいた。そこで、乙は、その2日後、Cのもとを訪れ、「この指輪を拾った。100万円だせば返してやる。」と言ったが、Cは応じなかった。乙の罪責を論ぜよ。
> 3　Dは、同棲しているE（内縁ではない）から指輪を盗みだした後、同居していないEの息子丙（22歳）に、盗品であることを告げて指輪を売り渡した。丙の罪責を論ぜよ。

【解答へのヒント】
1　Aと甲の間に意思連絡がなかったことは盗品等罪の成否に影響するでしょうか。
2　乙が指輪が盗品であることを知ったのが指輪の保管開始後であることは、盗品等罪の成否に影響するでしょうか。乙が、被害者であるCのもとに指輪を運んだうえ、有償の処分をあっせんした行為に盗品等罪が成立するでしょうか。
3　丙とEが直系血族の関係にあることは、盗品等罪の成否に影響するでしょうか。

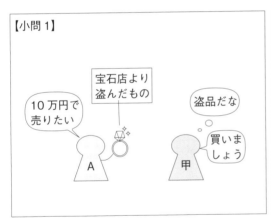

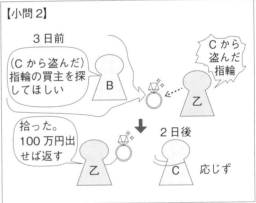

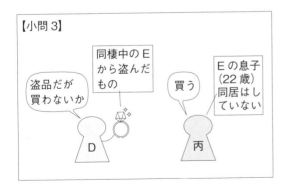

答案例

第1　小問1について

　　甲が10万円で指輪を引き取った行為について、盗品等有償譲受け罪（刑法256条2項。以下法名省略）が成立するか。

　　行為者甲は本犯者Aとの間で意思の連絡をすることなく盗品を譲り受けているが、この場合にも同罪は成立しうるか。本犯者との意思の連絡の要否が問題となる。 → 問題提起

論 盗品等関与罪における意思の連絡の要否

　　同罪の本質は、所有権の私法上の追求権侵害にあり、また、同罪は本犯助長的性格を有するから、譲受け行為は、本犯者と意思を通じて行われる必要があると解する。 → 規範

　　よって、上記行為に盗品等有償譲受け罪（256条2項）は成立せず、甲は何らの罪責も負わない。 → 結論

第2　小問2について

1　乙が指輪を預かった行為に、盗品等保管罪（256条2項）が成立するか。

(1)　本件指輪は、盗まれたものであるため、「財産に対する罪」にあたる行為によって「領得された物」といえる。

(2)　もっとも、保管を開始した後に盗品等であることを知った場合でも、当該保管行為が「保管」にあたるか。 → 問題提起

論 知情後の保管行為への盗品等保管罪の成否

　　ア　盗品等に関する罪の本質は、所有者の私法上の追求権侵害にあり、また、同罪は本犯助長的性格を有する。

　　　　そして、保管を継続していれば、追求権侵害は存続しているといえるし、本犯助長的性格は、盗品の保管開始時において盗品であることを認識している場合と保管後にそれを認識した場合とで何ら変わらない。

　　　　したがって、盗品等であることを知った後に保管を継続する行為は「保管」といえると解する。 → 規範

　　イ　乙は、指輪が盗品であると気づいた後も保管を続けていることから、乙の保管行為は「保管」といえる。 → あてはめ → 結論

(3)　次に、乙は、Bから指輪を預かった3日後に盗品であることを認識しているので、故意が欠けることはない。

(4)　よって、指輪が盗品であると認識した時点から、乙の上記行為には盗品等保管罪が成立する。

2　また、乙が盗品である指輪をCのもとへ持参している行為について、盗品等運搬罪（256条2項）が成立するか。

(1)　前述のように、本件指輪は、「財産に対する罪に当たる行為によって領得された物」にあたる。

(2)　もっとも、乙は被害者たるCのもとへ指輪を移転しようとしており、「運搬」にあたらないのではないか。 → 問題提起

論 被害者のもとへの盗品の運搬

　　ア　同罪は、被害者の追求権侵害に本質がある。そこで、被害者のもとへの運搬であっても、被害者の正常な回復を困難にする場合には、「運搬」にあたると解する。 → 規範

　　イ　乙は対価を得る目的で上記行為を行っており、Cによる正常な回復を困難にしているから、上記行為は「運搬」にあたる。 → あてはめ → 結論

(3) また、乙は、指輪が盗品であることを認識しているか 45
ら、故意も認められる。

(4) よって、乙の上記行為に盗品等運搬罪が成立する。

3 指輪をCに有償で買い取ることをあっせんした行為に、
盗品等有償処分あっせん罪（256条2項）が成立するか。

(1) 前述のように、本件指輪は、「財産に対する罪に当た 50
る行為によって領得された物」にあたる。

(2) 前述のように、被害者たるCに対して指輪を有償で処
分しようとする場合でも追求権の侵害がある。

また、Cは乙の提案に応じていないが、あっせん行為
それ自体に本犯助長性が認められるため、同罪の成立に 55
は、あっせん行為のみで足りると解する。

したがって、上記行為は「有償の処分のあっせん」に
あたる。

(3) また、前述のように、故意も認められる。

(4) よって、乙の上記行為に盗品等有償処分あっせん罪が 60
成立する。

4 以上より、甲の行為には、①盗品等保管罪（256条2項）、
②盗品等運搬罪（256条2項）、③盗品等有償処分あっせん
罪（256条2項）が成立し、これらは1個の追求権の侵害
なので包括一罪となり、乙はその罪責を負う。 65

第3 小問3について

1 丙がDの盗んできた指輪を買い受けた行為に、盗品等有
償譲受け罪（256条2項）が成立するか。

(1) 本件指輪は、Dが盗みだしたものであるから、「盗品」
にあたる。次に、上記買受け行為は、対価をもって取得 70
したといえるから、「有償で譲り受け」たといえる。

よって、丙の行為には盗品等有償譲受け罪が成立する。

(2) もっとも、丙は、本犯の被害者で、親でもあるEと「直 ➡問題提起
系血族」（257条1項）の関係にある。そこで、丙に親族 論257条1項の適用に要求され
等の間の犯罪に関する特例（257条1項）が適用されな 75 る親族関係
いか。親族関係はだれとだれとの間に必要かが問題とな
る。

ア 同条は期待可能性の減少に基づく人的処罰阻却事由 ➡規範
を定めた規定である。そこで、盗品等罪の犯人と本犯
との間に親族関係を要すると解する。 80

イ そうすると、犯人丙は、本犯者Dとの間では「同 ➡あてはめ
居の親族」の関係にはないから、丙に親族等の間の犯 ➡結論
罪に関する特例は適用されない。

2 以上より、丙の行為に盗品等有償譲受け罪（256条2
項）が成立し、かかる罪責を負う。 85

以上

盗品等に関する罪は、旧司法試験で繰り返し出題され、2021（令和3）年司法試験においても出題されている。そこで、本罪に関する代表的な論点を幅広く出題した。

論点

1　盗品等関与罪における意思の連絡の要否
2　知情後の保管行為への盗品等保管罪の成否
3　被害者のもとへの盗品の運搬
4　257条1項の適用に要求される親族関係

答案作成上の注意点

① 盗品等に関する罪の本質について

盗品等に関する罪の本質の解釈は、客体の範囲等に影響します。

この点について、犯罪によって違法に成立した財産状態を維持・存続させることを内容とする犯罪であるとする見解があります（違法状態維持説）。これに対して、従来の通説は、本犯の被害者である本権者の私法上の追求権の行使を困難にする犯罪であるとします（追求権説）。

判例は、追求権説を基本として本犯助長性も考慮しています。答案例においても、追求権説を採っています（最決昭和26年1月30日刑集5巻1号117頁）。

② 盗品等無償譲受け罪、盗品等運搬・保管・有償譲受け・有償処分あっせん罪（256条）について

1　行為

盗品等に関する罪の行為は、以下の類型に分かれます。

（1）盗品等無償譲受け罪

無償譲受けとは、盗品等を無償で自己の物として取得することをいいます。贈与を受けることのほか、無利息の消費貸借も含みます。

追求権説からは、追求を困難にするというためには、単なる口約束や契約だけでは不十分であり、盗品の引渡しがなければならないとされます。

自己の物として取得する点で、保管と区別されることに注意しましょう。

（2）盗品等運搬罪

運搬とは、委託を受けて盗品の所在を移転することをいいます。運搬行為については、有償無償を問わず、委託者は本犯でなくともかまいません。

本罪に関連する論点として、盗品の返還を条件に被害者から多額の金員を得ようと、被害者宅へ盗品を運ぶ行為が本罪にあたるかという問題があります。追求権説からは、被害者宅へ運搬するのは追求を容易にする行為であるから本罪を構成しないことになりそうですが、対価を得る目的で運ぶ以上、被害者による正常な回復を困難にしているため、追求権の侵害を肯定することができ、本罪に該当する余地があるとするのが判例です。したがって、小問2において、乙がCのもとへ指輪を運んだ行為に盗品等運搬罪が成立します。

（3）盗品等保管罪

保管とは、委託を受けて本犯のために盗品などの占有を得て管理することをいいます。有償無償を問わず、委託者は本犯でなくともかまいません。

追求権説からは、追求を困難にするというためには、単に保管を約束するだけでは足りず、現実に盗品を受け取ることが必要になるとされます。

(4)　盗品等有償譲受け罪

　　有償譲受けとは、盗品を売買、交換、債務の弁済などの名義で対価を払って取得することをいいます。本犯者から委託を受けたかどうかは問いません。

　　本罪は即成犯であるので、後述する保管の場合とは異なり、現実に取得した後に盗品であることを知ったときでも、本罪は成立しません。

　　単なる有償譲受け契約が成立したにすぎない場合に本罪が成立するかについて、通説は、契約の成立のみでは追求権の行使を困難にするとはいえないので、本罪は成立せず、盗品等が引き渡されれば、代金の支払や代金額の決定がなくても本罪が成立すると解しています。

(5)　盗品等有償処分あっせん罪

　　有償処分あっせんとは、盗品の有償的な法律上の処分行為を媒介または周旋することをいいます。あっせん行為の例としては、盗品の売買、交換、質入れなどがあげられます。あっせん行為自体は、有償無償を問わず、委託者は本犯でなくともかまいません。行為者自身の名目で行うか他人を介して行うかも問いません。

　　あっせん行為をしただけで、あっせんに基づく契約が成立しない場合にも本罪が成立するかについて、判例は、あっせん行為がなされれば成立するとします（最判昭和23年11月9日刑集2巻12号1504頁）。しかし、追求権説を採るのであれば、あっせんしただけでは追求権を侵害するにいたっていないのであるから、本罪は成立しないとする批判があります。

　　また、被害者を相手方として処分のあっせんをした場合にも本罪が成立するかについて、判例は、「被害者による盗品等の正常な回復を困難にするばかりでなく」、窃盗等の「犯罪を助長し誘発する」行為であることを理由にこれを肯定しています（最決平成14年7月1日刑集56巻6号265頁〔百選Ⅱ75事件〕）。

　　判例の立場に立つと、小問2において、乙は、100万円という対価を得る目的で窃盗罪の被害者たるCのもとへ指輪を移転しようとしています。かかる行為は、Cによる正常な回復を困難にしているといえ、追求権侵害が認められます。したがって、乙が指輪をCに有償で買い取ることをあっせんした行為に盗品等有償処分あっせん罪が成立します。上述のように、乙がCのもとへ指輪を運んだ行為には、盗品等運搬罪が成立しますが、処分あっせんのため保管・運搬しつつ続いて処分をあっせんした場合は、盗品等有償処分あっせん罪も成立すると解されています。

2　故意

　　故意の内容としては各犯罪類型について行為者に盗品であることの認識（知情）が必要です。盗品であることの認識は未必的なもので足り、本犯がだれであるか、または被害者がだれであるかを認識している必要はないとされます。

　　盗品等罪の成立に、本犯との間に意思連絡または合意を要するかが問題となります。判例は、本罪の本犯を助長する事後従犯的な側面に着目して、本犯と盗品犯人間に意思連絡または合意が必要であるとします（最判昭和23年12月24日刑集2巻14号1877頁）。小問1において、Aは甲に指輪が盗品であることを秘して売却しているため、盗品犯人Aと甲の間には意思連絡ないし合意はありません。したがって、判例の立場に立つと、甲が10万円で指輪を引き取った行為に盗品等罪は成立しません。

　　また、知情後の保管行為への本罪の成否も問題になります。判例は、当初より盗品等であることを知りながら預かり管理する行為と区別する理由はないとして、法律上返還を拒否できる場合や返還が不可能な場合以外は、知情の時から本罪が成立するとします（最決昭和50年6月12日刑集29巻6号365頁〔百選Ⅱ76事件〕）。保管を継続していれば追求権侵害は存続していることからも、多数説は判例を支持しています。小問2において、乙は、Bから指輪を預かった際には、それがCから盗んできた盗品であることを認識していませんが、その3日後に盗品であることを認識しています。したがって、故意が欠けることはありません。よって、指輪が盗品であると認識した時点から、乙が指輪を保管し続けた行為には盗品等保管罪が成立します。

③ 親族等の間の犯罪に関する特例（257条）について

　「親族」の範囲は民法によって定められます。「同居」とは、同じ場所で同じ家計のもとに日常生活を営んでいることと解されています。また、免除を受ける者の範囲は明確に定める必要があるとして、内縁の配偶者には適用または類推適用されないとするのが判例（最決平成18年8月30日刑集60巻6号479頁）です。

　本条の適用に要求される親族関係については争いがあります。本条は期待可能性の減少に基づく人的処罰阻却事由を定めた規定であることから、判例は、盗品等罪の犯人と本犯との間に親族関係を要すると解しています（最決昭和38年11月8日刑集17巻11号2357頁）。小問3において、盗品等罪の犯人たる丙は、本犯の被害者たるEと「直系血族」の関係にあるものの、本犯者Dとの間では「同居の親族」の関係にはありません。したがって、丙に本条の特例は適用されません。

【参考文献】

試験対策講座・刑法各論4章8節①・④・⑥。判例シリーズ78事件、79事件。条文シリーズ256条、257条。

第38問 A　現住建造物等放火罪

　　甲は自己の所有するマンション（以下「本マンション」という）の競売を防止するために、自己の会社の従業員を交代で宿泊させていたが、火災保険金のへん取を企て、従業員を旅行にだし、また留守番役の従業員に対しても宿泊は不要と告げた。甲は従業員の旅行中、マンション内で居住部分と一体的に使用されていたエレベーターのかご内でガソリンを使用して火を放ち、その結果、エレベーターは燃焼しなかったが、エレベーター内の側壁を焼失した。

　　なお、本マンションには居住者および従業員はおらず、エレベーターを含め本マンションは難燃性建築資材が使用され、耐火構造が施されていた。

　　甲の罪責を論ぜよ。

【解答へのヒント】
1　放火行為時、本マンションに人はいませんが、現住性は失われているのでしょうか。現住性の判断基準を示して論じましょう。
2　現住建造物等放火罪の客体は、「建造物」であるところ、エレベーターに火を放つ行為は建造物に火を放つといえるでしょうか。建造物の一体性の基準を示し、論じましょう。
3　放火行為によって焼失したのはエレベーター内の側壁のみですが、「焼損」したといえるのでしょうか。

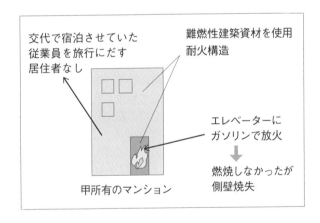

答案例

1　甲がエレベーターのかご内で火を放った行為につき、現住
　建造物等放火罪（刑法108条。以下法名省略）が成立しない
　か。

⑴　まず、本マンションには甲の会社の従業員が交代で宿泊
　　しており、放火の実行行為を行った甲以外の者が、起居の
　　場所として日常使用しているから、「現に人が住居に使用
　　し」ている「建造物」といえそうである。

　　　もっとも、従業員は甲の指示のもと、旅行に出掛けてお
　　り、また、甲は留守番役の従業員に対しても宿泊は不要と
　　告げており、放火行為の当時、現に建物をだれも使用して
　　いない。

　　　そこで、当該マンションは現住性を喪失したのではない
　　か、現住性の判断基準が問題となる。 ➡問題提起

論 現住性の判断基準

　　ア　この点、放火罪における現住性は放火の当時、現に犯
　　　人以外の者が起居の場所として日常使用することをいい、
　　　現住性が失われたかどうかの判断基準は起居の場所とし
　　　ての使用形態にすでに変更が生じていたか否かによるべ
　　　きと考える。 ➡規範

　　　　具体的には、住居人がその建造物をなお起居の場所と
　　　して使用する可能性を残しているかどうかによって判断
　　　すべきである。

　　イ　本問では、従業員が一時的に旅行に出掛けているのみ
　　　で、本マンションはなお起居の場所として使用される可
　　　能性があったのだから、起居の場所としての使用形態に
　　　すでに変更が生じていたとはいえない。 ➡あてはめ

　　　　よって、本マンションは現住性を喪失しない。 ➡結論

　　ウ　したがって、本マンションは、なお「現に人が住居に
　　　使用し」ている「建造物」といえる。

⑵　次に、甲は、本マンション内のエレベーターのかご内で
　　火を放ったにすぎない。そこで、現住建造物の非現住部分
　　に放火した場合、現住建造物等放火罪の罪責を負うか。両
　　者の一体性の判断基準が問題となる。 ➡問題提起

論 建造物の一体性の判断基準

　　ア　この点について、現住建造物等放火罪が重く処罰され
　　　る根拠は、現住部分に存在可能性がある人の生命・身体
　　　に対する抽象的危険にある。

　　　　そうだとすれば、一個性・一体性の判断においては、
　　　現住部分への類型的な延焼可能性を考慮し、かつ非現住
　　　部分が現住部分と一体として使用されているかを考慮す
　　　べきである。

　　　　そこで、①現住部分への延焼可能性を考慮した物理的
　　　一体性、②非現住部分と現住部分の機能的一体性の観点
　　　から、社会通念に照らし建造物の一個性・一体性を判断
　　　すべきと解する。 ➡規範

　　イ　これを本問についてみると、エレベーターは、本マン ➡あてはめ

5

10

15

20

25

30

35

40

ションの内部に組み込まれており、外観・構造的に物理 45
的一体性がある。また、本マンションの居住部分と一体
的に常時使用されており、マンションの居住という目的
との関係で本マンションと機能的一体性がある。さらに、
エレベーターは難燃性建築資材が使用された耐火構造で
あるものの、状況によっては火勢が居住部分に及ぶおそ 50
れが絶対にないとはいえないので、なお延焼の可能性が
ないとはいえない。

　　　以上の諸事情を総合して判断すると、エレベーターと　➡結論
　　本マンションは一体といえる。
　ウ　そうすると、甲がエレベーターのかご内で火を放つ行 55
　　為は、現住建造物に対する「放火」行為といえるから、
　　現住建造物等放火罪（108条）の実行の着手がある。
(3)　次に、甲の放火行為によって、エレベーター内の側壁が
　損傷したのみで、燃焼しておらず、上記放火行為により既
　遂に達したといえるのか、「焼損」（108条）の意義が問題 60　➡問題提起
　となる。　　　　　　　　　　　　　　　　　　　　　　　🔏「焼損」の意義

　　ア　この点について、放火罪は公共危険犯である。そして、
　　　火が媒介物を離れ、独立して燃焼しうる状態に達すれば、
　　　延焼の危険性等の点から考えて、すでに公共の危険が発
　　　生していると考えられる。
　　　　そこで、「焼損」とは火が媒介物を離れて、目的物が 65
　　　独立に燃焼を継続する状態をいうと解する。　　　　　　➡規範

　イ　これを本問についてみると、本マンションは難燃性の　➡あてはめ
　　資材を使用した耐火構造の施された建物であり、エレベ
　　ーターは燃焼せず、エレベーター内の側壁を焼失したに 70
　　とどまる。
　　　しかし、建造物の一部であるエレベーターの側壁の一　➡結論
　　部が媒介物であるガソリンを離れて、独立して燃焼し焼
　　失したのであるから、「焼損」したといえる。
　ウ　したがって、甲の放火行為により、既遂に達したとい 75
　　える。
2　以上より、甲の行為には現住建造物等放火罪（108条）が
　成立し、甲はその罪責を負う。

　　　　　　　　　　　　　　　　　　　　　　　　　以上
　　　　　　　　　　　　　　　　　　　　　　　　　　　　80

　　　　　　　　　　　　　　　　　　　　　　　　　　　　85

　放火罪は、試験対策上、公衆の安全に対する罪のなかでもっとも重要な犯罪のひとつである。司法試験2013（平成25）年、予備試験2016（平成28）年、2021（令和3）年で問われており、今後司法試験での出題可能性が高い分野であると考えられるため、本問を出題した。

論点

1　現住性の判断基準
2　建造物の一体性の判断基準
3　「焼損」の意義

答案作成上の注意点

1　現住性について

　108条は放火行為を、対象となった建造物の現住性または現在性を根拠に109条より重く処罰していることから、108条の現住建造物等放火罪の成立可能性を検討する必要があります。本マンション内には放火行為当時、人はいないため、現住性が問題となるところですが、判例は、現住建造物とは、現に人が起臥寝食する場所として日常利用されるものをいい、昼夜間断なく、人の現在することを要しないとしています（大判大正2年12月24日刑録19輯1517頁）。本問の題材となった最決平成9年10月21日刑集51巻9号755頁（百選Ⅱ84事件）は、家財道具が持ち込まれていることや従業員が宿泊して、家屋に人が住み着いたと感じる状態になったことから、人の起居の場所として日常使用されていることを認定し、現住性を認めています。そして、放火当時、従業員は指示により宿泊していなかったものの、交代の宿泊が継続すると認識していたことなどを理由に、使用形態に変更がないとして、現住性は失われていないとして、108条を適用しました。

　答案においては、同じ現住性の論点であっても、順番に宿泊させるという形態に現住性が認められるのか、放火行為当時に宿泊していないことを理由に現住性が失われるのではないかと異なる場面であるということを明確に意識してください。

2　建造物の一体性の判断基準について

1　建造物性

　放火罪の客体は建造物であるところ、本マンションが現住建造物であるのは疑いないが、甲によるエレベーター内における放火行為が、現住建造物に対する放火行為にあたるか、別途検討しなければなりません。

　まず、建造物とは家屋その他これに類する工作物であって、土地に定着し、人の起居出入りに適する構造を有する物体をいうとされています（大判大正13年5月31日刑集3巻459頁）。本マンションは居住用の建物であり、本マンション自体は建造物といえます。

　しかし、甲が火を放ったエレベーターのかごはそれ自体が独立して稼働しており、土地に定着しているものとはいえず、それ自体は建造物にはあたりません。ただし、それ自体が建造物とはいえないものであっても、それが建造物を構成する一部といえる場合には、建物全体として建造物性が認められ、放火罪の客体になります。建造物性の有無の判断は、「毀損」しなければ取り外すことができない状態の有無で判断しますが、エレベーターのかごを取り外す行為は相当の作業量を要するため、「毀損」しなければ取り外すことができないといえるでしょう。したがって、エレベーターのかごを建造物の一部として建造物性を認めることができます。

　なお、エレベーターのかごが建物と一体であることは現住建造物との一体性と同時に論じることがほとんどなので、答案では大きく建造物性を論じてはいません。

2　現住建造物との一体性

　エレベーターのかごが本マンションそれ自体と一体であり建造物性が認められたとしても、かごそれ自体に$\boxed{1}$でみた現住性を認めることはできません。エレベーターのかごにも本マンションの現住性は認められるのでしょうか。この点、従来の判例は外観上一体である建造物の一部が住居に使用されていれば、延焼可能性があり、建物全体を1個の現住建造物としていましたが、近年では不燃性難燃性の資材を利用した建造物の普及により、従来の基準とは異なり、独立して非現住建造物になるのではないかと問題となっていました。本問のもう1つの題材である最決平成元年7月7日判時1326号157頁（百選Ⅱ82事件）は、エレベーターのかごが現住性を有する居住部分と機能的一体性を有することから、エレベーターのかごの独立性を否定して、現住建造物等放火罪を適用するという原決定を是認しています。

　これらの事情から、現住建造物として認められるかの判断は、物理的一体性と機能的一体性を基準として設けています。

　答案では建造物性を問題にしてはいませんが、余裕があれば触れるほうがよいでしょう。

$\boxed{3}$　建造物の一体性に関する判例

　それでは、裁判所はどのような場合に建造物の一体性を肯定しているのでしょうか。判例は、被告人が平安神宮の本殿等（祭具庫、西翼舎、内拝殿、祝詞殿、東西両本殿その他）に放火をした事案において、本殿等は現住部分ではなく、人が現住していた社務所等（この建物は燃えていない）とは異なる建物であるから、非現住建造物が放火するにとどまるのではないかという点が争われました（最決平成元年7月14日刑集43巻7号641頁〔百選Ⅱ83事件〕）。この点につき最高裁は、①「平安神宮社殿は、」さまざまな建物（社務所等現住建物を含む）およびそれらを接続する廊下からなり、「中央の広場を囲むように方形に配置されており、廻廊、歩廊づたいに各建物を一周しうる構造」になっていたこと、②「各建物は、すべて木造であり、廻廊、歩廊も、その屋根の下地、透壁、柱等に多量の木材が使用されていた」こと、③被告人の放火した非現住建物に何者かが放火すれば、「社務所」等現住部分「にも延焼する可能性を否定することができなかった」ことを物理的一体性の要素として検討しています。つまり、①平安神宮の構造、②燃えやすい木材からなるというその性質という物理的要素から③現住部分への延焼可能性を判断しているのです。

　これに加え、④「外拝殿では一般参拝客の礼拝が行われ、内拝殿では特別参拝客を招じ入れて神職により祭事等が行われていた」こと、⑤「夜間には……出仕の地位にある神職各1名と守衛、ガードマンの各1名の計4名が宿直に当たり、社務所又は守衛詰所〔現住部分〕で執務をするほか、出仕と守衛が午後8時ころから約1時間にわたり東西両本殿、祝詞殿のある区域以外の社殿の建物等〔被告人の放火した非現住部分〕を巡回し、ガードマンも閉門時刻から午後12時までの間に3回と午前5時ころに右と同様の場所を巡回し、神職とガードマンは社務所、守衛は守衛詰所でそれぞれ就寝することになっていた」ことを機能的一体性の判断にあたり考慮しています。④と⑤については、④が昼間は拝殿で礼拝や神事が行われていたこと、⑤が夜間には神職、守衛らが宿直し、社殿の建物等を巡回していたことを示す事実です。

　裁判所は物理的一体性、機能的一体性についてこのような事実を認定し判断しています。試験で出題された場合には、どのような事実をあてはめで用いればいいか、この判例を参考に把握しておきましょう。

$\boxed{4}$　焼損の意義について

　放火の罪はいずれも「焼損」することが要件となっており、108条、109条1項については焼損の結果が発生した時点で既遂となるので、「焼損」の概念が非常に重要です。

　「焼損」の意義については、火が媒介物を離れ独立に燃焼を継続する状態になったことをもって焼損とする見解（独立燃焼説）が従来の通説でした。しかし、この説に対しては既遂時期が早くなるという批判や、難燃性・不燃性建物に対する放火が建物の崩落や有毒ガスの発生による生命・身体・財産に対する危険を発生させるにもかかわらず、独立した燃焼状態にいたらないために、既遂

時期が遅くなるという批判がなされています。そこで、火力により目的物が毀棄罪の損壊の程度に達した状態をもって焼損とする見解（毀棄説）や火力によって物の需要な部分が燃焼し、その効用を失ったことをもって焼損とする見解（効用喪失説）が主張されています。

　前掲最決平成元年は、ガソリンという媒介物を離れ、エレベーターのかご内側壁を焼失したことをもって独立して燃焼したと述べたように独立燃焼説を採用して現住建造物等放火罪の既遂を認めた原決定を是認しており、答案例も同説を採用して解答しています。これと異なる見解を採用して解答する際には、判例に言及したうえで、説得的に述べるほうがよいでしょう。

【参考文献】
試験対策講座・刑法各論5章2節②【2】・③・④。判例シリーズ83事件、84事件。条文シリーズ108条③2・4。

第39問 A 建造物等以外放火罪

　　甲は、中古自動車を販売する販売店Aで自動車を購入する際に値下げ交渉に失敗したことから、恨みを晴らすために、A所有の自動車に火をつけて、嫌がらせをしようと考えた。甲は、深夜1時ころ、Aが接客に使用する建物には隣接しない、Aが所有する車を保管する駐車場の入り口に一番近い場所に駐車していた自動車B全体にガソリンをかけたうえ、所持していたガスライターで点火した。甲はその場から立ち去ったが、付近を通りかかった者の通報により駆けつけた消防隊により消火された。

　　駐車場には50センチメートル間隔で販売用の自動車が60台ほど保管されており、延焼の可能性があったものの、Bの全焼以外、ほかの自動車に被害はなかった。

　　また、甲は嫌がらせのため、1台のみ火をつける計画でおり、ほかに延焼する可能性はまったく認識していなかった。

　　甲の罪責を論じなさい。

【解答へのヒント】

1　甲は自動車に火をつけているので建造物等以外放火罪（110条）の成否が問題となるところ、公共の危険はどのような場合に認められるかを論じましょう。

2　甲はほかに延焼する可能性はまったく認識していませんでしたが、その認識は必要かを論じましょう。

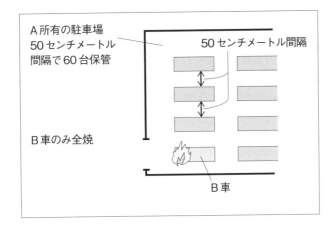

答案例

1　甲が販売店A所有の自動車B全体にガソリンをかけたうえ、所持していたガスライターで点火した行為について、他人所有建造物等以外放火罪（刑法110条1項。以下法名省略）が成立しないか。

(1)　まず、自動車全体にガソリンをかけ、ガスライターで点火する行為は、目的物の焼損を惹起せしめる行為といえるから、「放火」にあたる。　　　　　　　　　　　　5

(2)　自動車は「建造物」にあたらないため、「前二条に規定する物以外の物」にあたる。

(3)　「焼損」とは、火が媒介物を離れ目的物に燃え移り、独立して燃焼を継続しうる状態にいたったことをいうところ、10　Bは全焼しているから、独立して燃焼を継続しうる状態にいたっているといえ、これも認められる。

(4)　「公共の危険」とは、108条および109条1項に規定する建造物等に対する延焼の危険のみにかぎられず、不特定または多数の人の生命・身体または建造物等以外の財産に対する危険も含まれると解する。　　　　　　　15

本問では、50センチメートル間隔で販売用の車が60台ほど保管されており、これに対する延焼の危険が存在しているから、多数の財産に対する危険であるといえる。

また、危険が発生した対象が財産だけである場合には、危険性の発生に一定の規模が要求されると解する。　　　20

そうだとすると、本問では、60台もの車に延焼の危険が生じており、これらに火が燃え移った場合には相当な規模の危険が生じるといえる。　　　　　　　　　　　25

したがって、「公共の危険」の発生が認められる。

(5)　もっとも、甲はB以外の車に対する延焼の危険を認識しておらず、「公共の危険」の認識がないため、故意が認められないのではないか。「公共の危険」の認識の要否が問題となる。　　　　　　　　　　　30

ア　この点、110条1項が「よって公共の危険を生じさせた」と規定していることから、本罪は結果的加重犯であると考えられるところ、結果的加重犯の場合、重い結果についての認識は不要であるから、本罪においても重い結果たる「公共の危険」についての認識は不要であると　35　解する。

イ　甲は「公共の危険」を認識していないが、故意を阻却することにならない。

2　以上より、甲の行為には他人所有建造物等以外放火罪（110条1項）が成立し、甲はその罪責を負う。　　　　　40

以上

▶論「公共の危険」の意義
▶規範

▶あてはめ

▶結論

▶問題提起
▶論公共の危険の認識の要否

▶規範

▶結論

第38問でも記載したが、放火罪は、試験対策上、公衆の安全に対する罪のなかでもっとも重要な犯罪のひとつである。公共の危険に関する問題は司法試験2013（平成25）年で、予備試験2021（令和3）年で出題されており、今後も司法試験での出題可能性が高い分野であるといえるため、出題した。

論点

1　「公共の危険」の意義
2　公共の危険の認識の要否

答案作成上の注意点

1　公共の危険について

1　放火罪は公共危険罪です。つまり、不特定または多数人の生命・身体・財産の安全を第一次的な保護法益とし、それらに対する危険を生じさせることが放火罪の本質となっています。加えて、放火罪は不特定多数に対する危険罪の性格のほかに、財産罪的性格および生命・身体に対する罪としての性格をも有しています。これは、目的物が自己の所有か他人所有かの違いや、目的建造物の（非）現住性により法定刑の軽重があることからわかります。

　公共危険罪は抽象的公共危険罪と具体的公共危険罪に大別されます。

　放火および失火の罪の主要な類型（108条、109条1項、116条1項）は法文上焼損すればそれで犯罪は成立するとされ、具体的危険の発生については言及しておらず、このように具体的危険の発生を要件としない危険犯を抽象的危険犯といいます。

　一方で、焼損だけでは犯罪が成立せず、公共の危険の発生が認められてはじめて犯罪が成立するとされる類型（109条2項、110条、116条2項）のように、具体的危険の発生を要件とする危険犯を具体的危険犯といいます。

　また、具体的危険犯である自己所有建物非現住建造物等放火罪（109条2項）および建造物等以外放火罪（110条各項）が既遂にいたるためには、「公共の危険」の発生が必要となりますが、この公共の危険とは何かが問題となります。公共の危険とは、かつては、108条または109条1項の物件への延焼の危険、すなわち現住建造物等または他人所有にかかる非現住建造物等に延焼する危険をいうとされてきました（限定説）。これは、このような延焼の危険によって、不特定・多数人の生命・身体財産に対する危険を肯定することができるからです。

　ところが、最決平成15年4月14日刑集57巻4号445頁（百選II85事件）は110条の公共の危険に関し、「108条および109条1項に規定する建造物等に対する延焼の危険のみにかぎられるものではなく、不特定又は多数の人の生命、身体又は前記建造物等以外の財産に対する危険も含まれる」として、公共の危険の意義をやや拡張する判断を示しました（非限定説）。ここでは、公共の危険の概念の実質化による拡張が図られているということができます。

2　答案においては、前掲最決平成15年と同様に非限定説を採用し、60台の車に延焼可能性があるため、多数の財産に対する延焼の危険を認めて、公共の危険を認定しました。

　なお、無限定説を採用し、公共の危険を生命・身体・建造物等以外の財産に対する危険をも含むとした場合であっても、公共の危険が発生しているかどうかは慎重に判断しなければなりません。たとえば、火が起きているところに人が集まっただけの場合や、ごく少数の財産に対する延焼可能性が及んだだけの場合に、公共の危険が発生したと認定すると、放火罪が際限なく成立することになります。判例の理解においても、単に延焼可能性があっただけでなく、市街地にある駐車場で発生し、他人の財産等に延焼の危険が生じた事案であるとして、公共の危険の認定を限

定的に理解するほうがよいと考えられます。したがって、公共の危険の認定においては、延焼の危険の規模について問題文中の事実を丁寧に拾いあげて評価し、事案ごとに個別具体的に判断する必要があります。

② 公共の危険の認識の要否について

自己所有建物非現住建造物等放火罪（109条2項）および建造物等以外放火罪（110条各項）の要件として、公共の危険の発生が要求されていますが、109条2項は「ただし、公共の危険を生じなかったときは、罰しない」、110条各項は「よって公共の危険を生じさせた者」とそれぞれ客観的処罰要件と結果的加重犯のような文言になっています。そこで、各罪の成立を認めるためには、故意として公共の危険の発生の認識が必要かどうかが問題となります。

最判昭和60年3月28日刑集39巻2号75頁（百選Ⅱ86事件）は、110条の罪の故意に関し、公共の危険の認識を要しないと明言しています。これを支持する学説もありますが、放火罪は公共危険罪であり、公共の危険の発生は構成要件要素であると解する以上は、それについての認識は当然必要であるとして、判例に反対する学説もあります。

本問においては、認識不要説で答案例を作成していますが、認識必要説で解答しても説得的に論じられていれば問題ありません。

【参考文献】
試験対策講座・刑法各論5章2節①【1】・【2】・⑤・⑥。判例シリーズ85事件、86事件。条文シリーズ2編9章108条②・③1、109条②5、110条②4。

第40問 B　文書偽造罪⑴

甲は、就職活動をするにあたり、企業に提出する目的をもって、友人から借りたA私立大学の卒業証書の氏名欄に自分の名前を書いた紙を乗せ、あたかも甲の卒業証書のコピーであるかのような外観を有するコピーを作成し、これを企業に提出した。

甲の罪責を論ぜよ。

【解答へのヒント】

1　甲はコピーを提出していますが、コピーは「文書」にあたるでしょうか。文書偽造罪の保護法益から原則を確認しつつ、考えてみましょう。

2　「偽造」とは文書の作成名義人と作成者とが一致しない文書を作成することをいいます。本問における作成名義人と作成者がだれであるのかを考えてみましょう。

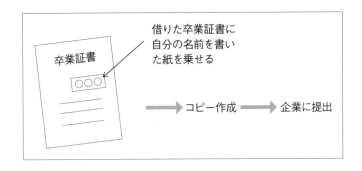

1　甲が、企業に提出する目的をもって、あたかも甲の卒業証書のコピーであるかのような外観を有するコピーを作成した行為について、有印私文書偽造罪（刑法159条1項。以下法名省略）が成立しないか。

(1)　まず、甲はコピーを企業に提出する目的を有していることから、「行使の目的」が認められる。　　　　　　　　　　5

(2)　「事実証明に関する文書」とは、実社会生活に交渉を有する事項を証明するに足る文書をいうところ、大学の卒業証書は、大学における全課程を修了したことを証明するものであり、実社会生活に交渉を有する事項を証明するに足　　10
る文書といえ、これにあたる。

(3)　もっとも、文書偽造罪の保護法益は文書に対する公共の信頼にあるところ、写しを提出する場合には原本に現れている意思・観念が変更される可能性があることから、「文書」は原則として原本にかぎられる。そこで、甲が作成し　15
たコピーは「文書」にあたらないのではないか。

> ➡ 問題提起
> 論 コピーの「文書」性

ア　この点について、写しを提出する場合であっても、原本と同一の意識内容を保有し、証明文書としてこれと同様の社会的機能と信用性を有する場合には、原本と同様の文書に対する公共の信頼が向けられることから、「文　　20
書」にあたると解する。

> ➡ 規範

イ　本問では、甲が作成したコピーは原本たる卒業証書と同一の意識内容を保有しているといえる。また、大学を卒業したことを証明するため、卒業証書のコピーを企業に提出することは一般的であることから、卒業証書のコ　　25
ピーは原本と同様の社会的機能と信用性を有するといえる。

> ➡ あてはめ

ウ　したがって、甲が作成したコピーは「文書」にあたる。

> ➡ 結論

(4)　「偽造」とは、作成名義人と作成者とが一致しない文書を作成することをいうところ、コピーは、原本と同様の機　　30
能と信用性を有することから「文書」にあたるため、コピーには原本の作成名義人の意識内容が表示されていると考えられる。したがって、コピーの作成名義人は、原本の作成名義人であると解する。

> 論 コピーの作成名義人
> ➡ 規範

そうすると、本問において、甲が作成したコピーの作成　　35
名義人は、原本たるA私立大学の卒業証書の作成名義人であるA私立大学学長である。

> ➡ あてはめ

一方、作成者とは、文書の内容を表示させた意思の主体であると解する。したがって、本問では、甲が作成者となる。　　　　　　　　　　40

そうだとすれば、作成名義人と作成者が異なっており、甲は作成名義人と作成者とが一致しない文書を作成したといえるから、「偽造」が認められる。

> ➡ 結論

(5)　また、「他人の印章若しくは署名を使用」とは、作成名

義人の署名・押印があることをいう。

　本問では、作成名義人はA私立大学学長であるところ、甲が作成した卒業証書のコピーは、原本を機械的に再現するものである。そうだとすれば、コピーの署名・押印部分は、A私立大学学長の署名・押印であるとの信用が向けられる。したがって、「他人の印章若しくは署名を使用」したといえる。

　(6)　よって、有印私文書偽造罪が成立する。

2　甲がA私立大学の卒業証書のコピーを提出した行為に、偽造有印私文書行使罪（161条1項）が成立しないか。

　まず、甲がコピーを作成した行為については有印私文書偽造罪が成立することから、コピーは「前二条の文書」にあたる。

　「行使」とは、真正な文書として一般人に認識されうる状態におくことをいう。

　甲は卒業証書のコピーを企業に提出しており、真正な文書として一般人に認識されうる状態においたといえる。

　したがって、「行使」したといえ、偽造有印私文書行使罪が成立する。

3　以上より、甲は、有印私文書偽造罪（159条1項）および同行使罪（161条1項）の罪責を負い、両者は牽連犯（54条1項後段）となる。

以上

文書偽造罪については、論点が多岐にわたるものの、財産犯に比べて対策が手薄になりがちな犯罪であると思われる。特に、コピーが「文書」にあたるかという点については、論じ方が難しいと思われるため、ここで処理手順を確認してもらうため、本問を出題した。

論点

1 コピーの「文書」性
2 コピーの作成名義人

答案作成上の注意点

① 偽造罪の概説

1 保護法益について

文書偽造罪の保護法益は、文書に対する公共の信頼にあります。この保護法益は文書偽造罪の論点を考えていくうえでとても大事ですので、ぜひ覚えてください。

2 文書の意義について

偽造罪の客体たる「文書」と認められるための要件は、論者によって異なりますが、①可視性・可読性、②意思または観念の表示、③作成名義人の認識可能性、④原本性等があげられます。

①可視性・可読性についてですが、文書偽造罪は文書に対する公共の信用を保護するものです。したがって、文書に公共の信用が生じうるだけの可視性・可読性があることが必要となります。

②意思または観念の表示は、文書偽造罪が文書の有する特定人の意思または観念を伝達・証明する手段に着目するものであることから要求される要件です。

だれが作成したかわからない文書はだれも信用せず、保護に値しないことから③作成名義人の認識可能性が要求されます。作成名義人の意義については、4で述べます。

④原本性が要求される趣旨について、原本ではない手書きの写しの場合を考えてみると理解がしやすくなります。すなわち、手書きの写しの場合は、写しの作成者の意思・観念が入り込む可能性がありますから、原本に向けられるのと同様の公共の信頼は存在しません。そのため、文書偽造罪の客体たる文書には原本性が要求されることとなります。

これらの要件のうち、本問との関係で特に問題となるのは、④原本性です。

3 偽造の意義について

「偽造」とは、作成権限を有しない者が、他人の名義を冒用して文書を作成することをいいます。文書に現れている名義人と実際の作成者とが一致しない文書を作成すること（名義人と作成者の不一致）です。

4 名義人・作成者について

上述のように、「偽造」とは、名義人と作成者とが一致しない文書を作成することをいいます。そこで、名義人・作成者とはどのような者をいうのかが問題となります。

名義人（作成名義人ともいいます）とは、文書から理解されるその意思の主体をいいます。そして、具体的な事案において名義人がだれかという判断は、文書偽造罪の保護法益が文書に対する公共の信頼であることから、文書の記載内容・性質などを考慮して、一般人がその文書を見たときにだれの意思がその文書に現れていると認識するかという観点から行うことになります。

また、作成者とは、文書の内容を表示させた意思の主体と解するのが通説です（観念説）。実際に文書を作成した者が作成者であると解する事実説もありますが、この説によれば、代筆文書が常に偽造文書となってしまい、社会生活上作成される文書のほとんどが偽造文書となり不都合です。したがって、観念説が通説となっています。観念説によれば、たとえば社長が秘書に代筆

をさせた場合、作成者は、文書の内容を表示させた意思の主体たる社長となります。

② コピーの特殊性について

1　コピーは「文書」にあたるか

　文書偽造罪の保護法益は、文書に対する公共の信頼です。原本ではなく写しを提出する場合、写しは原本の作成者とは別の者が作成し、その者の意思・観念が入り込んで原本の意思・観念を変更する可能性があるため、原本と同様の信頼は存在しません。したがって、文書偽造罪における「文書」とは、原則として原本にかぎられると解されることは上で述べたとおりです。

　もっとも、文書の複写技術の発達に伴い、原本と寸分違わないコピーを作成することが可能となりました。そうだとすれば、手書きの写しとは違い、写しを作成する者の意思・観念が入り込んで原本の意思・観念を変更する可能性がなく、原本と同様の信頼が向けられるとして、コピーは文書偽造罪における「文書」にあたると考えるべきではないかということが問題となります。

　この点、判例は、たとえ写しであっても、「原本と同一の意識内容を保有し、証明文書としてこれと同様の社会的機能と信用性を有するものと認められる限り」、「文書」に含まれると解しています（最判昭和51年4月30日刑集30巻3号453頁〔百選Ⅱ88事件〕）。判例の立場に立つと、本問では、甲が作成したコピーは原本たる卒業証書と同一の意識内容を保有しているといえますし、大学を卒業したことを証明するために卒業証書のコピーを企業に提出することは一般的であることから、卒業証書のコピーは原本と同様の社会的機能と信用性を有するといえます。したがって、甲が作成した卒業証書のコピーは「文書」にあたるといえるでしょう。

2　コピーの作成名義人

　前掲最判昭和51年の考え方によれば、原本と同様の機能と信用性を有することを理由に「文書」にあたるとする以上、その性質上コピーの意識内容の主体は原本の作成者と解すべきです。したがって、原本の作成名義人が、コピーの作成名義人となると考えることになります。

3　有印文書か無印文書か

　有印文書とは、作成名義人の署名・押印のある文書をいい、無印文書とは作成名義人の署名・押印を欠いた文書をいいます。コピーの文書性を肯定するとして、コピーは有印文書か無印文書のどちらにあたるでしょうか。

　この点、原本を正確に複写した旨の認証文言と権限ある作成名義人の署名・押印を欠いた無印文書であるとする説がありますが、コピーの作成名義人を原本の名義人と解する以上、その意識内容と署名・押印とを分離して把握することには疑問があります。したがって、コピーの署名・押印部分についても偽造を認めるべきであり、有印文書と解するのがよいでしょう。

　本問でも、卒業証書のコピーを作成することが有印私文書偽造罪（159条1項）にならないかを検討していくことになります。

③ 有印私文書偽造罪のその他の要件について

1　「行使の目的」

　文書偽造罪における「行使」とは、偽造にかかる文書を、真正な文書として他人に認識させ、または認識しうる状態におくことをいいます。私文書偽造罪においては、他の文書偽造の罪と同様、主観的構成要件要素として「行使の目的」が要求されています。

　本問では、甲は企業に提出する目的をもって卒業証書のコピーを作成しているため、「行使の目的」が認められます。

2　「事実証明に関する文書」

　事実証明に関する文書とは、実社会生活に交渉を有する事項を証明するに足りる文書をいいます。

　大学の卒業証書は、大学における全課程を修了したことを証明するものであるため、「事実証明に関する文書」にあたるといえます。

【参考文献】

試験対策講座・刑法各論 6 章 4 節①・②・③【2】・④・⑩【3】⑴・⑫。判例シリーズ87事件。条文シリーズ 2 編17章■総説④・⑥ 1 、159条。

第41問 B 文書偽造罪⑵

1　弁護士資格を有しない甲は、自己と同姓同名の弁護士がいることを利用して、同弁護士であるかのように装い、不動産業者Aから報酬を得ようとして「弁護士報酬請求について」と題する書面を作成し、甲の署名をしたうえで、これをAに対して提出した。

2　甲は無免許運転をしていたところ、取締りの警察官から免許証の提示を求められた。甲は、免許証の提示を求められた際には、運転免許保有者である友人乙の氏名を用いて免許不携帯であると偽ろうと考えており、あらかじめ乙からその承諾を得ていた。そこで、甲は、警察官に対し、免許証を携帯していないと述べたうえで、渡された交通事件原票中の供述書欄の末尾に乙の氏名を用いて署名を行い、その場で警察官に提出した。なお、道路交通法上、無免許運転と免許証の携帯義務違反では罰則が異なり、後者は前者に比べて、軽い罰則となっている。

甲の罪責を論ぜよ。

【解答へのヒント】

1　「偽造」とは作成名義人と作成者とが不一致である文書を作成することをいいますが、同姓同名の人物の名前を用いた場合に、作成名義人と作成者とが不一致であるといえるか、文書偽造罪の保護法益から考えてみましょう。

2　作成名義人の承諾がある場合でも「偽造」といえるか、検討してみましょう。

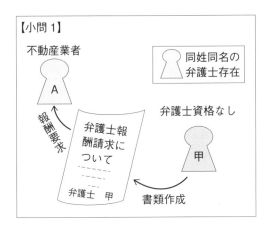

答案例

第1　小問1について
1　まず、甲が弁護士であるかのように装い、「弁護士報酬請求書」という文書（以下「弁護士報酬請求書」という）を作成した行為について有印私文書偽造罪（刑法159条1項。以下法名省略）が成立しないか。　　　　　　5
(1)　甲は弁護士としての報酬を受け取るために上記の文書を作成しているため、「行使の目的」がある。
(2)　また、弁護士報酬請求書は、報酬請求権という「権利……に関する文書」である。
(3)　次に、「偽造」とは名義人と作成者の人格の同一性を　10　　➡問題提起
偽ることをいうところ、弁護士である甲と弁護士報酬請　　　　　論肩書の冒用
求書を作成した甲は同姓同名であるから、名義人と作成
者が一致し、「偽造」とはいえないのではないかが問題
となる。

> ア　この点、文書偽造罪の保護法益は文書に対する公共　15　　➡規範
> の信頼にあるため、当該文書の性質・内容等を考慮し、
> 文書に対する公共の信頼が肩書に向けられている場合
> には、同姓同名であったとしても、肩書を冒用するこ
> とは人格の同一性を偽るものとして「偽造」にあたる
> と解する。　　　　　　　　　　　　　　　　　　　　20

イ　本問では、弁護士報酬請求書は本来弁護士が作成す　　　➡あてはめ
るものであり、文書を見た一般人としては弁護士とい
う肩書に信頼を向けるといえる。
そうすると、弁護士報酬請求書の作成名義人は「弁
護士である甲」である一方、作成者は「弁護士でない　25
甲」であるから、名義人と作成者との間に不一致があ
り、上記行為は人格の同一性を偽るものといえる。
ウ　したがって、「偽造」にあたる。　　　　　　　　　　　➡結論
(4)　弁護士報酬請求書には同姓同名の他人である甲の氏名
が記載されていることから、「他人の……署名を使用」　30
したといえる。
(5)　よって、有印私文書偽造罪が成立する。
2　次に、甲が、弁護士報酬請求書をAに提出した行為につ
いて偽造有印私文書行使罪（161条1項）が成立しないか。
(1)　甲が作成した弁護士報酬請求書は、上記のとおり159　35
条1項の客体となる文書であり、「前二条の文書」にあ
たる。
(2)　「行使」とは、偽造した文書を、真正な文書として他
人に認識させ、または認識しうる状態におくことをいう。
甲は、報酬を受け取るために弁護士報酬請求書をAに　40
提出しており、真正な文書として他人に認識させたとい
えるため、「行使」も認められる。
(3)　したがって、甲の行為に偽造有印私文書行使罪が成立
する。

3　以上より、甲は有印私文書偽造罪（159条1項）および 45
　　偽造有印私文書行使（161条1項）の罪責を負い、両者は
　　牽連犯（54条1項後段）となる。
第2　小問2について
　1　甲が交通事件原票中の供述書欄の末尾に、あらかじめ同
　　意を得ていた友人乙の氏名を用いて署名した行為に有印私 50
　　文書偽造罪（159条1項）が成立しないか。
　　⑴　甲は警察に提出する目的で、供述書欄に記載している
　　　ため、「行使の目的」は認められる。
　　⑵　また、交通事件原票に乙の氏名を記入していることか
　　　ら、「他人の……署名を使用」したといえる。 55
　　⑶　交通事件原票は、交通違反があったことを証明するも
　　　のであるから、実社会生活に交渉を有する事項を証明す
　　　るに足りる文書であり、「事実証明に関する文書」にあ
　　　たる。
　　⑷　「偽造」について、本問では乙が甲に対して自己の氏 60　　➡問題提起
　　　名を交通事件原票に記入することを承諾しているから、　　　論名義人の承諾
　　　作成名義人と作成者との不一致がなく、「偽造」にあた
　　　らないのではないかが問題となる。

　　　　ア　この点、作成名義人が名義の使用を承諾していたと
　　　　　しても、自署性が要求される文書については、「偽 65　　➡規範
　　　　　造」にあたると解する。

　　　　イ　本問についてみると、交通事件原票には、違反をし　　　　➡あてはめ
　　　　　た者がみずからの氏名を記入しなければ意味がないこ
　　　　　とから、自署性が要求される文書ということができる。
　　　　ウ　したがって、乙の承諾があったとしても、甲が乙の 70　　➡結論
　　　　　氏名を交通事件原票中の供述書欄の末尾に記入するこ
　　　　　とは、作成名義人と作成者の人格の同一性を偽るもの
　　　　　として「偽造」にあたる。
　　⑸　よって、上記行為に有印私文書偽造罪が成立する。

　2　甲が乙の氏名を用いて署名した交通事件原票を警察官に 75
　　提出した行為に偽造有印私文書行使罪（161条1項）が成
　　立しないか。
　　⑴　甲が作成した交通事件原票は、159条1項の客体とな
　　　る文書であり、「前二条の文書」にあたる。
　　⑵　また、甲は交通事件原票を真正なものとして認識させ 80
　　　たといえ、「行使」も認められる。
　　⑶　したがって、甲の行為に偽造有印私文書行使罪が成立
　　　する。
　3　以上より、甲は有印私文書偽造罪（159条1項）および
　　偽造有印私文書行使罪（161条1項）の罪責を負い、両者 85
　　は牽連犯（54条1項後段）となる。
　　　　　　　　　　　　　　　　　　　　　　　　　　以上

文書偽造罪の論点は多岐にわたるため、まずは典型的な事例で論点を幅広くおさえることが重要である。そこで、判例を素材とした問題で論点の処理方法を確立してもらうべく、出題した。

論点

1 肩書の冒用
2 名義人の承諾

答案作成上の注意点

① 小問1について

1 有印私文書偽造罪（159条1項）の成立について

「偽造」とは、名義人と作成者の不一致（名義人と作成者の人格の同一性を偽ること）をいいます。本問のような肩書の冒用の場合は、文書から認識される作成名義人はだれか、名義人の特定が問題となります。名義人の特定は、文書に対する社会的信用を保護するという文書偽造罪の保護法益から、だれの意思・観念が文書に表示されていると認識されるかを基準として判断していくことになります。

本問で、甲は弁護士でないにもかかわらず、同姓同名の弁護士甲がいることを利用して「弁護士報酬請求について」と題する書面（以下「弁護士報酬請求書」という）を作成しています。そこで、この場合に、だれの意思・観念が文書に表示されているかを検討すると、弁護士報酬請求書を見た一般人としては、弁護士が作成した文書であると考えるのが自然です。そうすると、文書偽造罪の保護法益である文書に対する公共の信頼は、弁護士という肩書に向けられることとなります。したがって、弁護士報酬請求書の作成名義人は、「弁護士である甲」ということになります。一方、甲は弁護士資格を有していませんから、「弁護士でない甲」です。よって、作成名義人と作成者の人格が不一致であるといえ、「偽造」にあたると考えることができます。判例も同様の事案において、私文書偽造罪の成立を認めています（最決平成5年10月5日刑集47巻8号7頁〔百選Ⅱ95事件〕）。

これに対して、弁護士という肩書に公共の信頼が向けられない場合があります。たとえば、弁護士でない丙がスポーツクラブで予約を申し込む際、申込書の職業欄に「弁護士」と記載するような場合です。この場合、申込みをしたのが弁護士であるかどうかは重要ではありません。申込書に表示されている意思・観念の主体は、申込書を提出してきた丙です。一方で、申込書の作成者も丙であり、人格の同一性を偽っているとはいえません。したがって、この場合は「偽造」にあたらないということになります。

肩書を偽っている場合には、「偽造」にあたる場合とあたらない場合が存在するため、文書の公共の信頼が肩書に向けられているかどうかという点から判断する必要があります。

2 偽造私文書行使罪（161条1項）の成立について

甲は弁護士報酬請求書をAに対して提出していることから、偽造私文書行使罪の検討を忘れないようにしましょう。

「行使」とは、偽造文書を、真正文書もしくは内容の真実な文書として他人に認識させ、または認識しうる状態におくことをいいます。

甲は、報酬を受け取るために弁護士報酬請求書をAに提出しているため、偽造文書である同書面を真正文書として他人に認識させたといえます。したがって、甲の行為に偽造私文書行使罪が成立します。

3　罪数

　文書偽造罪を犯した者が、当該文書を行使した場合には、偽造罪と行使罪は牽連犯（54条1項後段）として処理します。

　したがって、本問でも、有印私文書偽造罪と偽造私文書行使罪は牽連犯となります。

②　小問2について

1　有印私文書偽造罪の成立について

　小問2では、作成名義人である乙が名義の使用を承諾したうえで、甲が交通事件原票の供述書欄の末尾に乙の氏名を記入しています。この場合、交通事件原票の供述書欄から認識される意思・観念の主体は乙です。なぜならば、供述書欄には乙の名前が記入されており、一般人がこれを見たときに、乙の意思・観念が表示されているものと認識すると考えられるからです。

　一方で、作成者とは、観念説によれば、文書の内容を表示させた意思の主体と解することになりますから、乙が承諾している以上、文書の内容を表示させた意思の主体も乙になります。そうだとすれば、作成名義人も作成者も乙となり、人格の同一性を偽るものとはいえず、「偽造」とならないのではないかが問題となります。

　この点、上記のとおり、観念説によれば、文書の内容を表示させた意思の主体を作成者と解するため、名義人が承諾している場合には名義人自身が作成者となり、原則として「偽造」にはあたりません。もっとも、あらゆる場合に「偽造」とならないかについては争いがあります。本問と類似の事案について、判例は、交通事件原票は、「文書の性質上、作成名義人以外の者がこれを作成することは法令上許されないもの」であるとして、名義人が承諾している場合でも「偽造」が成立するとしました（最決昭和56年4月8日刑集35巻3号57頁〔百選Ⅱ97事件〕）。これによると、文書の性質上、名義人自身の手によって作成されること（自署性）が要求される文書については、名義人の承諾があっても「偽造」にあたりうると解されます。

　本問では、交通事件原票中の供述書欄の末尾に乙の承諾を得て乙の氏名を記載したことが問題となっていますが、この供述書欄は、違反者が記入しなければ意味がないため、文書の性質上、名義人自身の手によって作成されることが要求されているということができます。したがって、乙の承諾があったとしても、甲の署名行為は「偽造」にあたります。

　ほかに、判例上名義人の承諾が問題となった事案として、私立大学の入学試験に際して、いわゆる替え玉受験を行うために解答用紙の氏名欄に、実際には受験していない者の氏名を記入して他人名義の答案を作成し、試験監督者に提出して行使したという判例（東京地判平成4年5月28日判時1425号140頁）があります。替え玉受験は、実際に入学を志願する本人とは異なる者が入学試験を受験して答案を作成するものですが、本人の承諾があるため、作成名義人と作成者が一致し、「偽造」にあたらないのではないかという点が問題となりました。この点について判例は、名義人の承諾は有効ではないとして、替え玉受験をして答案用紙を作成する行為には有印私文書偽造罪が成立するとしました。前述の基準に照らして考えると、入学試験の答案用紙は、志願者本人の学力を知るために作成されるものであり、名義人たる志願者本人の手によって作成されることが要求される文書です。したがって、本人が承諾していても「偽造」となります。このように、名義人の承諾が問題となる場合には、文書がどのような場面・目的で使用されるか等、文書の性質を考慮して、名義人自身が作成することが要求されている文書かどうかを検討するようにしましょう。

　なお、上記の替え玉受験が問題となった事案について、最高裁（最決平成6年11月29日刑集48巻7号453頁〔百選Ⅱ89事件〕）では、大学入試の答案用紙が「事実証明に関する文書」にあたるかどうかについても取り上げられました。この点については、「事実証明に関する文書」とは、実社会生活に交渉を有する事項を証明するに足りる文書をいうところ（第40問参照）、大学入試の答案用紙は、大学への入学を認める程度の学力を有しているかという実社会生活に交渉を有する事項を証明するに足りる文書ということができますから、「事実証明に関する文書」にあたると考えることができます。あわせておさえておいてください。

2 　偽造私文書行使罪の成立について
　　本問においても、交通事件原票を警察官に提出していることから、偽造私文書行使罪の成否が問題となります。
　　甲は、みずからが乙であるかのように供述書欄に乙の氏名を記載して提出しているため、偽造文書を真正文書として認識させたといえます。したがって、甲の提出行為に偽造私文書行使罪が成立します。
3 　罪数
　　前述のとおり、有印私文書偽造罪と偽造私文書行使罪は牽連犯となります。罪数の検討を忘れないようにしましょう。

【参考文献】
試験対策講座・刑法各論第6章4節③【1】・【2】。判例シリーズ89事件、92事件。条文シリーズ1編17章総説⑥。

第42問 B 犯人蔵匿等罪、証拠隠滅等罪

　　令和5年3月1日、甲は、Aと共謀してBをナイフで刺殺した。甲は、ナイフにAの指紋が付着したことから、Aの関与の発覚を防ぐためにナイフを自宅近くの川に投棄した。

　　Bの遺体が発見され、捜査機関は捜査を開始し、Bとの間で金銭トラブルを有していた乙が犯人として捜査線上に浮上したものの、決定的な証拠がなかった。そこで、捜査機関は、乙の友人である丙を参考人として取り調べた。丙は乙から借金の返済の催促を繰り返し受けており、乙に対し恨みを抱いていた。そこで、取調べに対し丙は「乙がBをナイフで刺したのを見た」と虚偽の供述をした。捜査機関は、丙の供述を録取し、供述録取書（以下「本件供述録取書」という）を作成した。

　　乙は本件供述録取書の存在もあり、B殺害の容疑で逮捕・勾留された。乙は、有罪を免れるために、友人丁に無罪であることを伝えたうえで、身代わりとして逮捕されるよう依頼した。丁は、乙に恩義があることから、この提案を受け入れ、B殺害の犯人として捜査機関に出頭した。しかし、捜査機関はなおも乙が犯人であると判断し、逮捕・勾留を解くにはいたらなかった。

　　その後、甲が真犯人であることが発覚した。このとき、甲、乙、丙、丁の罪責を論じなさい（特別法違反を除く）。ただし、甲のB殺害については論じなくてよい。

【解答へのヒント】

　本問は、犯人蔵匿等罪、証拠隠滅等罪の成否を検討させる問題です。登場人物が多いので分量の配分に注意しましょう。また、丁に関しては複数の論点が絡むため、特に難しくなっています。注意しながら検討してください。

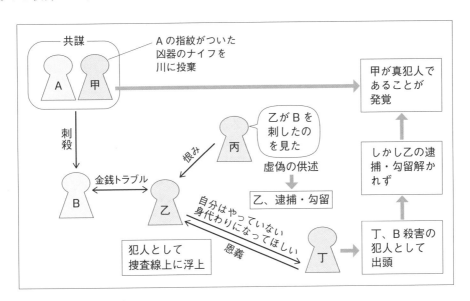

第1　甲の罪責について
　1　甲がナイフを自宅近くの川に投棄した行為に、証拠隠滅
　　罪（刑法104条。以下法名省略）が成立しないか。
　⑴　ナイフは、甲がBを刺殺した際に用いられた凶器であ　　　5
　　　り、自己の刑事事件に関する証拠とも思える。もっとも、
　　　甲はAの関与の発覚を防ぐために投棄しているところ、
　　　これは「他人の刑事事件に関する証拠」にあたらないか。

> ア　この点、自己の刑事事件に関する証拠隠滅を不可罰
> 　　とした趣旨は、そのような行為は期待可能性に乏しい
> 　　という点にある。もっとも、共犯であっても一部の者　　10
> 　　に関わる証拠は存在するのであり、このような証拠を
> 　　隠滅した場合まで不可罰とすべきではない。
> 　　　そこで、もっぱら共犯者のためにする意思で行為し
> 　　た場合には「他人の刑事事件に関する証拠」にあたる
> 　　と解する。　　　　　　　　　　　　　　　　　　　15

　　　イ　本問では、甲はナイフにAの指紋がついていたこと
　　　　から、Aの関与の発覚を防ぐために投棄しており、も
　　　　っぱらAのためにする意思といえるため、ナイフは
　　　　「他人の刑事事件に関する証拠」にあたる。
　⑵　また、投棄行為は「隠滅」にあたるし、甲には故意　　20
　　　（38条1項本文）もある。
　2　よって、甲の上記行為に証拠隠滅罪（104条）が成立し、
　　甲はその罪責を負う。
第2　丙の罪責について
　1　丙が「乙がBをナイフで刺したのを見た」と供述し、本　　25
　　件供述録取書が作成されたことについて、証拠偽造罪（104
　　条）が成立しないか。丙は参考人として虚偽の供述をして
　　いるところ、「証拠」を偽造したといえるか。

> ⑴　この点、「証拠」には人証も含まれるが、証拠方法と
> 　　しての人証にかぎられ、証拠資料まで包含するものでは　　30
> 　　ない。また、法は法律により宣誓した証人の虚偽供述の
> 　　みを処罰の対象としているので、その趣旨からすると、
> 　　宣誓をしない証人の虚偽供述を処罰の対象とはしない。
> 　　　そこで、単に取調べ中に虚偽供述をしても「証拠」に
> 　　はあたらず、また、その内容が取調調書として書面に録　　35
> 　　取されたとしても、それだけでは「証拠」にあたらない
> 　　と解する。

　⑵　丙は参考人として単に虚偽の供述をしたにすぎないか
　　　ら、本件供述録取書は「証拠」にはあたらない。
　2　よって、丙の行為には証拠偽造罪（104条）は成立せず、　　40
　　丙は何らの罪責を負わない。
第3　丁の罪責について
　1　丁がB殺害の犯人として捜査機関に出頭した行為は、犯
　　人隠避罪（103条）にあたらないか。

右欄注記：
➡問題提起
📖共犯者の証拠の隠滅

➡規範

➡あてはめ

➡結論

➡問題提起
📖参考人の虚偽供述

➡規範

➡結論

(1) まず、乙はB殺害の容疑で逮捕・勾留されているもの
の、真犯人ではなかった。そこで、乙は「罪を犯した
者」にあたらないのではないか。

45 →問題提起
論「罪を犯した者」の意義

　ア　この点、真犯人でなくとも、捜査対象となっている
者を匿えば、捜査が妨害され刑事司法作用が害される。
したがって、「罪を犯した者」には真犯人にかぎらず
犯罪の嫌疑により捜査中の者も含まれる。

50 →規範

　イ　したがって、乙は真犯人ではないが、捜査中である
から、「罪を犯した者」にあたる。

→結論

(2) 次に、乙はすでに逮捕・勾留されているところ、乙の
身代わりとして出頭する行為は「隠避」にあたるか。

55 →問題提起
論逮捕・勾留されている犯人の
身代わり

　ア　「隠避」とは蔵匿以外の方法で官憲による発見・逮
捕を免れさせるいっさいの行為をいう。そして、同罪
の保護法益は身体の確保にかぎらず広く適正な刑事司
法作用を保護することにある。そうだとすれば、身代
わり犯人の出頭のような現になされている身体の拘束
を免れさせる性質の行為も捜査の円滑な遂行に支障を
生じさせるものであって、刑事司法作用を害する危険
がある。そこで、逮捕・勾留後の身代わり犯人として
の出頭行為も「隠避」にあたる。

60

→規範

　イ　そうすると、丁の出頭行為は「隠避」にあたる。

65 →結論

(3) また、丁には故意もある。
2　よって、丁の出頭行為に犯人隠避罪（103条）が成立し、
丁はその罪責を負う。

第4　乙の罪責について
1　乙は、丁にみずからの身代わりとして出頭するよう依頼
したところ、犯人隠避罪の教唆犯（61条1項、103条）が
成立しないか。乙は、正犯である丁に対し、身代わりとし
て出頭するように依頼しており、「教唆」を行ったと思え
るが、犯人みずからこの行為を行った場合には犯人隠避罪
は成立しない。

70 →問題提起
論犯人による隠匿教唆

75

(1) そこで、教唆の場合についても同様に不成立とすべき
ではないかが問題となる。

→規範

　　この点、犯人みずからこのような行為を行っても処罰
されないのは、定型的に期待可能性がないためである。
しかし、他人を利用する場合は、みずから行う場合とは
事情を異にし、もはや定型的に期待可能性を欠くとはい
えない。また、他人を教唆してまで隠避の目的を遂げる
ことは防御権の濫用にあたる。
　　したがって、犯人が他人を教唆して犯人隠避をさせる
場合には、教唆犯が成立する。

80

→結論

85

(2) そして、乙に故意がある。
2　よって、乙の行為には犯人隠避罪の教唆犯（61条1項、
103条）が成立し、乙はその罪責を負う。　　　　　以上

　本問は、犯人隠避等罪、証拠隠滅等罪を扱った問題である。これらは、刑法各論のなかでも比較的手薄になりがちな分野であるから、本問を機に重要な論点をおさえ、司法試験・予備試験で出題された場合に備えてほしい。

論点

1　共犯者の証拠の隠滅
2　参考人の虚偽供述
3　「罪を犯した者」の意義
4　逮捕・勾留されている犯人の身代わり
5　犯人による隠匿教唆

答案作成上の注意点

① はじめに

　本問は、証拠隠滅等罪（104条）および犯人蔵匿等罪（103条）を中心に問う問題です。両罪は、保護法益や考え方が共通している部分も多いですから、同一の機会に学習すると理解が深まるでしょう。

② 証拠隠滅等罪について

1　構成要件
　証拠隠滅等罪は、「他人の刑事事件」に関する、「証拠」の「隠滅」、「偽造」、「変造」および「偽造若しくは変造の証拠」の「使用」に関する犯罪です。
　重要なポイントとしては、「他人の刑事事件」に関する「証拠」が対象となるという点です。すなわち、自己の犯罪の証拠の隠滅等を行っても証拠隠滅等罪は不成立となるということです。自己の犯罪の証拠の隠滅等が処罰対象から外された趣旨は、隠滅行為を行わないことに対する期待可能性が小さいからです。
2　共犯者の証拠の隠滅
　甲は、Bの刺殺に用いたナイフを自宅近くの川に投棄しています。Bの刺殺の犯人は甲なので、ナイフは「他人の刑事事件」に関する証拠にあたらず、甲の投棄行為に証拠隠滅罪は成立しないとも思えます。
　もっとも、甲はAと共謀してBを殺害していますから、投棄したナイフは他人たるAの刑事事件の証拠でもあります。そこで、ナイフが「他人の刑事事件」に関する証拠にあたらないかが問題となります。
　このような共犯者の証拠の隠滅に証拠隠滅罪が成立するかという論点については、限定肯定説が判例（大判大正8年3月31日刑録25輯403頁）・通説です。限定肯定説は、もっぱら共犯者のためにする意思で行為に及んだ場合にのみ、「他人の刑事事件」に関する証拠にあたり、証拠隠滅罪が成立しうるとする見解です。理由としては、共犯者が絡む場合、証拠が共通の場合も多々あり、常に成立させるのは被告人に酷であるが、一部の者に関わる証拠も存在するため、そのような場合には、期待可能性があるということがあげられます。
　答案例も限定肯定説で論述し、甲はAの関与の発覚を防ぐために投棄しており、もっぱら共犯者のためにする意思で行為したとして、証拠隠滅罪の成立を認めました。
3　参考人の虚偽供述
　丙は、参考人として取調べを受けた際、「乙がBをナイフで刺したのを見た」と虚偽の供述を

しています。公判廷ではないので、偽証罪（169条）は成立しません。では、証拠偽造罪が成立しないでしょうか。

参考人の供述も刑事訴訟における証拠資料であることに変わりはないですし、虚偽の供述調書を作成することと差があまりないようにも思われます。そうだとすれば、参考人の虚偽供述にも証拠偽造罪が成立しそうです。

参考人の虚偽供述については、証拠偽造罪の成立を否定する見解が多数説です（千葉地判平成7年6月2日判時1535号144頁〔判例シリーズ99事件〕参照）。理由としては、「証拠」は証拠方法にかぎられること、および偽証罪は宣誓をしていない者の虚偽供述を含まない趣旨であるから、参考人の虚偽供述に証拠偽造罪を成立させると、かかる趣旨を没却してしまうことがあげられます。答案例も同様の考え方から、丙の虚偽供述に証拠偽造罪が成立しないとしました。

もっとも、近年、この問題に関し、重要な判例がでました。参考人が捜査官と通謀して虚偽の供述をし、これに基づき、虚偽の供述録取書が作成された事案について、判例は、証拠偽造罪の成立を認めました（最決平成28年3月31日刑集70巻3号58頁〔百選Ⅱ119事件〕）。この事案では、被告人と取調べにあたった捜査官が、被告人と相談をしたうえで、被告人が虚偽の供述をし、それを捜査官が虚偽の供述を録取して供述録取書を作成しており、この点が虚偽の供述調書を作成したのと同様であると捉えられ、証拠偽造罪にあたるとされました。

③ 犯人隠避罪について

1 構成要件

犯人蔵匿等罪は、「罰金以上の刑に当たる罪を犯した者」または「拘禁中に逃走した者」の「蔵匿」または「隠避」に関する罪です。また、保護法益は、犯罪の捜査、刑の執行など、国の刑事司法作用です。

2 「罪を犯した者」の意義

丁は、逮捕された乙の身代わりとして逮捕されるためにB殺害の犯人として出頭しています。もっとも、乙は真犯人ではありませんでした。乙は罪を犯していないことから、文言上は「罪を犯し」ていないとも思えます。そこで、乙は「罪を犯した者」にあたらず、丁に犯人隠避罪は成立しえないのではないかが問題となります。

このような真犯人でない者を蔵匿・隠避する場合、判例は、「罪を犯した者」に「犯罪の嫌疑によって捜査中の者をも含む」ため、真犯人でない者も含まれるとしています（最判昭和24年8月9日刑集3巻9号1440頁〔百選Ⅱ117事件〕）。そのような者を蔵匿等する行為も国の刑事司法作用を害するというのが理由です。

答案例も、同様の見解に立ち、乙は真犯人ではないものの、B殺害の容疑で捜査機関により捜査中であることから、「罪を犯した者」にあたるとしています。

3 逮捕・勾留されている犯人の身代わり

103条にいう「隠避」とは、蔵匿以外の方法で官憲による発見・逮捕を免れさせるいっさいの行為をいいます。では、身代わりとして出頭する行為は「隠避」にあたるといえるでしょうか。この点、判例（最決平成29年3月27日刑集71巻3号183頁〔百選Ⅱ123事件〕）は、本罪を抽象的危険犯と解しています。そして、身代わりとして出頭する行為であっても、「罪を犯した者」の嫌疑が弱まる可能性があり、国の刑事司法作用が害される可能性があるため、「隠避」にあたると考えられます。

では、真犯人がすでに逮捕・勾留されている場合はどうでしょうか。真犯人がすでに逮捕・勾留されている場合には、公判段階に向けて動きだしていることから、身代わり出頭をしても捜査活動を妨害しないのではないかとも思えるため、問題となります。この点、真犯人がすでに逮捕されている場合であっても、身代わり出頭を機に釈放される可能性があり、国の刑事司法作用が害される可能性があるので、「隠避」にあたると考えるのが判例（最決平成元年5月1日刑集43巻5号405頁〔百選Ⅱ122事件〕）です。

以上の判例の考え方を参考にすれば、逮捕・勾留されている犯人の身代わりとして出頭すれば、

その時点で「隠避」にあたるということになります。答案例も同様の見解をとり、丁の乙の身代わりとして出頭した行為は「隠避」にあたるとしました。

4　犯人による隠匿教唆

　　乙は、丁に自己の身代わりとして出頭するよう依頼しており、この行為は犯人隠避罪の教唆にあたるとも思えます。もっとも、自分自身で隠れる行為は処罰されないにもかかわらず、他人に頼む行為に教唆罪が成立するとなるのは不均衡とも思えます。そこで、乙の依頼行為に犯人隠避罪の教唆犯が成立しないかが問題となります。

　　判例は、このような場合に教唆犯が成立するとしています（大判昭和8年10月18日刑集12巻1820頁）。他人を教唆してまで処罰を逃れようとするのは、被告人の防御権の範囲を逸脱するものであるというのが理由です。他方、期待可能性が乏しいため、教唆犯を成立させないとする見解も有力です。

　　答案例は、判例と同様、教唆犯が成立するとの見解に立ち、乙に犯人隠避罪の教唆犯が成立するとしました。どちらの見解に立ってもかまいませんが、理由づけをしっかり書くことが重要です。

【参考文献】

試験対策講座・刑法各論9章3節②・③。判例シリーズ99事件、100事件。条文シリーズ103条②1・2、104条②1・2。

第43問 A 　公務執行妨害罪

　　X県警察に所属する警察官Aは、甲に対して職務質問およびこれに付随する所持品検査を実施したところ、甲のバッグから覚醒剤を発見した。そこで、Aは、甲を覚醒剤取締法違反で現行犯逮捕しようとした。これに対し、無令状での逮捕は違法だと考えた甲は、逮捕を免れるため、Aを突き飛ばして逃走した。なお、職務質問、所持品検査および逮捕行為はいずれも適法に行われた。

　　また、甲の隣には乙が立っていたが、乙は、数日前に近隣で起きた窃盗事件の犯人であるとX県警察が判断していた者であった。そこで、Aは乙を逮捕しようとした。これに対し、逮捕されるような行為をした覚えのない乙は逃走した。その途中、逮捕を免れるため、Aが追跡用に乗っていた自転車に向けて投石したが、自転車およびAの身体には当たらず、逮捕された。もっとも、後日、乙は無実であることが判明した。なお、Aが乙を逮捕しようとした時点においては、逮捕の理由および必要性が存在し、また、逮捕状の呈示など法令上の手続も遵守されていた。

　　甲および乙の罪責を論ぜよ。

【解答へのヒント】
1　甲がAを突き飛ばした行為および乙が投石した行為は、何罪の構成要件に該当するでしょうか。
2　甲が無令状での逮捕は違法であると考えていたことは、犯罪の成否に影響するでしょうか。
3　乙が無実であったことは、犯罪の成否に影響するでしょうか。

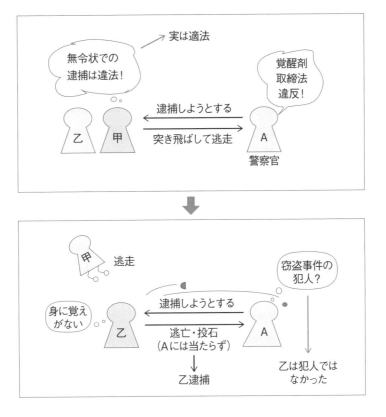

第1　甲の罪責について
　1　甲がAを突き飛ばした行為に、公務執行妨害罪（刑法95
　　条1項。以下法名省略）が成立するか。
　(1)　甲は、「公務員」である警察官Aが、甲を適法に逮捕
　　するという「職務を執行するに当たり」、Aを突き飛ば　　　5
　　すという、不法な有形力の行使たる「暴行」を行ってい
　　る。また、職務質問、所持品検査および逮捕行為は、す
　　べて適法に行われている。
　(2)　もっとも、甲は令状なしの逮捕は違法と考えているた　　　➡問題提起
　　め、職務の適法性について錯誤に陥っており、故意（38　10　論職務の適法性の錯誤
　　条1項本文）が阻却されないか。

　　　ア　職務の適法性が規範的構成要件要素である点にかん
　　　　がみ、その適法性の評価を基礎づける事実の錯誤は故意　　➡規範
　　　　を阻却する一方、適法性の評価の錯誤は法律の錯誤
　　　　として原則として故意を阻却しないと考える。　　　　　15

　　　イ　本問において、甲は、Aが警察官であり、現行犯逮　　　➡あてはめ
　　　　捕をしようとしていることは認識しているから、適法
　　　　性の評価を基礎づける事実の認識はあり、無令状での
　　　　逮捕は違法であるとの誤認は違法性の評価の錯誤とい
　　　　える。　　　　　　　　　　　　　　　　　　　　　　　20
　　　　　したがって、故意は阻却されない。　　　　　　　　　➡結論
　2　よって、上記行為には公務執行妨害罪（95条1項）が成
　　立し、甲はその罪責を負う。
第2　乙の罪責について
　1　乙がAの乗っていた自転車に向けて投石した行為に、公　　25
　　務執行妨害罪（95条1項）が成立するか。
　(1)　乙は、「公務員」である警察官Aが、乙を逮捕すると
　　いう「職務を執行するに当たり」、投石している。
　(2)　そして、「暴行」は公務員に向けられた間接暴行でも
　　よいことから、投石行為は「暴行」にあたる。　　　　　　30
　(3)　そうだとしても、石は自転車およびAの身体には当た
　　らず、Aはそのまま逮捕行為に及んでいるので、「暴行」
　　といえないのではないか。妨害結果の要否が問題となる。
　　　本罪は暴行を加える行為をもって足り、暴行が妨害に
　　あたる。したがって、暴行の結果として公務員の職務執　　35
　　行が現実に害されたことを要しないと解する。
　　　そうだとすると、乙の投石行為はなお「暴行」にあた
　　る。
　(4)　もっとも、乙は後に無実であることが判明しているか　　　➡問題提起
　　ら、上記逮捕は、職務の適法性が認められないのではな　　40　論職務の適法性の判断基準
　　いか。

　　　ア　公務員の主観を基準として職務の適法性を判断する
　　　　と、客観的に違法な公務でも、公務員が適法と信じれ
　　　　ば保護されることになり、個人の自由が著しく害され

る。

　　そこで、職務の適法性の判断は、裁判所が客観的に行うべきである。また、公務の円滑な執行のためには、行為時に適法な職務を保護する必要があるから、職務の適法性は行為時を基準に判断すべきである。

　イ　本問において、逮捕時を基準とすると、逮捕は適法に行われていた。したがって、職務の適法性が認められる。

2　よって、上記行為には公務執行妨害罪（95条1項）が成立し、乙はその罪責を負う。

以上

国家法益に対する罪は、学習が手薄になりがちな分野である。そこで、公務執行妨害罪に関する典型的な論点を処理する訓練をしてもらうため、出題した。

論点

1　職務の適法性の錯誤
2　職務の適法性の判断基準

答案作成上の注意点

1　職務の適法性について

1　意義

95条1項には、「公務員が職務を執行するに当たり」とあるだけで、適法な「職務」とはされていないので、違法な職務を執行中に暴行等が行われた場合にも、本罪が成立するかのように読めます。しかし、判例（大判大正7年5月14日刑録24輯605頁）・通説は、ここでいう職務は適法なものであることを要すると解しています。なぜなら、違法な行為まで保護するとすれば、国民の権利・自由が不当に侵害され、公務員そのものの身分または地位を保護する結果となって、本罪の趣旨に反するからです。そこで、職務の適法性は、書かれざる構成要件要素と考えられています。この適法性概念は、一般人にとって明瞭なものではなく、裁判官の評価的・価値的判断によって補充しなければその意味が定まらないため、規範的構成要件要素とされています。

2　適法性の要件

職務行為の適法性には次の3要件が必要であるとされています。

(1)　当該公務員の一般的職務権限・抽象的職務権限に属すること

警察官か、税務署員かといった一般的・抽象的職務権限での区別です。たとえば、警察官が租税を徴収する行為は、抽象的職務権限に属しておらず、適法性の要件をみたしません。

また、判例は、警察官が犯罪行為の終了後、犯罪により生じた損害を補償させるため入場料の支払に関する示談を行うことは抽象的職務権限に含まれないとしています（大判大正4年10月6日刑録21輯1441頁）。

(2)　具体的職務権限に属すること

抽象的な職務権限があるとして、現実に当該職務を執行する権限があるかということです。たとえば、執行官が自己に委託されていない事件に関して強制執行するような場合は、適法性の要件をみたしません。

(3)　職務行為の有効要件である法律上の重要な条件・方式を履践していること

これについては、何が重要な条件・要件であるかが問題になりますが、一般人からみて明らかに違法か否かということを中心として、法規ごとに具体的に類型化していくことが必要です。

3　適法性の判断基準

職務の適法性の存否については、だれを基準とし、また、いつの時点を基準として判断するかという問題があります。

公務員の主観を基準として職務の適法性を判断すると、客観的に違法な公務でも、公務員が適法と信じれば保護されることになり、個人の自由が著しく害されます。そこで、職務の適法性の判断は、裁判所が客観的に行うと解するべきでしょう。

また、公務の円滑な執行のためには、行為時に適法な職務を保護する必要があるため、職務の適法性は行為時を基準に判断すべきともいえます。そこで、通説は、裁判所が行為時を基準に判断すると解しています。

この論点について、次の判例があります。パトロール中の巡査が、日本刀の仕込杖を所持していたXを見つけ、銃刀法違反で現行犯逮捕しようとしました。その際に、巡査は、Xが自身によりかかってきたYに何か手渡したことを察知して、XとYの間に割り込みました、すると、Yの腹あたりから拳銃が落下しました。そこで、巡査がYをも同法違反で現行犯逮捕しようとしたところ、XとYが、これを免れようとして巡査に暴行を加えたという事案です。この事案において、Yが拳銃を手渡されてからこれを落とすまでの時間は30秒程度にすぎないとして「所持」にあたらず、銃刀法に違反しないとされたために、職務の適法性を判断する基準時が問題となりました。この判例では、誤認逮捕の場合、事後的にみれば当該現行犯逮捕は具体的職務権限に属するとはいえないとして職務権限の適法性が争われました。しかし、最高裁は「職務行為の適否は事後的に純客観的な立場から判断されるべきでなく、行為当時の状況にもとづいて客観的、合理的に判断さるべきであって……所持が同法違反罪の構成要件に該当せずとして事後的に裁判所により無罪の判断をうけたとしても、その当時の状況としては……現行犯人と認められる十分な理由があるものと認められるから……職務行為は適法である」とした原審の判断を「相当である」とし、通説と同様行為時を基準とする立場をとっています（最決昭和41年4月14日判時449号64頁〔百選Ⅱ113事件〕）。

本問において、乙は無実であることが後に判明しています。しかし、逮捕行為時を基準とすると、Aが乙を逮捕しようとした時点においては、逮捕の理由および必要性が存在し、また、逮捕状の呈示など法令上の手続も遵守されていたので、逮捕は適法に行われていたといえます。したがって、職務の適法性が認められます。

② 職務の適法性の錯誤について

客観的には適法であっても、行為者が違法と考えて反撃したような場合に、その適法性に関する錯誤は故意を阻却するでしょうか。

前述のとおり、職務の適法性は規範的構成要件要素であるため、評価の面でのみ錯誤が生じる場合がありますが、この場合は違法性の錯誤と解すべきです。そこで、有力説は、適法性を基礎づける事実と適法性の評価を基礎づける事実とを区別し、前者の誤認のみが事実の錯誤として故意を阻却すると解しています。

本問において、甲は現行犯逮捕が違法であると考えていました。無令状での逮捕は違法であるとの誤認は、適法性の評価の錯誤といえます。そうすると、甲の故意は阻却されません。乙についても、職務の適法性を基礎づける事実の認識に欠けるところはないため、同様に故意は阻却されません。

③ 公務執行妨害罪における暴行の意義について

本罪における暴行は、人に向けられた有形力の行使にかぎられますが、身体に直接向けられる必要はなく、間接暴行をも含みます。暴行の程度は、身体に物理的に感応する程度のものでなければならないため、少なくとも公務員の面前で暴行が行われる必要があります。職務遂行に密接不可分の関係にあり、公務員の手足となっている補助者に対して暴行を加えても、公務執行妨害になります。

本問において、乙は、Aの身体ではなく、自転車に向けて投石していますが、このような間接暴行も「暴行」にあたります。

④ 妨害結果の要否について

本罪は、暴行・脅迫を加える行為をもって足り、暴行・脅迫が妨害にあたることになる、抽象的危険犯です。ゆえに、公務員の職務遂行が現に害されたことは必要ではありません。

本問において、石は自転車にもAの身体にも当たらなかったため、Aの職務遂行が現に害されたとはいえません。しかし、投石行為自体が妨害にあたります。

【参考文献】
試験対策講座・刑法各論9章1節②【3】・【4】・【5】。判例シリーズ98事件。条文シリーズ95条③1。

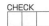

第44問 B 賄賂の罪

　運送業協会の理事であるAは、衆議院に提出され衆議院国土交通委員会で審議中の過積載処罰法案について、衆議院財務金融委員会委員である甲に、同法案が廃案となるよう、衆議院国土交通委員会委員を含む他の議員に対して説得勧誘することを依頼した。これを受けて甲が他の議員に積極的にはたらき掛けた結果、同法案は今国会では成立にいたらなかった。その後、甲は議員を辞しB県副知事となったが、その際Aは送別の宴に出席し、その席上でせん別として10万円相当の商品券を甲に贈呈した。さらにAは、同様の法案が解散総選挙後の国会中に、再び審議されそうな情勢を見越して、現衆議院国土交通委員会委員であり、次期選挙にも出馬予定の乙に対して、解散総選挙後の国会で同法案が廃案となるようにはたらき掛けてほしい旨要請した。そして、Aは謝礼として100万円の小切手を乙に手渡した。
　甲および乙の罪責を論ぜよ。

【解答へのヒント】
1　甲は衆議院財務金融委員会委員を務めており、衆議院議員の地位にあります。過積載処罰法案の廃案に関するはたらき掛けを行うことは甲の「職務に関し」といえるでしょうか。賄賂罪の保護法益から考えてみましょう。
2　甲は議員を辞してB県副知事となった後に商品券を受け取っていますが、この点が賄賂罪の成立に影響を及ぼさないかについて、考えてみましょう。
3　乙は、Aから解散総選挙後の国会において法案が廃案となるようはたらき掛けることを要請されています。このように将来行う可能性があるにすぎない職務行為についても「職務に関し」といえるか、賄賂罪の保護法益から考えてみましょう。

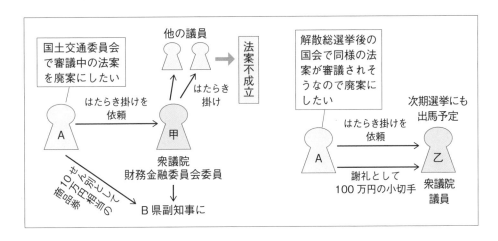

答案例

第1　甲の罪責について

1　「公務員」である衆議院議員甲が、Aから過積載処罰法案が廃案となるように依頼を受けて、他の議員に積極的にはたらき掛け、10万円相当の商品券を受領している行為につき、受託収賄罪（刑法197条1項後段。以下法名省略）が成立しないか。　　　　　　　　　　　　　　　　　　5

(1)　まず、甲は、衆議院財務金融委員会委員にすぎない。そこで、そのような甲が衆議院国土交通委員会委員を含む他の議員に積極的にはたらき掛ける行為は「職務に関し」といえるのか、「職務に関し」の意義が問題となる。　10

➡️問題提起
🔳「職務に関し」の意義

> ア　この点、収賄罪の保護法益は、職務の公正およびそれに対する社会の信頼であると解される。
> 　　そうだとすれば、職務行為自体と密接な関連のある行為に関して利益が授受された場合も、職務の公正に対する社会の信頼が害されるといえる。　　　15
> 　　そこで、「職務に関し」とは、具体的および一般的職務権限を有する事務に加え、職務と密接に関連する行為まで含まれると解する。

➡️規範

> イ　これを本問についてみると、甲の上記行為は、具体的および一般的職務権限を有する事務とはいえないも　20のの、他の議員の職務権限の行使に影響を与えるものであるから、上記職務と密接に関連する行為といえる。
> 　　したがって、上記行為は、「職務に関し」といいうる。

➡️あてはめ

➡️結論

(2)　そうだとしても、その後、甲は議員を辞し、一般的職務権限を異にするB県副知事となっている。　　　25
そこで、公務員がその一般的職務権限を異にする他の職務に転じた後に、転職前の職務に関して不法な利益を授受した場合、「職務に関し」といえるかが問題となる。

➡️問題提起
🔳職務権限の変更と賄賂罪の
　成否

> ア　この点、賄賂罪の保護法益は、前述のように、職務の公正およびそれに対する社会の信頼である。　　30
> 　　したがって、この場合にも、利益を授受した者が公務員である以上、職務の公正に対する社会の信頼は害されるため、「職務に関し」といえると解する。

➡️規範

> イ　そうすると、本問でも「職務に関し」といえる。

➡️結論

(3)　次に、10万円相当の商品券は、およそ人の需要または　35欲望をみたすに足りるいっさいの利益であり、当該利益と職務行為との間に対価関係があるから、「賄賂」といいうる。
　　もっとも、Aは、上記商品券を、送別の宴席で社交的儀礼の意味も兼ねるせん別として甲に贈呈している。　40
　　そこで、職務行為と対価関係にある利益が同時に社交的儀礼の意味も兼ねる場合の「賄賂」性が問題となる。

➡️問題提起
🔳社交的儀礼と賄賂

> ア　この点、「賄賂」性の有無は、本罪の保護法益である職務の公正とそれに対する社会の信頼を害するか否

➡️規範

かで決定すべきである。具体的には、①公務員と贈与 45
者の関係、②社会的地位、③財産的価値等を考慮し、
究極において社会通念を標準として決定すべきである。

イ　これを本問についてみると、①甲とAは当該法案の　　　→あてはめ
廃案に向けての被依頼者・依頼者であり、社会通念上、
密接な関係にあるといえる。また、②甲は衆議院議員、50
Aは運送業協会の理事であって、社会通念上、公的な
地位にあるといえる。さらに、③10万円相当の商品券
は、社会通念上少額とまではいえない。

そうすると、本問でも「賄賂」にあたる。　　　　　　　→結論

(4)　さらに、Aは甲に対して職務に関し一定の職務行為を 55
依頼しているから、「請託」があるといえる。

(5)　そして、甲は上記商品券を取得しているから、「収
受」したといえる。

2　よって、甲の行為には受託収賄罪（197条1項後段）が
成立し、甲はその罪責を負う。　　　　　　　　　　　　　60

第2　乙の罪責について

1　「公務員」である衆議院議員乙が、Aから当該法案が廃
案となるようはたらき掛ける旨の要請を受け、100万円の
小切手を受領している行為につき、受託収賄罪（197条1
項後段）が成立しないか。　　　　　　　　　　　　　　　65

(1)　まず、上記はたらき掛け行為は、衆議院議員の一般的
職務権限に含まれるから、「職務に関し」といいうる。

(2)　もっとも、上記はたらき掛け行為は、解散総選挙後、
衆議院議員として再選されなければ実現できない。

そこで、このような再選の職務の場合も「職務に関 70　→問題提起
し」といえるかが問題となる。　　　　　　　　　　　　論 将来の職務と賄賂罪

ア　この点、一般的職務権限に属する事項である以上、
これに対し不正な利益が収受された場合には、現在の
職務の公正に対する社会の信頼は害されるといえる。
したがって、将来行う可能性があるにすぎない職務で 75　→規範
あっても、「職務に関し」といいうると解する。

イ　よって、本問の場合も「職務に関し」といえる。　　　→結論

(3)　次に、100万円の小切手は、職務行為と対価関係にあ
る利益といえるから、「賄賂」にあたる。

(4)　さらに、Aは乙に対して職務に関し一定の職務行為を 80
依頼しているから、「請託」があるといえる。

(5)　そして、乙は小切手を取得しており、「収受」にあたる。

2　よって、乙の行為には受託収賄罪（197条1項後段）が
成立し、乙はその罪責を負う。

以上 85

賄賂罪は、試験対策上、公務執行妨害罪と並んで、国家的法益の罪のなかでもっとも重要な犯罪のひとつである。司法試験では出題例がないものの、2015（平成27）年の予備試験で問われており、今後司法試験での出題可能性が高い分野であると思われるため、本問を出題した。

▎論点▎

1 「職務に関し」の意義
2 職務権限の変更と賄賂罪の成否
3 社交的儀礼と賄賂
4 将来の職務と賄賂罪

▎答案作成上の注意点▎

[1] 検討する賄賂罪の類型について

　賄賂罪には、単純収賄罪（197条1項前段）を基本型としてさまざまな類型がありますが、単純収賄罪に請託が付加されると受託収賄罪（197条1項後段）となります。「請託」とは、職務に関し一定の職務行為を依頼することをいいます。本問において、甲は過積載処罰法案が廃案となるよう他の議員に説得勧誘するよう依頼されており、これは「請託」にあたると考えられます。したがって、甲は「請託」に基づいて収賄をしているといえますから、検討する賄賂罪は受託収賄罪ということになります。一方、乙も同様にAから依頼を受けており、これも「請託」にあたると考えられますから、乙についても受託収賄罪の成立を検討することになります。

[2] 「職務に関し」について

1 甲との関係
（1）職務密接関連行為

　　賄賂罪の成立には、「職務に関し」賄賂を授受することが必要です。そこで、「職務に関し」の意義が問題となります。この職務関連性は、職務の公正とそれに対する社会の信頼という賄賂罪の保護法益の視点から、広く解釈されています。すなわち、「職務に関し」における職務行為は、具体的職務権限を必要とせず、一般的職務権限の範囲内であれば足りるとされています。また、職務行為自体に対する場合のほか、職務と密接に関連する行為（職務密接関連行為）に対する場合をも含むとするのが判例（最判昭和25年2月28日刑集4巻2号268頁、最決昭和60年6月11日刑集39巻5号219頁等）・通説です。

　　本問で、甲は衆議院財務金融委員会委員であることから、過積載処罰法案の廃案に関する職務を具体的に担当しているとはいえません。また、一般的職務権限に属しているともいえないでしょう。もっとも、前述のように、職務と密接に関連する行為も含まれるところ、甲は立法行為を行う国会議員であることから、法案を廃案とするよう他の議員に説得する行為は、職務に密接に関連する行為といえます。

　　このような考え方に対して、前掲最決昭和60年の調査官解説は、国会議員が常に合議体として結論をだすということを重視して、他の議員に対する説得行為も国会議員の本来の職務行為に含まれるとする考え方もありうるとしています。

　　どちらの立場に立っても間違いではないですが、職務密接関連行為と考える見解が通説であるため、答案例ではこの立場に立っています。

　　このように職務密接関連行為なのか一般的職務権限内の行為なのかの判断は曖昧で難しいところですので、ある程度有名な判例で密接関連行為とされているものについては記憶しておき

ましょう。代表的なものとしては、国立芸術大学教授が自己の指導する学生に特定のバイオリンを特定の楽器商から購入するように勧告、あっせんする行為（東京地判昭和60年4月8日判時1171号16頁）や、県立医大教授兼同大学付属病院診療科部長が自己の教育指導する医師を他の病院に派遣する行為（最決平成18年1月23日刑集60巻1号67頁）があります。

(2) 職務権限の変更

「職務に関し」という要件は、上述のように広く解釈されます。では、転職によって一般的職務権限が異なった場合、転職後に転職前の職務に関して賄賂を収受することが、転職後の公務員にとって「職務に関し」といえるでしょうか。この点、判例（最決昭和58年3月25日刑集37巻2号170頁〔百選Ⅱ109事件〕）は、一般的職務権限を異にする他の職務に転じた後に、前の職務に関し賄賂を収受した場合でも、収受当時に収受者が公務員である以上事後収賄罪（197条の3第3項）ではなく通常の収賄罪すなわち単純収賄罪（197条1項前段）、受託収賄罪（197条1項後段）、加重収賄罪（197条の3第1項、2項）が成立するとします。

本問で、甲は衆議院議員を辞して、一般的職務権限を異にするB県副知事となった後に、議員の職務と密接に関連する行為について10万円相当の商品券を収受しています。後述のとおり、10万円相当の商品券は「賄賂」にあたると考えられますから、職務権限の変更があった場合にも職務関連性を認める判例の考え方によれば、甲の行為は「職務に関し」という要件をみたすことになります。

2 乙との関係

「職務に関し」の要件を広く捉える考えから、将来行う可能性があるにすぎない職務行為であっても、「職務に関し」といえるとするのが判例（最決昭和61年6月27日刑集40巻4号369頁〔百選Ⅱ108事件〕）・通説です。

本問で、乙はAから解散総選挙後の国会において法案が廃案となるようはたらき掛けることを要請されているところ、乙が国会議員としてこのようなはたらき掛けをするためには、乙が衆議院解散後の総選挙において再選されることが必要です。また、後述しますが、100万円の小切手は「賄賂」にあたります。そうだとすると、現在衆議院議員である乙が、再選されて議員となることが不確定な状況下で100万円の小切手を受け取った場合、将来行う可能性があるにすぎない職務行為に対しての収賄ということになりますが、判例・通説の考え方に従えば、「職務に関し」という要件をみたすことになります。

③ 「賄賂」について

1 甲との関係

「賄賂」とは、公務員の職務に関連する不正の報酬としてのいっさいの利益をいいます。ここでいう不正とは、不当な、根拠なしに、という意味であり、不正行為の対価という意味ではないので注意が必要です。提供される不正の報酬としての利益の典型例は金銭ですが、職務行為の対価として受け取るのであれば、その他の財産的利益はもちろん、およそ人の需要または欲望を満足させる利益はすべて賄賂となりえます。もっとも、利益が社交儀礼の範囲内にある贈与であれば、職務の公正とそれに対する社会の信頼を害することにならないため、賄賂にはあたらないとするのが通説です。社交儀礼の範囲にあるか否かは、①公務員と贈与者の関係、②社会的地位、③財産の価値等を基礎に社会通念に従って判断します。

本問についてみると、①甲とAは当該法案の廃案に向けての被依頼者・依頼者であり、社会通念上、密接な関係にあります。また、②甲は衆議院議員、Aは運送業協会の理事であって、社会通念上、公的な地位にあるといえます。さらに、③10万円相当の商品券は、社会通念上少額とまではいえないでしょう。以上より、10万円の商品券を受け取ることは、社交儀礼の範囲内にある贈与とはいえず、商品券は「賄賂」性を有するといえます。

2 乙との関係

乙は、Aから100万円の小切手を受け取っています。これは職務と対価関係にある利益ということができ、また、利益が社交儀礼の範囲内にある贈与とはいいがたいため、問題なく「賄賂」

にあたるということができるでしょう。

【参考文献】
試験対策講座・刑法各論 9 章 7 節①・②・③。判例シリーズ96事件。条文シリーズ 2 編25章賄賂罪
総説、197条①・② 2 。

♠**伊藤 真**（いとう まこと）

1958年東京で生まれる。1981年，大学在学中に1年半の受験勉強で司法試験に短期合格。同時に，司法試験受験指導を開始する。1982年，東京大学法学部卒業，司法研修所入所。1984年に弁護士登録。弁護士としての活動とともに，受験指導を続け，法律の体系や全体構造を重視した学習方法を構築する。短期合格者の輩出数，全国ナンバー1の実績を不動のものとする。

1995年，憲法の理念をできるだけ多くの人々に伝えたいとの思いのもとに，15年間培った受験指導のキャリアを生かし，伊藤メソッドの司法試験塾をスタートする。現在は，予備試験を含む司法試験や法科大学院入試のみならず，法律科目のある資格試験や公務員試験をめざす人たちの受験指導のため，毎日白熱した講義を行いつつ，「一人一票実現国民会議」および「安保法制違憲訴訟の会」の発起人となり，社会的問題にも積極的に取り組んでいる。

「伊藤真試験対策講座〔全15巻〕」（弘文堂刊）は，伊藤メソッドを駆使した本格的テキストとして受験生のみならず多くの読者に愛用されている。他に，「伊藤真ファーストトラックシリーズ〔全7巻〕」「伊藤真の判例シリーズ〔全7巻〕」「伊藤真新ステップアップシリーズ〔全6巻〕」「伊藤真実務法律基礎講座」など読者のニーズにあわせたシリーズを刊行中である。

（一人一票実現国民会議 URL：https://www2.ippyo.org/）

伊藤塾
〒150-0031 東京都渋谷区桜丘町17-5 03(3780)1717
https://www.itojuku.co.jp

刑法【新伊藤塾試験対策問題集：論文⑦】

2023（令和5）年3月15日 初版1刷発行

監修者 伊藤 真

発行者 鯉渕友南

発行所 株式会社 弘文堂 101-0062 東京都千代田区神田駿河台1の7
TEL 03(3294)4801 振替 00120-6-53909
https://www.koubundou.co.jp

装 丁 笠井亞子
印 刷 三美印刷
製 本 井上製本所

ISBN978-4-335-30434-7

伊藤塾試験対策問題集

新 伊藤塾試験対策問題集

弘文堂

＊価格（税別）は 2023 年 3 月現在